日本語表現力

アカデミック・ライティングのための基礎トレーニング

石塚正英　黒木朋興【編著】

工藤　豊／楠　秀樹／米田祐介
松村比奈子／加藤敦也／田上孝一
千金楽　健／助川幸逸郎／明石雅子【著】

朝倉書店

編著者

石塚正英（いしづかまさひで）　黒木朋興（くろきともおき）

執筆者（執筆順）

工藤 豊（くどうゆたか）　楠 秀樹（くすのきひでき）　米田祐介（まいたゆうすけ）

松村比奈子（まつむらひなこ）　加藤敦也（かとうあつや）　田上孝一（たがみこういち）

千金楽 健（ちぎらけん）　助川幸逸郎（すけがわこういちろう）　明石雅子（あかしまさこ）

序　　論

1. グローバル・ローカル・多様性

　先日読んだ比較言語学の本によると，話し言葉というのは放っておくとしだいに細分化ないし多様化するものであり，その結果，たとえばアフリカではほんの数百人の小規模な部族にもちゃんと固有の言語が存在するようになったという．しかし，近代ヨーロッパでは国民的統合の必要性から，それまで細分化されていた言語ないし方言の大半は廃止され，有力言語を母国語・共通語として単一化・一元化されていった．言語に関する以上の2つの傾向を比較して考えると，ローカルな次元では言語は多様化するのが自然である．自然に淘汰されてもっとも勢力の強い言語が他を圧倒し，一元化が出現するというのではない．東アフリカの相当広域で話されているスワヒリ語も，もともと弱小な部族のことばだった．世界各地で話されている英語は，もともとブリテン島の地方語だったが，19世紀の「パックス・ブリタニカ」（「イギリスの平和」の意味．19世紀から20世紀初めにかけての大英帝国が繁栄した時代のこと）によって世界語となった．一元化は，前近代における遠隔地交易や植民地支配の拡大を前提としつつも，近代における中央集権化および世界資本主義化によってもたらされたのである．

　言語と同じように人の暮らしも，放っておけば地理や気候風土に即して多様化するのが当たり前である．たとえばエネルギーは，前近代においては水力，風力，太陽光，バイオマスなど，その地域に適した方法で調達してきたし，ローカルな次元ではこれからもそうできる．しかし，言語に限らず生活様式や生活文化において，自然な多様化の段階から政策的な一元化（グローバル化）の段階に進むと，ローカル性の欠落という点で大きな差異が生じる．すなわち，自然な多様化の段階において備わっていた様々な個性が政策的な一元化の段階において欠落してしまうのである．そのような個性なき近代化は，決して進歩ではない．まして国民国家自体がグローバル化している昨今であるから，なおのこと新たな次元での生活様式や生活文化の多様化が求められる．エネルギーに関するならば，今後は地域間での剰余分の相互交換を盛んにし，エコ・システム間ないし循環型ローカルシステム間のダイナミズムを生み出していくことが不可欠となるだろう．この個

性あふれる地域的および地域間的政策をワールドワイド・ネットワークで結び付けるようにすれば，多様性に富むローカルを維持しつつ，それらを連鎖したグローバルを実現できるのではないだろうか．

　多様性といえば，かつて家族・家庭が担っていた役割もそうである．家庭の多様な役割はいまや縮減して久しい．かつて家族構成員は仕事を組織し経営し，子どもを養育し教育し，病人を看護し老人を介護していた．それが今では，仕事は会社で，教育は学校で，看護は病院でということになっている．家庭は単に消費ないし休息の場にすぎない．あるいは，ドメスティック・バイオレンスの修羅場と化している．これでは，家族の歴史は進歩や進化でなく退歩や退化していることになる．

　人は自然に「ケセラセラ」，つまりなるように生きていれば好奇心が旺盛になり，しかるべき多様化を楽しむはずなのだ．それが，近代になってもっぱら経済効率に唯一の価値基準をおいて社会システムの一元化をはかるようになったものだから，はては家族までおかしなことになってしまったのである．また，勉強——算数や英語といった主要科目——以外のことに関心を持つ子どもは伸びないとされるので，しまつが悪い．現在において深刻の度を深めている家庭崩壊や学校崩壊といった現象は，そのようなところに原因の1つがあるのではなかろうか．多様性とは要するに，様々な無駄や遊びを含むということだ．今の社会がそのこと——無駄の効用——を本当に認めるなら，人びとのライフスタイルは根本的に変革されるだろう．

　ところで，ヨーロッパではギリシアの昔から心と身とは分けて考えられ，心とは精神，身とは身体とされた．その際，精神は知識を食べ物として身体に優越したのである．身から分けられた意味での心が知識と合体して，合理的な力，自然を制する力が生まれた．これに対して，アジアでは心と身は不可分離のままだった．そして，自然と一体化して生きる知恵を生んだ．いま，一方に自然を制する力としての知識を置き，他方に自然と一体化する，自然の中で身を処する術としての知恵を置くとするならば，現代の世界的争いは，まさに知識を武器とする人間同士の争いと見なしうる．この争いは，人々の生産活動を規定する2つの関係，対自然関係と対社会関係のうち，主に後者の再編を狙って巻き起こっているのであり，そこには人間の対自然関係への配慮，すなわち知恵が欠如している．

　ここに世界的争いの一産物を示せば，商業捕鯨モラトリアムがある．デジタル時代，知識には限りがないように見えようが，資源には限界がある．商業捕鯨は

知恵の尊重でなく，知識の偏重から拡大された．そこで1982年にモラトリアムが発せられたのだが，捕鯨は本来エコ・システムの中で地域的に持続可能な資源開発であるべきなのだ．開発（捕鯨）における知識のパワー・アップは資源の持続・回復をもたらさない．

結論を言えば，諸個人・諸国間の民主化は，知識の所有を基盤とする社会的諸関係の再編のみによっては決して実現されない．知恵を用いて，社会的諸関係の土台である対自然関係の変革に着手すべきであろう．

2. 最近の大学教育

1990年代から，大学入試は急速にヴァラエティに富むようになった．たとえば，ある大学に新設された学部では，アドミッション・オフィス入試と称する自己推薦方式の選考が採用された．これは学力よりも，様々なフィールドワーク，芸術，スポーツ，社会的な奉仕活動などで高い評価を得ていることが条件であった．別のある大学では，2000年度にアジア太平洋地域からの留学生を主体とした併設大学を開校し，日本を含む海外28ケ国から700名を超える入学者があった．また，この大学にはアドバイザリー・コミッティと称する支援機関があって，諸国の政府関係者が名誉委員に名を連ね，多くの企業が運営に参画した．

かつて，学生運動が盛んだった1970年頃，学生たちは企業と結ぶ路線ないしそれを推進する行政を，産学協同と形容して批判したものだった．同時代のアメリカの諸大学と違って，日本の大学人は企業利益に直結する要請に反対して，学問研究の自由ないし大学の自治を尊重していたのである．それに対して昨今，社会ないし企業と大学との関係はどのようになっているだろうか．政府は科学技術・イノベーションに関する産学官連携の方針を大々的に掲げている．多くの大学では，入学したての学生たちに対し，まずは基本的なパソコン・リテラシーを徹底化している．また文系・理系の区別を設けず，既存の学問の枠組みを乗り越えたカリキュラムを履修させる大学も登場している．入学年度に論理的思考力や問題解決能力，コミュニケーション能力を養うことも重視している．キャリア教育にも本腰を入れている．こうして，新しいグローバルな情報化時代に十分適応できる人間力，ジェネリック・スキルを育成しているのである．時代のトレンドは，前近代の自然発生的な多様化から近代の合理的な一元化を経由して，いまや未来志向のハイブリッド型多様化へと切り変わっていく様相を呈しているのである．

3. 本書の編集方針

　ところで，ハイブリッド型多様化の現代に大学生活を送る若者たちには，卒業後，いったいどのような職種あるいは企業社会が待ち受けているであろうか．彼，彼女が魅力を感じる仕事は，たとえば，海外旅行に持ってでかけると便利な携帯翻訳機の開発か何かではなかろうか．人工知能など先端技術の粋を用いて端末機器の極小化と人間化をどんどん推し進める，そういった分野のエキスパートとして，彼，彼女は社会的に高い評価を受けるに違いない．

　だがこのエキスパートたちは，なるほどある種特定のフィールドに適した人材にはなるであろうが，同時に日常の社会生活や家庭生活にうまく適応できるようになるとは限らない．大学での研究対象はハイテクを駆使した一種のバーチャル・リアリティであって，それはローテクに依存する日常生活や地域社会とは合致しないかもしれない．アバウトな流儀でこそ快適な人間関係を維持できるのが，隣近所である．彼，彼女は企業人である前に日常生活者である．したがって大学での学問研究には，企業社会と日常社会の双方でのインタラクティヴを実現していくコミュニケーション力・問題解決力が要求される．本書は，そのような課題を，日本語表現力の錬成において達成することを主たる目的に編集されている．

　まず第1部では，小論文の書き方を解説する．現在日本で出版されている解説本の多くは英米圏の論文術を参考にしているが，対してここではフランス式の小論文術（＝文体論）の文章術をもとにした．さらに，それを国文学研究者として論文術を講じる者の立場から，日本人の学生向けにアレンジを施した．文体論とは20世紀初頭から1970年代までフランスの学校で教えられていたメソッドであるが，1968年の五月革命（フランスの学生運動）以降，教育現場からは姿を消している．ところが日本では，大学によっては1968年以前に教育を受けたフランス人教師が旧来の文体論を，フランス語を専門とする学生を対象としたフランス語作文，あるいは論文術の授業において教えることがある．つまりここで取り上げるのは，本国では学生運動の結果廃れてしまったにも関わらず，異国の外国語教育の中で細々と生き残った論文術のメソッドということになる．元来，日本では欧米と違って統一的な論文術のメソッド化が不十分である．そのような日本の現状を考えた場合，このフランス式のメソッドから始めるのが効果的なのではないかと思い立ったのが，そもそもこの教科書をつくろうと思ったきっかけである．

　次に第2部では，21世紀の現代において，日本の内外で生じている出来事や事象について，基礎的用語の解説を施す．国家・民族・国際関係，人権，社会保障

と雇用市場，地球環境とこれからの社会，科学技術とイノベーション，情報革命，医療・介護，地域文化，学校と教育，芸術・文化，スポーツ，アミューズメントなどを取り上げる．

最後に第3部では，第1部で説明した小論文の書き方に則り，第2部の用語の説明をもとにして，実際の解答例を2つ提示する．まず第2部の中の文章1つの内容に関して問いが設けてあり，それに対する解答例を提示する．さらに，その問いに関連する第2部の中の他の文章を参照し，最初の問いを別の角度から解答する例を提示する．ここでの目的は，1つの問題を特定の視点から見るだけではなく，他の視点から見ることができるのだ，ということを若者たちに印象付けることにある．このような多様な視点を持つことは，現実社会で起きている具体的な事象を理解する上でも役立つことは言うまでもないが，そのような様々な時事が抽象的で普遍的な問題系に繋がっていることを理解する上でも役立つであろう．

なお，本書は，大学に入学した学生がいずれ社会に出ていく際に必要とされる，コミュニケーション力・問題解決力などを，日本語表現の土台において身に付けていくためのテキストとして企画された．自らテーマに当たって考え，きちんとした文章が書けるようになるトレーニングを行う上で，有用となるテキストを目指している．また，様々な大学で開講されている「日本語表現」「日本語リテラシー」といった講義にも対応可能なものを考えている．

なるほど本書は，講座履修生に議論の素材・基礎知識を提供することを目的にしている．とはいえ，各項目の内容について認識や見解に振幅や相違，対立がある点は，履修生のみならず項目執筆者の間にもあって当然である．そうでなければ意見論述は多様化しない．議論はそれを前提にしてこそ活発となる．

2016年2月

東京電機大学理工学部
講座「日本語表現力」担当　石　塚　正　英

目次

第1部　アカデミック・ライティング設計の仕方 …………………………… 1
1　はじめに　2
2　客観的に記述するということ　2
3　意見を述べる　4
4　全体の構成——イントロ・本論・結論　8
5　論理パターン　11
6　分析・提言型のパターン　17
7　おわりに　22

第2部　アカデミック・ライティングの基礎知識 ……………………… 23
1. 国家・国民・民族・人種　24
   クニと国家の違い——国家の中で国民はどう生きるか　24／レイシズムとは人種主義か人種差別か？　26／国籍は一つしかあり得ないのか？　28／多文化主義・多言語主義の現在　30
2. 政治と国際関係　32
   国境と領土のもつ意味　32／二大政党制と多党制　34／国民経済とグローバル経済　36／軍隊は何か守るのか？　38
3. 社会保障と雇用市場　40
   終身雇用と日本の社会　40／貧困と社会保障　42／福祉国家と雇用の流動性　44／少子高齢化と家族問題——ジェンダーの視点を中心に　46
4. 地球環境とこれからの社会　48
   領海・公海と海洋資源　48／捕鯨問題と伝統文化　50／イノベーションとこれからの農業　52／グリーンエコノミー　54
5. 科学技術とイノベーション　56
   核技術　56／脳科学と未来社会　58／イノベーションと人文・社会科学　60／疑似科学と代替療法　62

6. 情報革命がもたらしたもの　　64
　　ポストグーテンベルク時代の情報リテラシー　64 ／検索エンジンと情報操作　66 ／ネット上の匿名性の諸問題──ネットいじめ　68 ／知的所有権　70
7. 人権と民主主義　　72
　　憲法を変えてはいけないのか　72 ／近代人にとっての民主主義と人権　74 ／ジェンダーと不平等　76 ／セクシュアル・マイノリティと社会　78
8. 医療と介護　　80
　　遺伝子操作とエンハンスメント　80 ／優生学と人間　82 ／精神衛生の転換　84 ／障害児の出生調整──「新型出生前診断」　86
9. グローバル社会における地域文化　　88
　　土着文化の生き残り方　88 ／ショッピングモールの浸透と消費社会　90 ／地域経済圏の自立──地域による独自課税　92 ／地域メディアの役割──新潟県西部地域を事例に　94
10. 学校と教育　　96
　　公教育はいかにあるべきか　96 ／ボランティアと奉仕の違い　98 ／奨学金と学生ローン　100 ／多文化教育　102
11. ポスト・フォーディズム時代の芸術・文化　　104
　　フォーディズムと前衛芸術　104 ／ファストファッションがもたらしたもの　106 ／モードとノルムのモダニティ　108 ／若者文化はどこへ行く？　110
12. ICT時代のスポーツとアミューズメント　　112
　　ウィンブルドン現象はなぜ起こる？　112 ／ギャンブルの是非　114 ／ディズニーランドは永遠か？　116 ／ボクシング廃止論　118

第3部　アカデミック・ライティングの実践──問題例と解答例　　121

参考文献　　162

キーワード　　171

第1部　アカデミック・ライティング設計の仕方

　この本の目的は文章術の習得である．文章術といっても，論文やレポートなどアカデミックな文章であり，決して文学的な文章のことではない．つまりこれは人文系の教科書ではなく，文理の区分を超えすべての学生に必要な知識の伝授を目指すものである．なぜなら，自分の主張を論理的に相手に伝えることは，すべての学問領域に共通して求められることだからである．

　ここでは様々な論理形式のうち，最も基本的なものの1つである是非論を中心に解説する．ある意見に対して賛否の両論を検討して結論を導き出す論法である．もちろんこの世にあるすべての事象を賛成/反対の二項対立だけで分析できるわけではない．しかし，小論文など限られた字数で簡潔に自らの意見を述べなければならない場合に，極めて便利な論法であることに疑いはない．最初からいきなり複雑な論理展開を試みることは，一般的に言って無謀な行為だろう．まずは簡単な構造を用いた文章から始めて，徐々により長く複雑な文章に挑戦するというのが正当な順序だと言える．

　アカデミックな論文では数式こそ用いないが，数学の証明と同じ構造を用いる．まず最初に論証すべき命題を述べ，それを証明し，結論で命題を確認するという構造のことだ．小論文でも最初のイントロダクション（以下イントロ）の段落で自分がどういう主張をするかを宣言する．そしてそれを論証した後，結論部分で再度自分の主張を確認する．つまり読み手はイントロで書き手の主張を把握した上で文章を読み進めることになる．この構造はアカデミックな世界だけではなく，大学で教育を受けたビジネスエリートたちにも共有されている．読み手の側もこの構造を踏まえ展開を予想して文章を読んでいるということだ．であれば，それを忠実になぞることは自分の意見を相手に伝える上で大変重要となる．

　最後に，英語で文章を書く場合も，重要なのは単なる英語力というより，この構造を使って書ける能力だ，ということを言っておく．

1 はじめに

　文章には様々なジャンルがあり，小説やコラム，論文といったある程度以上のまとまりを持ったものから，書簡や履歴書，指示書のようなごく短いものまで多岐にわたる．ここで共通するのは，あらゆる文章には目的があり，読者が常に想定されているということである．ごく私的に書かれた一部のものを除き，一般に文章は人に読まれるためにある．

　本書で取り扱う文章は，そのうち「論文」または「論説文」と呼ばれるジャンルのものであり，その範囲には，学術的なものから各種の課題として出されるレポートまで含まれる．詳しい説明に入る前に，まずここで，日々接する文章を概略的に示してみる．

　　　← 解釈度：高（省略：多）　　　（省略：少）解釈度：低 →
　　　詩歌──戯曲──小説──（随筆）──論説──説明──指示

　詩歌から小説までのジャンルは主に観賞を目的とし，読者によって内容の解釈に異なる結果が出るのが普通である．反対に，論説から指示に至るジャンルは観賞を目的とはせず，解釈の幅はないか，あってもごく小さなものとなる．言い換えると，左側は芸術的，右側は実用的，ということである．これらのジャンルによる差は，具体的にはそれぞれの文章の書式と内容に含まれる要素によってもたらされている．図上に「省略」の多寡を取り上げたのは，そうした要素の一例である．ただし，これはあくまでも便宜的なものであり，これだけですべての文章を正確に分類できるというわけではないし，どちらの価値が高いかを示したものでもない．しかしながら，様々な文章がどのような仕組みで成立し，どのような役割を果たしているかはおおよそ理解できるのではないだろうか．文章を書くという作業に向かう場合，自分がどのような目的で，誰を対象として書くのかを意識することが必須である以上，文章の種類と機能を意識することが第一歩となる．

2 客観的に記述するということ

2.1 「論説」と「説明」の違いは何か

　本書で取り扱う「論文」とは，いま挙げた分類に従えば「論説」と「説明」に

相当する．この両者の違いを簡潔にまとめると，そこに筆者の「意見」または「主張」が含まれるか否か，ということになる．例えば，辞書の項目は「説明」であり，レストランガイドの批評は「論説」である．もちろんこの両者には境界線上の例が多数存在する．いまはそうした曖昧なものは除外することとして，それぞれがどのように成り立っており，どのように書かれるべきであるかを取り扱うことにしたい．

2.2 説明の書き方

「説明」文とは，ある事実について筆者の主観をできる限り交えず，可能な限り客観的に述べたものである．「説明」の文章は明確で誤解の余地がないことが望ましい．扱っている対象が何であるかという基本的なことはもちろん，説明内容で解釈が分かれてしまったり，曖昧で伝わりにくいという事態は避けなければならない．したがって，比喩表現や省略法といった表現技巧や，「良い」「悪い」「美しい」「見事な」といった主観的な評価に関する語彙はできるだけ使用を避けた方が良い．特にこの，評価に関する語彙（評価語）を用いない，という技術的な工夫は，物事を客観的に述べるという「説明」の要件を満たす上でも有効に働く．

次に挙げる2つの文例を見比べてみよう．

- 高校最後の文化祭．学校中で一番イケてた俺．
- 私は高校三年生の文化祭で，「コスプレ喫茶〜お化け屋敷♪」を企画立案し，総監督として現場をまとめ，文化祭期間中に1000人を動員するという快挙を成し遂げました．

両者の違いは単に文のスタイルや長さにあるのではない．前者の文を読むだけでは，「俺」が何を実際に行ったのかが不明確な上，「イケてた」という語が何を意味するのか不明である．対して後者はそれらが具体的に記述されており容易に状況が想像できる．「快挙」という部分がやや主観的ではあるが，この場合，「1000人を動員」という具体的な数字が添えられているため，この結果が全体的に今までになかった大規模な成功であった，という事実を伝えることができている．

この技術は論文に限らず，より日常的な場面でも応用できる．自己PRなどを書く場合，「努力した」といった評価語で語るよりも，「100人中50位から6位になった」のように具体的に記述した方が説得力が高まる．「努力」という言葉が何

を示すか読者によって開きがあるのに対し,「50位から6位になる」という表現には誤解の余地がないためである.

そしてこの「説明」に対して筆者の主観的な判断を加えたものが「論説」である.具体的な事実に関して感想を加える場合,判断を加える場合,または,読者に対して問いかけを発する場合,など様々な方法が考えられる.読書感想文や映画評,時事評といった文章も,この「論説」の一種である.ここで理解しておかなくてはならないのは,「論説」があくまでも「説明」の上に成り立っているということである.いずれの文章を書くにせよ,日頃からどのような単語で何を語るか,という視点を持つことが訓練となる.

以上の基本を踏まえた上で,次節からより本格的な「論文」の作成方法に進む.

3 意見を述べる

3.1 論文の構成要素

論文はある事実を元に筆者の意見を述べたものである.その点から見れば「論説」と変わりはないが,「論文」と呼ばれるものにはより厳格な制限が加わる.感想文とは異なり,意見に関しても客観性が求められるのが「論文」である.

例えば,「〜に賛成である」,あるいは「〜に反対である」,または「〜は良い」,「〜は悪い」などといった意見を述べる場合,それだけでは論文にはならない.学術的なものに限らず,客観的に意見を表明するには,その意見や主張に対して明確な理由を論理的に説明し,事実に基づいた根拠を示す必要がある.主張に対する論証責任の有無が,他の場合との最も大きな差である.

では,論文はどのような要素で成り立っているのだろうか.それを簡単に分類したものが,次の一覧である.

《論文の構成要素》
主題(話題) 「〜は」「〜について言えば」
主張(結論) 「〜である」「〜だ」「〜ということになる」
説明(理由) 「それは……であり」「なぜなら……である」
例示(具体例) 「例えば……」
余談 「ちなみに……」「ところで……」「なお……」

原則的に,1つの論文に含まれる主題と主張は1つである.仮に話題が多岐に

わたる場合には論文そのものを分割するか，少なくとも章を区切るなどの工夫が必要となる．論文の読者は，情報や知識などを得るといった実用的な目的で文章を手にする．その論文が何について述べてあり，どのような背景を持っているかは，素早く，正確に伝わらなければならない．論文の作成に際しては，「読者に迷惑をかけないようにする」という意識を持つことが重要である．

また，主題と主張が明確に伝えられたとしても，根拠のない主張は意味をなさない．実際の論文もその大部分が説明と例示に費やされている．

余談は，文字通り余計な部分である．長い論文や書籍の場合にはこうした要素が必要になるか，または意図せず混入することがあり得る．例えば課題に際してある程度の調査を行ったときなどに，捨てるのが惜しい情報や文章に遭遇することがある．不慣れな場合，無理にその内容を詰め込んでしまうことがあるが，その場合は切り捨てた方が全体の完成度は高まる．余談が全体のバランスを崩し，ときに論理的な破綻に繋がることもあるためである．短い文章では特に，本題と関わりのない話題は書かない方が良いのである．

3.2 要素の配列

続いて，これらの要素をどのように配列すれば良いかを検討することにする．一例として，文章の構成に関して用いられる「起承転結」という表現に従って並べてみよう．これを上に挙げた要素と照らし合わせると，次のようなものになる．

```
起————承————転————結
(主題)  (説明・例示・余談)  (主張)
```

これは，ある話題を提示し（起），話題に関する説明を行い（承），反対もしくは別種の話題について触れ（転），意見を述べる（結）という書式である．

一見して明らかなように，「転」の機能が不明確であり，不慣れな執筆者は「転」に引きずられて内容に矛盾を生じるか，結論が弱くなることがある．そこで，実際の論文では次のような「起結承承結」の型が用いられる．

```
起————結————承————承————結
(主題) (主張) (説明・例示) (主張)
```

ある話題を提示し（起），その話題に対する意見を述べ（結），論証を行い（承），例を示し（承），全体をまとめる（結）という書式である．

書式が定められていると堅苦しく感じられるかもしれないが，この制約は読者だけではなく，執筆者にとっても有用な面のほうが多い．文章の無駄が省かれることで内容が明確に伝わりやすくなるのはもちろんのこと，「どう書くか」という基本的な問題に悩まされずにすむためである．もちろん，こうした「型」を習得するには一定量の練習は必要である．「説明」の書き方と合わせて，簡単な例をいくつか書くことを試みてほしい．

　そのためにも，次にこの「型」によってどのような文章表現が可能になるかを実例に沿って見ていくことにする．「起結承承結」の流れに従って，ここでは「インターネットの過度な利用はあなたを孤立させますか？」という論題について考えてみよう．相反する二種類の「主張」を行うこととする．

> （起）：インターネットの過度な利用が孤独を助長するか否かが問われている．（結）：私は，インターネットでのコミュニケーションは，社会での孤立を助長すると考える．（承）：インターネット上では，発言者の社会的な帰属性を根本的には問わない．（承）：そのため，無責任に相手を傷つけるような発言をすることも可能であるし，反対に，他人の評価を過度に気にするようになり，本音の発言ができなくなる場合もある．（結）：相手の顔の見えないコミュニケーションは，心のよりどころになるどころか，不安を煽り，孤独感が募ると考えられる．

当然，反対の場合も同じ展開になる．

> （起）：インターネットの過度な利用が孤独を助長するか否かが問われている．（結）：私は，インターネットでのコミュニケーションは，社会での孤立を緩和すると考える．（承）：なぜなら，インターネットを利用することで，同じ意見を持つ人を見つけることが容易になったためである．（承）：例えば，私はインターネットを通じて，問題意識を共有できる友人たちと出会い，他者とのつながりを感じられるようになった．（結）：インターネット上のコミュニケーションは，人間味がないという意見もあるが，私は心のよりどころになると考える．

　執筆者がどちらの意見を持つかは全くの自由である．しかし，論述の練習のためにはどちらでも論を展開できるように心がけたい．このことはある問題を考える上でも重要な訓練である．自分で双方の論を組み立てることが，何かの問題に接した際に，それが何について，どの部分を争点としており，その主張がどのよ

うな事実と，どのような論理に支えられているかを読み取るという読解力，思考力の養成にも繋がる．そのためにも，練習の一環として何かについて意見を述べた後には，必ず「なぜなら」と「例えば」を添える癖を付けよう．これは実際に文章を執筆する段階でのみ行うのではなく，普段の会話の中でも常に意識しておくことが重要である．文章の記述と思考の基盤は，日常での会話や生活の中での経験と密接に結び付いているのである．

　また，学術的な論文になればなるほど「私は」という言葉は使わないほうが望ましい．慣れない場合は文章を一度書いた後で「私は」の部分だけを削る，といった方法も考えられる．「私は」を用いる必要がないということに気付くだろう．

3.3 要素の分量

　ここで取り上げた2つの例文はいずれも短いものである．しかし，場合によってはそれぞれの部分が増減することは当然とも言える．話題を提示する「起」の部分だけでも，取り上げる話題が一般的になじみのないものである場合にはその内容の説明が必要となるし，2つの「承」（理由の説明と例）も必要によってさらに詳しく述べるよう求められることもある．しかし，全体が長くなったとしても，基本構造は変わらない．逆に言えば，このモデルを相似的に拡大していけば，短い文の連なりの段階から大規模なものまで任意の長さの文章が書ける，ということでもある．

　文章全体の長さは，こうした部分の数と具体性で決まる．字数制限がある場合には例の数を減らし，1つの例に対する具体的な説明を省略すれば良く，逆に，制限に余裕がある場合には例の具体性を高め，例の数を増やせば良いのである．注意しなくてはならないのは，いたずらに同様の例を複数並べても効果は薄く，また余計な理由説明が含まれれば，主張そのものが崩壊しかねない，という点である．同時に，理由や例はすべて，1つの主題と主張に対してその説得力と客観性を保証するものであって，単純に文章を増量するためにあるのではない，ということも覚えておかなくてはならない．

3.4 「例」の発想法

　論文で何を扱うか，という「主題」に関しては，あらかじめ与えられる場合と，自ら発想しなければならない場合とがある．どのような論題がふさわしいか，あるいは自分に書けるのか，といったことを判断するのも論文作成の重要な点であ

る．身近なテーマで気になっていることを取り上げるのはもちろんのこと，ときにはより社会的なテーマに取り組むことも必要である．本書の第2部に現在話題となっているいくつかのテーマを具体的に示しているため，参考にしてほしい．

　それでは，より身近な「例」の発想について考える．

　ある論題に対して賛成もしくは反対を述べようとした場合，初めに「例」を考えた方が楽な場合が多い．というのも，理由の説明が論理的な手順を必要とし，思考力を要するのに対して，具体例はあくまでも事実に基づくため，「説明」の書き方を元に事実を客観的に述べれば，それで機能を果たせるためである．論文の実際の並びと，実際に考える順序，書く順序はそれぞれ異なる．手を付けやすいところから始めることができるというのも，先に触れた，書式が定まっていることの利点の1つである．

　しかし，例から組み立てることが論文作成を容易にするとはいっても，実際に「例」を発想できるか否かは，それにふさわしい事象をどれだけその本人が持っているかに依存する．率直に言えば，それまでの人生でどのような経験をしてきたか，という問題でもある．日頃からあらゆる話題を観察し，経験として蓄積するための意識が必要であるのはもちろんのこと，ある1つの経験や知識が，どのような例になり得るか，という意識を持つことも重要である．「例」は奇抜である必要はない．身近な，よく知っている事実を客観的に「説明」し，「例」へと転換する思考を鍛えよう．

　以上で，論文作成の基本は一通り見たことになる．それでは，よりまとまった内容のものを仕上げるにはどのようにしたら良いのだろうか．次節以降ではより発展的な論述について解説する．

4　全体の構成——イントロ・本論・結論

　論述は，「イントロ・本論・結論」の3つの部分からなる．イントロと結論に1段落ずつ使い，本論の部分は2〜3段落からなり，全体で4〜5段落となる．なお，ここでは全体で4段落構成の小論文の書き方を中心に説明することとする．

4.1　イントロ

　イントロは，中学校の数学の時間で習う証明問題における「導入」の部分に相当する．まず何よりも，これから書く文章においてどのような意見を主張するの

かを明示しなければならない．日本語の評論において時折見られる，考えながら文章を綴り，文章の最終段階になってそれまで書いてきたことを元に自分の意見をまとめる，あるいは最後の部分で論理を急転回させ，イントロでの主張とは逆のことを述べる，というスタイルは学術的ではないことになる．つまり，最後まで読まなければ著者の主張がわからないような文章は望ましくないのだ．

　例えば，論文におけるイントロとは，辞書における見出し語のようなものだ．論文とは基本的に研究者に対して書かれるものである．つまり，研究者は自分の論を主張するに当たって，まず似たような研究では今までにどこまでが明らかにされており，またどういう見解があるかを調べなければならない．先行研究に関する調査である．それから，自分の論を補強するために必要な情報を集めなければならない．まずはイントロに目を通し，その論文が自分の研究に必要かどうかを判断するのだ．とにかく公刊されている論文の数は膨大であり，その中で自分に必要な論文をピックアップするだけで相当な労力が必要となる．だからこそ，研究論文はその論文が必要な人の目に留まりやすいように，まずは題名とイントロの部分で，自分が何を目指して執筆したかを明示しなければならない．どんなに優れた論文といえども，単独で成り立っているわけではなく，過去から様々な知見を受け継いでいるわけだし，また未来に向かって知のバトンを繋いでこそ，初めて研究論文は価値を持つ．論文は，多くの人間が協力して成り立つ学問の総体のパーツとなることに価値があるとも言えるだろう．だからこそ，他の研究者が見付けやすい体裁を整えることが，まずは学術的文章執筆の第一歩となるのである．

　というわけで，イントロではまず執筆者がその論文/レポートでどういったことを解き明かしたいのか，ということを書かなくてはならない．小説や随筆（エッセイ）を書くわけではないのだ．さらに，どのような論理展開を使って証明していくかについても書いておく必要がある．この論理展開にはどのようなものがあり，どういう風に書かなければならないかについては後述する．だが，論文/レポートはイントロの段階で，どういう主張をどういう論法で行うのかを最初に書いておかなければならない，ということを繰り返し強調しておく．ということは，この，イントロ部分を組み立てることこそが，論文/レポートの鍵になるということだ．いきなり書き始めるのではなく，十分にこのイントロ部分を練り上げ，全体の構造を定めた上で書くことが求められる．決して，書きながら考えたり，書いている途中で考えを大幅に変えたり，などといったことをしてはならない．

4.2 本論

　本論では，イントロで述べたプランに従って1つ1つ論点を証明していく．その際，最も重要なのが例の提示である．つまりイントロで示した論点を，例を挙げることによって具体的に説得していくことが，本論で行う作業ということになる．

　ということは，イントロで扱っていない論点を新たに加えることはできないということであるし，またイントロの部分で確かな全体プランを提示するには，本論で扱う例をあらかじめ想定しておくことが望ましい．つまり，例として挙げられる事象を多く持っている方が，良い論文を書くのに有利ということになる．

　具体的にどのように例を提示しながら本論を書くかは，後ほど解答例を示しながら詳しく解説してみたい．

4.3 結論

　結論では，イントロで提示した主張がうまく論述できたかどうかを検証する．気を付けなければならないのは，結論部分ではそれまでに取り上げていない新たな情報は決して書いてはならない，ということだ．自分の意見を論理的に主張していくという行為が，どこまで成功して，あるいは何が不足しているかを最後に列挙し，整理することが結論なのである．それぞれの論点に関して，取り上げた例が適切であるかないか，どの程度まで論を裏付けられたのか，そしてどんなことに関して根拠が脆弱であるかを検証し，列挙するのだ．

　気を付けたいのが，完璧で文句の付けようのない文章を書く必要はない，ということだ．欠点がある場合，それを無理に隠そうとすれば逆に評価を下げてしまうということを肝に銘じてほしい．書き始める前はこういう論理展開で，こういう例を出して論じれば説得的になるだろうと考えたが，実際に書いてみるとこの問題はクリアできたがまた別の問題が生じることがわかった，といったように達成度を忠実に書き記すことが望ましい．欠点だらけの論考はもちろん評価の対象にはならないが，達成できたポイントと同時に欠点もある程度あった方が健全だということだ．あるいは完璧すぎる論考はいかがわしい，という言い方すらできるだろう．

　また，論文の最後の部分では，明らかになった欠点を元にこれからの課題を書くことが望ましい．ある1つの論題に対しては，1つの解決策が取られることによってまた別の問題点が浮上することが必然である．人類の歴史が続く限り，完

璧な解答などあり得ず，論題は時代に合わせて永遠の議論の対象となる．当然，1つの論考で解決がつくことなどあり得ない．だとすれば，1つの論考で解明されたことを記すと同時に，その文章では明らかにしきれなかった問題については，別の論考に引き継ぐことが学術的に正しい姿勢だということがわかるだろう．こうして，解決できた点を記すと同時に，今後の課題を添えることによって論述の完成度はより高いものになる．最後には，できるだけ別の論考に向かって議論を開いていくことを心がけよう．

5 論理パターン

5.1 Yes/No型・No/Yes型

では，Yes/No型・No/Yes型と呼ばれる論理パターンについて，「死刑制度についてどう思うか？」というテーマに即して解説してみよう．この論理パターンは前述の通り，イントロで提示しておかなければならないものだ．

単に，「死刑に賛成だ」もしくは「死刑に反対だ」というだけでは論述とは言えない．「感想文ではダメでしっかりと論理的に書きなさい」という教師は多いが，学生の多くは「論理的に書く」ということがどういうことだか，いまいち実感がつかめていないのではないだろうか？「なぜなら」という語によって理由が添えられていることも重要だし，何より賛成意見と反対意見を吟味した上で自分の主張を展開することが，「論理的」と見なされるために重要だということを覚えておいてもらいたい．あるいは，単に賛成か反対のどちらかしか言わなければ，「感想文」と見なされる確率が高いということになる．

具体的に説明してみよう．賛成と反対を組み合わせて提示する論理パターンが，Yes/No型・No/Yes型である．反対の主張をしたいときは，まず賛成＝Yesを述べてから反対＝Noに，賛成の主張のときはその逆で，反対＝Noを述べてから賛成＝Yesに落とし込むのである．早速，「死刑制度に賛成か反対か」という問題に沿って見ていこう．まずは死刑制度に賛成の場合である．反対の見解を述べてから，賛成へと展開していくところがポイントである．というわけで，反対の見解を挙げてみよう．

> 死刑囚にも人権がある以上は生命を奪うのはやりすぎだという意見もある．

対して，賛成の見解を並べてみる．

> 被害者の人権を侵しその尊い生命を奪った犯人は，自分の生命で罪を償うべきである．

この2つをまとめると以下のような文になる．

> 死刑囚にも人権がある以上は生命を奪うのはやりすぎだという意見もあるが，被害者の人権を侵しその尊い生命を奪った犯人は，自分の生命で罪を償うべきであると考えるので，死刑制度は維持すべきだと考える．

次に死刑制度に反対の場合の論理パターンをつくってみよう．まずは賛成の見解を挙げる．

> 被害者遺族の悲しみを考えれば，自分の生命で罪を償わせたいという感情は理解できる．

さらに反対の見解を付け加える．

> もしその死刑囚が冤罪だった場合，一度死刑を執行してしまえば取り返しのつかないことになる．

これらを合わせてみる．

> 被害者遺族の悲しみを考えれば，自分の生命で罪を償わせたいという感情は理解できるが，もしその死刑囚が冤罪だった場合，一度死刑を執行してしまえば取り返しのつかないことになるので，死刑制度は廃止すべきだと考える．

このような論理パターンの基本構造をつくってイントロに書き込むことが，論理的な論文/レポート作成においてまず求められる．この基本構造のできが論文/レポートの質に直結することは，明らかだろう．

対して，本論ではこれら賛成あるいは反対の，それぞれの論点に関して，具体的な例を挙げて説明していくことになる．例えば，「被害者遺族の悲しみを考えれ

ば自分の生命で罪を償わせたいという感情は理解できる」という賛成意見に対しては，以下のように例を挙げて論を展開していくことが可能だろう．

> 　中一のとき，仲の良かったクラスメートを事故で亡くしたことがある．部活動で走っているとき，心臓発作を起こしいきなり倒れ，そのまま帰らぬ人となったのだ．そのときは心にぽっかりと穴が開いたようで，しばらくは何をする気にもなれなかった．もし，これが自分の家族で，しかも誰かに殺されたとしてみよう．そのときの感情を想像してみれば，犯人に死刑を望む遺族の気持ちもわからなくはない．

次に，「もしその死刑囚が冤罪だった場合，一度死刑を執行してしまえば取り返しのつかないことになる」という反対の理由を，例とともに述べてみる．

> 　袴田事件について考えてみたい．袴田巌氏は，強盗殺人放火事件の犯人として一度は死刑判決を受けた．しかし獄中から冤罪を訴え続けた結果，再審が決定され刑の執行が猶予された．このように，死刑囚の中には冤罪の可能性がある人が存在する．ということは，今までに無実の罪で殺された人がいる可能性はゼロではないことになる．取り調べも裁判も人間の手で行うものである以上，完璧はありえない．だとすれば，冤罪で殺されてしまうことをなくすためには死刑制度自体を廃止するしかないだろう．

以上のような本論の後，それをまとめる形で結論を書く．イントロで示した主張が説得的に説明できたかどうかを検証する．この際，新たな論点を付け加えてはいけない．そして，執筆しながら気が付いた問題点に関しては，最後に今後の課題として付け加える．

> 　確かに，被害者遺族の気持ちを考えれば死刑を望む気持ちはわからなくもないが，冤罪による死刑執行は人権の観点からいって著しく好ましくない事態である．このようなことが頻発すれば，民主主義社会自体の存続に関わってくる．感情と社会の維持を考えれば，当然後者の方が優先されるべきであろう．ゆえに，死刑制度には反対である．しかし，傷ついた被害者遺族の気持ちを放っておくことも社会にとっては健全とは言えず，何かしらの対策が必要なことは明らかだ．それを考えるにあたり，犯人の死刑執行がどれだけ遺族の気持ちを救うのかという問題を含めた対策を論じることが，今後の課題となる．

死刑反対の主張を述べるところが結論の前半であり，被害者遺族の気持ちに対する対策を論じる必要があるというのが今後の課題ということになる．

5.2 Yes/But 型

次に Yes/But 型について解説しよう．これは，ある主張は基本的には正しいが，部分的に問題点がある，あるいは別の観点から見た場合に問題が生じる，という論理展開をするものだ．

ここでは，「借りたものを返すのは当然のことである」というテーマで説明してみよう．何よりもこの主張は基本的に正しい．つまり，ただ「借りたものを返さなくてもかまわない」という「正しくない」主張を展開したのでは評価は低くなってしまう．最初の主張が正しいと認めた上で，特殊な場合には例外を設けてもよい，あるいは別の観点から見れば返さないことは正しい，という具合に論を展開していくのだ．

具体的には「確かに～は正しいが，しかし…といった見方もできる」という形を取る．この「確かに」が Yes で，「しかし」が But ということだ．なお，もちろん No/But 型も可能だ．この場合「確かに～は間違っているが，しかし…といった見方もできる」になる．

まずは Yes の見解を述べてみる．

> 確かに，借りたものを返さないということは泥棒と同じことで，泥棒が悪くないということになれば，社会秩序が崩壊してしまうことになりかねず，ゆえに借りたものは返すべきであるという見解は正しい．

次に「しかし」の部分をつくってみよう．

> しかし，返済を迫るあまり，借りた人間が違法行為や自分の身体や精神を傷付ける行為に走ってしまえば，それもまた社会秩序を崩してしまうことにつながりかねず，何が何でも返さなくてはいけない，という姿勢は正しいとはいえない．

あるいは，

> しかし，返済を免除することが，短期的には損となるにしても，長期的には社会

全体に益をもたらすことが予想できる場合には，返さなくてもよいという見解が正当化される場合もあり得るのではないだろうか．

それでは本論に入ろう．「借りたものを返すのは当然のことである」について例を挙げるのはそれほど難しくはないだろう．

かつて，大学生の兄が一人暮らしをしている友人に二千円を貸したことがある．月末には必ず返すという約束だったのだが，結局お金は返ってこなかった．兄は「仲良くしていたときもあったのだから二千円くらいで警察に訴えたりはしない．でもそのお金は手切れ金と思って，今後の付き合いは切らせてもらう．もう思い出したくもない」と憤慨していた．借りたものを返さなくてもよい，という主張は，人のものを勝手に盗んでよい，と同義だろう．これらの行為を放置すれば，当然，社会は乱れる．

次に「しかし」以下の本論に入ろう．上記のイントロの論点に沿う形で2つの例を挙げておく．

しかし，強引な返済を迫ることは果たして正しいだろうか？ 腎臓を1つ売って借金を返せとか，生命保険をかけた上で自殺して保険金で金を返せなどという要求は，当然許されるべきではない．また，困窮している女性に親切を装って金を貸し，借金で縛って性的関係を強要するという行為も許されてはならない．人権を侵害するからである．つまり，返したくても返せない人からむりやり取り立てることは禁止されているし，どうしても返せない場合は自己破産することも法律では認められていることを指摘しておきたい．

あるいは，

しかし，返済を免除することで別の益を得る場合があることも指摘しておきたい．古代中国の馮驩(ふうかん)の例である．馮驩は，主君の孟嘗君(もうしょうくん)にある地域の住民の借金の取り立てを命じられた．ところが彼は，貧困に苦しみ返したくても返せない人々の借金を帳消しにしてしまったのである．困窮しているものから厳しく取り立てれば，彼らは離散し各地で孟嘗君の悪口をいうだろうが，借金が免除されたので彼らはその地に留まり，孟嘗君は名君だという噂を広めてくれるだろう，と馮驩は報告

したという，返ってくる見込みのないお金で孟嘗君の名声を買った，ということだ．その後，孟嘗君は失脚して命を狙われたときにこの地域に逃げ込んだのだが，住民は孟嘗君を必死で守ったという．

最後に結論を考えてみよう．

> 借りたものを返すのは当然のことである，という主張は正しい．だが，正しいからといってすべての行為が許されているわけではないし，借金を返せないからといってその人の人格が否定されてよいわけではないことが，以上の議論により確認できた．しかし，負債者の人権を守るためとはいえ，そのお金が戻ってこないことによって実際に困る人もいるわけであり，負債の問題自体は残ることになる．この問題についてこれからも考えていきたい．

あるいは，

> 借りたものを返すのは当然のことである，という主張は正しい．だが，馮驩の例に見られるように，返済の免除が短期的に損になっても長期的には益につながることもあり，この主張の正しさに固執する必要はないことがわかった．ただし，馮驩の時代は王制であり，彼の行った免除は主に孟嘗君という君主の利益につながったのに対して，現在の民主主義社会においては免除がどのような形で社会に益をもたらすのか，という政治体制の違いについては今後の課題として考えていきたい．

この Yes/But 型を使いこなすことができるようになれば，かなりのレベルに達していると自信を持って良い．ただ，この論法は物事を多角的な視点で見ることが求められる上に，様々な予備知識が必要となる．これを用いることができれば，様々な小論文試験やレポートで高得点が期待できる．そのためには，机に向かって勉強するときのみならず，日常生活の様々な局面で多角的な見方ができるように心がけることが大切だ．また，知識も単に活字を追うだけではなく，議論のときにどのように使えるかを考えながら身につけることが重要である．教養は教室や本の中だけにあるわけではなく，生活の様々な場面にあふれているということを意識しよう．

6 分析・提言型のパターン

6.1 分析・推論型

　意見論述の中には，以上に記した是非論・ディベート型のほか，分析・提言型のパターンがある．これはさらに，分析・推論型と提案・提言型に大別できる．前者は現代社会における状況や動向の把握・認識と将来像の展望・導出に関わる．この型は必ずしも是非論を展開するものではないが，この能力を身に付けてこそ是非論はいっそうの客観性を帯びることとなる．なお，普段書く文章では分析・推論型，提案・提言型を使うことも多いが，それをする前にしっかり是非論の形式を練習して，身に付けてほしいことは言うまでもない．

　分析・推論型には様々なタイプがある．①少子高齢化など具体例を想起するもの，②エネルギー対策など資料を駆使して特定の立場に立ち論述をするもの，が代表的であろう．また，③学校教育など資料の解析の仕方によって多様な解釈が成立し得る事柄について解析するもの，もある．

　以下，「『なぜか最近，風呂に入っているときに限ってよく電話がかかってくる』と思ったとする．本当にそうだろうかという疑問について分析せよ」という問題の解答例に沿って見ていこう．

　まず，イントロで論じるテーマを明示しておかなければならないのは，前述の論理パターン同様である．

> 「風呂に入ると電話がかかってくる確率が高い」という推論は正しいかどうか分析する．

　字数を稼ぐためにも，問題文を簡潔にまとめるなどの工夫が必要だろう．
　第2段落ではまず「入浴」という行為と「電話がかかってくる」という現象の間に何らかの関係があると仮定して，分析すべき対象を確定する．

> まず事態を見直してみる．そう思ったということは事実なのだとする．そこで，その先に考えを進める．もしかしたら，最近電話がかかってくる件数自体が増えているのに，風呂に入っているときに電話がかかってきたケースだけがよく記憶に残っているという可能性がある．というのも，そういう目立った出来事は我々の注意

を喚起しやすいからだ.

　第3段落では上記の「行為と現象」の間の関係が「原因と結果」という因果関係ではなく，別に原因がある可能性を指摘する.

　　また，仮にこれが事実として起こっていたとしても，その原因が風呂に入る時間を以前からよく電話のかかってきた時間帯に変えた結果であるとしたら，特に不思議に感じる必要はない. その前の変化に原因があるということは，実際にしばしばあることだ. 逆に注意したいのは，結果が自然的変化によって生じているのに，その原因を直前の変化に求めてしまうことだ.

つまり「風呂に入ると電話がかかってくる」のではなく「電話がかかってきやすい時間帯に風呂に入るようになった」と説明できることを指摘している.
　さらに，第4段落では別の例を出し，人はよく因果関係を勘違いしやすいことを指摘する.

　　原因について考えるにはもう一つ別の角度もある. ある人物が技術者であったとしたら，新技術を発案したり開発したりできない原因をどこに求めるだろうか. もちろん色々なことが考えられるわけだが，こうした原因を考える場合には少なくとも，自分の側にあると考えられるものと自分以外のところにあるもの，それから双方が絡んでいるものを分けて考える必要がある. そんなことは当たり前に思えるかもしれないが，原因がどこにあるかということについての考え方には，良くも悪くも各自に個性のあるケースが多いのである.

つまりある技術者の行き詰まっている原因が，自分にある場合と自分以外のところにある場合があることを指摘した上で，個々のケースに合わせて様々な可能性があるという例を挙げて，因果関係を確定することの難しさを述べている.
　結論では，それまでの分析の結果をまとめる.

　　以上のように分析したところ，たとえ「風呂に入る」という行為と「電話がかかってくる」という現象の間に何らかの関係が観察されたとしても，それが必ずしも原因と結果という因果関係であるとは限らないということがわかった. というわけで，今後は観察される様々な関係がどのようなものであるかを冷静に分析し，ど

のようにして自分の生活や活動につなげていくのかが重要となるであろう．

最後に，1つの観察結果だけにこだわるのではなく様々な可能性を考えてみることの重要性を指摘することで，今後の課題としている．

このパターンの場合，段落数は例の数に応じて自由であるが，イントロと結論を必ず付けることは心がけてもらいたい．

6.2 提案・提言型

このタイプは，主観的な提案・提言でなく，上記の分析・推論を踏まえて客観的な提案・提言を行うものである．その意味では，是非論型議論の前提の位置にくる．議論の素材として，官庁が発表する各種白書や報告書，政府が発する政策提案書，各種専門家が行う批評などが有用となる．以下において，「地球環境問題」を分析・提言型の両パターンの具体的な事例として取り上げる．

地球環境問題を技術革新の観点から考察し，特にエコライトに関する問題に対して提言を行う．

地球環境問題の種類にはどのようなものがあるだろうか．海洋汚染，酸性雨，オゾン層破壊，温暖化，野生生物の減少，熱帯林の減少，砂漠化，発展途上国の公害問題，有害廃棄物の越境・移動などが挙げられるだろう．発展途上国の場合，砂漠化，熱帯林減少の原因として，過放牧，過耕作，モノカルチャーが考えられ，さらにその原因に人口の急増が挙げられる．発展途上国の公害問題の背景には，経済活動水準の上昇が指摘される．さらには，ここに列挙した諸問題の原因を探っていくと，先進諸国の活発な経済活動と，発展途上国の慢性的貧困という現実，いわゆる「南北問題」に行き着く．

そのほか，日進月歩の技術革新が環境問題にどのような影響を及ぼすかという問題もからんでいる．人口膨張と食料生産力の相対的低下から見た危機的状況に対して，科学技術の進歩はどのような関係にあるか，という問いが重要となり，課徴金制度や補助金制度と技術革新の関係，省エネ技術や二酸化炭素など汚染物質を排出する権利，いわゆる「エコライト」の国際取引といった動向が議論の的となる．

では，いかなる対策が提案できるか．一つには，環境汚染物質の排出を抑制する手段として，課徴金制度と補助金制度のうち，前者が望ましい政策手段だと述べることができる．また，エコライトの売買市場をつくるといった提案も可能である．これらの提案は一方で，環境には許容能力の限界があり，また資源・財は有限であ

> って，それらを公平に分配し，将来世代にわたって持続可能な経済社会を展望するという問題意識に根ざしている．しかし他方で，例えばエコライトの売買は財力のある国々に対していっそう多くの排出権を確保させる事態を派生させるから，各国一律の削減目標を定める，という提案が登場してくる．

　まず，第1段落では必ず文章のテーマと提案すべき事例について挙げておくことが重要である．第2段落では，地球環境問題を列挙している．そして，第3段落では技術革新の観点から見た場合，環境問題はどのように考えられるかということを指摘した上で，最後の第4段落では「エコライト」という点に関する提言が行われている．

　ここでは4段落構成で記述しているが，提示する例や観点の数によっては5段落構成でも可能だろう．ある態度に対して賛成か反対か，という論点ではなく，テーマ（第2段落）を挙げ，観点あるいは切り口（第3段落）を提示した上で，問題に対する提案（第4段落）を行っている．形式に関しては割合自由に行えるが，第1段落でテーマと観点を簡潔に宣言し，最終段落の提案へと繋げていく，という形式を守ることが重要である．

　次に，「科学技術やITの発達した現代社会がかかえている解決困難な倫理問題の1つを挙げ，解決へむけた方向性を自由に議論しなさい」という問題の解答例に沿って見ていこう．

　まず，イントロでテーマと自分の提案を明示する．

> 　現在は特に医療の面で生命倫理が問題になっている．生命倫理とは，脳死・臓器移植や体外受精，代理出産など，生命に関わる諸問題について，人々が人権概念とからめて確立するべき倫理である．私は，こうした一見解決困難にみえる倫理問題は，技術者教育の徹底をまって，しだいに解決の方向がはっきりしていくものと考える．

　ここでは「医療の面で生命倫理が問題になっている」というテーマに対して「技術者教育の徹底をまって解決の方向をはっきりさせることが重要だ」という提案が提示されている．

　第2段落では「脳死臓器提供」という例を出して，倫理問題を議論することがどうして社会にとって必要なのか，という具体的な問題提議を行う．

> 例えば，脳死臓器提供は道徳的な行為と思っている人物Aがいるとする．しかし，それを道徳的と思わない人Bにしてみれば，Aと同意見の人が増加すればそれは間接的にプレッシャーとなるだろう．自己の決定が他者の利益や思想に影響を及ぼす場合，その決定は倫理的に吟味してみる必要がある．自己の決定が社会的に認知されれば，その人物は人権の一つである自己決定権を行使して自己決定したことになるが，その決定が社会的に認知されなければ，その人物の行為は自己決定ではあっても，自己決定権の行使とはならない．他者の人権＝自己決定権を阻害することにつながる．

つまり，人は社会の中で生きている以上，自分の倫理観に照らし合わせて問題がなければそれで良し，という風には単純にいかないことが説明されているのがわかるだろう．

第3段落では，上記の問題を解決する上でどのような社会的仕組みが設けられているかを，具体例を出して紹介している．

> こうした科学技術上の倫理問題は，新技術が社会に導入されるたびに話題となってきた．その場合に問題視されるのは，たいていは管理運営責任であって，技術者個々人の倫理を問うという形にはなってこなかった．しかし，そうした状況は今後変えねばならない．アメリカには工学技術教育認定委員会（ABET）という技術者資格認定機関が設置されている．このABETがカリキュラムを評価する基準として強調するのが，技術者の社会的な責任に対する意識と理解である．日本でも日本技術者教育認定機構（JABEE）が設立され，技術者の倫理的責任についての教育が積極的・組織的に行われようとしている．

そのような社会的仕組みの目的は，技術者の倫理責任についての教育だということがわかるだろう．

最後の結論で今までの議論をまとめ，技術者倫理の教育の重要性が確認される．

> 脳死・臓器移植といった一見解決困難にみえる倫理問題は，このような技術者教育の徹底をまって，しだいに解決の方向がはっきりしていくことだろう．

このパターンも，段落数に関しては割合自由であるが，イントロで問題を提議し，結論で議論をまとめるという行為が必須だという点においては変わりがない．

7 おわりに

　これまで，基本的な説明の書き方から，意見を表明する場合，そしてより高度な論理の展開までを順を追って説明してきた．理解しやすい部分や，ただちに実践可能な項目もあったと思われるが，大部分は練習の反復が必要なものばかりである．見過ごされがちではあるが，文章を書くということは技術である．文学の世界を中心として，初めから文章が達者な，いわゆる「文才」と呼ばれるものを持つ人もいるが，そうした才能はあくまでも例外であると考えてほしい．ここで目指しているのは，方法と訓練によって養成可能な，技術としての文章作法である．論文を代表的な例として，実用的な文章では技術として訓練された文章の方が有用である．目指すべきは印象的な名文ではなく，正確な文によって構成された，必要十分な内容の伝達なのである．

第2部　アカデミック・ライティングの基礎知識

　論法を身に付けていれば文章がすらすら書けるというわけではない．文章を書くには，それなりに書くべき内容について知識がなければならないことは明らかだろう．というわけで，第2部では様々なトピックを選び，項目を立て，小論文に必要な事柄を解説してある．もちろん，紙面の都合上，ここで取り上げるのは一部のものにすぎない．しかし，ここから始めてさらに幅広い知識を学ぶきっかけとするには，既に十分すぎるほどの内容だと自負している．

　トピックに関しては，まずは12個のテーマを選び大項目とし，さらにその下位にそれぞれ4項目を立て，計48個の項目を設けた．国家，民族問題，領土問題や軍隊など政治学の領域をはじめとして，社会保障，地域社会や教育などの社会に関するもの，憲法など法学に関わるもの，環境や情報など技術者倫理に関するもの，イノベーションなどこれからの科学について考えるもの，それから芸術やスポーツなど人文科学の領域まで多岐に及ぶ．

　それぞれの項目は，頭から順番に読むというのではなく，興味のあるものだけをピックアップしてランダムに読むのでかまわない．ただ，政治学，法学など社会科学に関わる項目は，文理を問わずすべての学生に対して，社会人としての一般常識を学ぶ格好の概説書になるはずだ．また，技術系の学生にとって，倫理に関わる項目は大変役立つものとなるだろう．なぜならどんなに素晴らしい技術を開発したとしても，倫理に関する問題をクリアしてないがゆえに実用化が頓挫してしまう．あるいは，万が一実用化されたとしても，倫理的な問題がクリアされていないことを問題視され裁判で多額の賠償請求がなされる，といったことの起こる可能性が今後ますます増えていくと予想されるからである．いずれにせよ，それぞれの項目をそれぞれの専門家が執筆しているので，例えば，就職活動の一般常識を学ぶ解説書としても役立つことを期待している．

1. 国家・国民・民族・人種

1-1 クニと国家の違い——国家の中で国民はどう生きるか

出身地としてのクニ　今でもまだ，日本人どうしの挨拶で「おクニはどちらですか？」という挨拶が交わされることがある．そのとき「日本です」という答えは返事にならないが，外国に行って外国人とやりとりする場合には返事として成立するだろう．このときの「日本」には，北海道から沖縄県までの「日本の領土」の概念に入る場所すべてが当てはまる．

　しかし日本人どうしの挨拶では，都道府県名が答えとなるだろうし，都道府県が同じである場合には，市町村名などに回答範囲がずれ込むことになる．

　仮に江戸時代の大黒屋光太夫（伊勢出身：アリューシャン列島に漂着し，ロシア・エカテリーナ２世に謁見して帰国）やジョン万次郎（土佐出身：漂流民としてアメリカ船に保護され，アメリカで教育を受けて帰国）のような人々が上のような挨拶をされた場合は，相手が日本人だろうと外国人だろうと，おそらく「伊勢」や「土佐」と回答するだろう．そうした回答内容の違いは，現代人と江戸時代に属す彼らとの，クニや国家に対する観念の違いから生じる．

国民国家　現在「国家」という言葉から連想されるのは，アメリカ合衆国，ロシア，中華人民共和国などと称される単位で，政治学的には「主権」「領土」「国民」といういわゆる「国家の三要素」を備えたものであろう．しかし大黒屋やジョン万次郎らの時代には，日本はそうした国家の体裁を整えていなかったし，当然彼らもそうした国家観はもちえなかった．現在通用する国家観は，「生まれ故郷等を同じくする人々の集団＝ネーション（民族：nation）」によって，「統治権や支配権が通用する範囲として確定できる領域＝国家（state）」が構成されているとみなされる「国民国家（nation-state）」という観念を前提としている．しかし，こうした意味での「国家」が成立するのは，日本では明治維新（1868）以後であり，それほど昔のことではない．

　ヨーロッパでは，19世紀のオスマン帝国からのバルカン諸国の独立，1848年革命後の「諸国民の春」のような民族独立運動，そしてイタリア王国（1861）やドイツ帝国（1871）による統一などを通じて，それぞれ上記の国民国家が多数成立する状況が生じた．その意味で，国民国家は一定の目的をもって人為的に形成されたもの，という性格をもつ．20世紀に入るとそうした国民国家どうしが領土や利権をめぐって「世界大戦」という形で激しく戦争することになる．その「国民

国家」は，多数の小国に分裂していた国が統一されたり，他のネーションによる支配からの脱却に成功したりして，自らが属すと考えられるネーションのみによって競って統一国家を形成しようとする動きを背景として形成された．それは，国民国家というあり方が，多くのネーションが混在する国家（多民族国家）よりは，国家内の統一性を確保しやすく，当然国家目的の推進などにも効果が期待できるためである．その結果，ネーションに属す人々は自分が帰属する国家のあり方や他の諸国家との関係の中で，自国の威信の高低に強い関心をもつようになる．

国民の成立　例えば，対外戦争に勝利して新たな領土とその地に住む他のネーションを支配下におさめることが自らの属すネーションの威信を高めることになると思えば，積極的に戦争遂行に協力するだろう．同国人からノーベル賞受賞者やオリンピックの金メダリストが出ればまるで自分のことのように誇らしく思う．そこには「帰属意識」の存在が背景にある．そうした「国家への帰属意識」をもつ人々の総称がネーション（国民：nation）となる．

しかし，こうした人々は何の見返りもなくそうした意識を持続的に保てるわけではない．そもそも国民の一人として，上記の戦争の場合，「兵隊」として徴兵されて，自分の命を国に捧げなければならないこともある．平時であっても，国から税金をとられることは当たり前であり，そうした各個人の国への貢献は，「国民の義務」として国家のあり方を定める憲法などに明記される場合も多い．

もちろんそうした義務ばかりではなく，国策決定に参加できる権利（参政権）や社会保障制度の恩恵を受ける権利なども国民全員に平等に認められており，一方的に奉仕を要求されるだけではない．そうした権利-義務関係の全体を考え合わせて，国民が国家に属すことに積極的意義を認められると判断するときに，「国民国家」は政府の定めた国策遂行に大きなエネルギーを確保できることになる．

国民国家の今後　江戸時代の人間が国民国家としての日本国家を意識できなかったのと同様に，現代人は国民国家以外のあり方を想定できないかもしれない．しかし，国民国家における国民-国家の関係が今後も不変であるという保証はない．国家（政府）が十分に国民生活を保障できず，何らかの宗教のような，帰属意識をより強く投影できる対象が登場すれば，国民国家の命運はそれによって尽きるかもしれない．

［工藤　豊］

1. 国家・国民・民族・人種

1-2 レイシズムとは人種主義か人種差別か？

人種，国民，民族　1965年，国連で採択された「人種差別撤廃に関する国際条約」の第1条によれば，「人種差別（racism）」とは，「政治，経済，社会，文化的またはその他のすべての公の生活分野において…（中略）…人種，皮膚の色，血統または民族的出身に基づくあらゆる区別，除外，制約または選好をいう」とある．したがって，条約の対象は極めて広範囲である．

このracismの元になる「人種（race）」と混乱するのが，日本語においては，「国民（nation）」や「民族（ethnic group）」である．前者は国境線の範囲内において，歴史，文化，経済を共有し，法的な権利や義務に規定された存在である．後者は，国境の範囲や，それに伴う「国民」としての法規定にとどまらず，神話や文化，言語などの歴史的ルーツを意識的に共有する結びつきである．後者の場合，国境線はむしろ「民族」の分断を生む．あるいは移住先での連帯感を意味する．

人種（race）と種（specie）　racismは「人種差別」ではなく「人種主義」と訳されることがある．すなわち科学的な「人種」概念を探求し，その異人種間の差異，それぞれの特性を見極めるにすぎない思想の一形態だという主張もある．しかし「ヒト＝ホモ・サピエンス」は1つの種（specie）である．そこに異なる種や下位分類としての「亜種」もない．ところが肌の濃淡，目の色，髪の特性，骨格など，我々は目に見えるところから生物的な「種」の違いを強調する傾向がある．

人類学者C・R・ブレイスは，ヒトにおいては「種」という非連続で決定的な差異はなく，連続的に特性が異なって現れるクライン（cline：勾配＝連続変異）があるのみだと述べる．ならばわれわれが「人種（race）」と述べているものは，言語的に非連続な境界設定にすぎないのではないか．まさしく「区別」の線引きは自然から発見されるものではなく，人間社会の「差別への意志」に基づいているのにすぎないのではないか．

もっとも生物学は，同時に「人種」概念を熱烈に支持する人たちにとっても役立ってきた．生物学のみならず，科学全般が発達しつつあった19世紀に，ヨーロッパ諸国はアフリカ大陸を植民地化した．力による支配，ヒトの奴隷化は，科学の発展を標榜する「白人」にとっては，異なった「種」，ヒトより下位の動物とし

ての「黒人」への対応として正当化されるようになった．

また著書『アーリア神話』で有名なL・ポリアコフは，第二次世界大戦中のヨーロッパ大陸でもっとも重要な区別はアーリア人かセム人かだと述べているが，これはもちろんポリアコフ自身がその区別（＝ナチスによるユダヤ人差別）を重視しているのではなく，忌まわしい歴史の一幕として述べているのである．

人種差別，民族差別　また「ユダヤ人種」抹殺を望んだアドルフ・ヒトラーの『わが闘争』には次のようにある．「ユダヤ人は…（中略）…ユダヤ人以外のすべての民族を奴隷にしてしまい，これによって彼ら［異民族］を絶滅してしまう…（中略）…ユダヤ人はあらゆる手段を用いて，彼ら［ユダヤ人］が征服しようとしている民族の人種的基盤を破壊しようとする…（後略）…」．ヒトラーは，「民族の人種的基盤」などと述べているが，彼は肌の色などの「生物的」特徴を「人種」という基盤とし，「民族」をその上層だと考えていたようである．

すでに「人種」は差別のための言語的トリックであると述べたが，人種差別における「人種」は，言語，文化，歴史よりも根深い遺伝的運命だと信じられているのである．しかしこの生物学的な人種差別を無根拠なものとして排除したとしても，代わって集団の運命として，言語，文化，歴史を共有する「民族」に求める民族主義が頭をもたげることになるであろう．それは国際的な「人種差別撤廃に関する条約」からすれば，結局は「出自の差別」との言い換えにすぎない．

そもそも第二次世界大戦後に同条約が出現するのは，ナチスによるユダヤ人迫害に端を発する．しかしそのユダヤ人が大戦後に建国したイスラエルは，皮肉なことに今やパレスチナ人を迫害している．ナチスがいう「ユダヤ人」とはそもそもユダヤ教という宗教的歴史的背景を，中東出自の「人種」という生物学的フィクションと組み合わせたものである．またイスラーム教世界にテロの疑いを向けるアメリカをはじめとした日本も含めた今日の先進諸国の動向においても，人種主義と言おうと民族主義と言おうと，出自を差別するracismに注意していかねばならない．

［楠　秀樹］

1. 国家・国民・民族・人種

1-3　国籍は一つしかあり得ないのか？

日本人ではなくなること　「私は日本人です」という台詞は何を意味するのだろうか？　多くの人が自明視しているこの問いは，実はそう単純ではない．両親ともに日本人で日本に生まれ育った人が，日本人でなくなることがありうるのだ．それは，外国籍を取得し日本国籍を放棄した場合だ．例えば国際結婚をしたとか，アメリカやドイツで生まれ成人になって外国籍を選択したとか，スポーツの国際大会で他の国の代表として出場するために外国籍を取得した場合などである．一度日本国籍を放棄すると，再び取得するためには，外国人が日本に帰化するときと同じ手順を踏まなければならない．さらに5年以上日本に住んでいる，仕事があるなどの条件がすべてそろっていても，最終的には法務大臣の許可が必要となる．日本では二重国籍が認められていないのだ．

日本の国籍法は日本人に冷たい？　ところが，日本にはすでに二重国籍を持っている人たちが存在する．国籍を捨てる制度がない国出身の人が日本に帰化した場合である．例えば，フランスやブラジルなどだ．ワールドカップで日本代表になるため，あるいは外国人の登録制限のあるJリーグでの出場機会を得るために帰化した南米出身のサッカー選手などは，二重国籍者である．彼らの中には現役引退後，国に戻って暮らすものも多数いるが，それでも彼らは日本人である．対して，国際結婚を機に日本国籍を放棄し，その後離婚して日本へ戻ってきた人が日本人に戻るためには，外国人と同じ帰化申請が求められる．これは，あまりにも日本人に対して冷たい制度ではないだろうか？

増える二重国籍者　国民国家の名のもとに一民族（＝国民）一国家が叫ばれていた時代には，二重国籍は好ましくないものとされていた．その主要な理由に，徴税と徴兵の義務の問題があった．つまり，どこに税を納めるのかという問題と，戦争が起こった場合，敵国の国籍を持つものが自国の軍隊にいることは危険である，という論点だ．問われているのは母国に対する帰属意識であり，愛国心が強く求められていた時代だったと言えよう．

　ところが現在では，二重国籍を保有するものがしだいに増えてきており，一国の政府では管理できないレベルまでに広がっている．このことの原因としては，国民国家というものの考え方がだんだんと機能しなくなってきていることと，人の移動が激しくなってきていることが考えられる．

二種類の国籍法　国籍に関しては様々な考え方がある．それはサッカーのワールドカップなどを見れば明らかだろう．フランスやイギリス，オランダなどは様々な出身地域の選手たちによって代表が形成されているのが一目でわかるし，対してドイツ，イタリア，スペインや東欧の国々の代表はバリエーションに乏しい．前者が先の大戦の戦勝国でかつて植民地を持っていた国，そして後者の多くが植民地を持っていなかった国だ（もちろんスペインは例外）．つまり，旧植民地から多くの人々が流入してきた結果として多種多様な国民が形成されたことが考えられる．

　と同時に，そこには国籍に関する二つの考え方が大きく作用していることを指摘しておきたい．出生地主義と血統主義である．前者の場合，その国で生まれた人間には国籍を持つ権利が付与されるのに対し，後者の場合は親がその国の国籍を持っていなければ資格がない．かつて植民地を持ち出生地主義を掲げているフランスの場合，例えば両親が不法滞在者でも子どもがフランス国籍を持っていれば，その子を育てる名目で親にも滞在権が与えられることになる．こうして多くの移民が住み着くことになったわけだ．さらに，フランス滞在中に出産した日本人の子どもにも自動的に国籍が与えられる場合がある．かつて徴兵制があった時代には，フランス国籍を持っている自覚がなかった日本人が，フランス入国の際に徴兵拒否の罪で軍隊に拘束されたこともあったと言う．

EU 統合の影響　EU（欧州連合）統合は二重国籍状況を後押しすることとなった．EU 域内では加入国の国籍を持っていればその国の国民と同等の権利で居住できるため，すでに二重国籍を持っている人々が様々な国に住み着いたのである．例えばサッカーの場合，スペインのチームに属するドイツ人は外国人枠ではなく，スペイン人と同じ条件で試合に出場できるようになった．さらに，それまで血統主義の代表的な国であったドイツが，2000 年から条件つきではあるが出生地主義に切り替えたことも指摘しておきたい．

在日の問題　以上の世界的な状況下で，在日の問題はかなり特殊であることがわかるだろう．日本の植民地であった時代に列島へと移り住んだ人々が，日本の敗戦により日本国籍を失った後もこの国に住み続け，この地で生まれ育っているのに，彼らの子どもには国籍が与えられないのだ．在日の人々のためにも，そして何より日本人のためにも，二重国籍の問題を考えることは無駄ではないだろう．

[黒木朋興]

1. 国家・国民・民族・人種

1-4　多文化主義・多言語主義の現在

国際化と英語　最近の日本では，来たるべき国際化の時代を控えて英語をもっと勉強する必要があるという声が強い．しかし英語の習得＝国際化ととらえるのは日本だけの特徴ではないだろうか？　もちろん，現在の国際社会の活動において英語が必須であることに異論はない．だが当のアメリカにおいてでさえも，中南米の影響からスペイン語の重要性が強調されているし，ヨーロッパでは多文化・多言語主義こそが叫ばれているのである．

EUの大学を通した言語政策　アメリカに対抗するべくヨーロッパはEU（欧州連合）統合を推し進めている．EUには様々な国が参加しており，そこでは様々な言葉が話されている．したがって，共通語の設定は不可能だ．勢力の強いドイツ語やフランス語を選択すれば，弱小国が離反してしまうからである．少数派の言語であっても尊重する，そのような姿勢が多くの国を一つに結びつけることを可能にしているのだ．では，多言語主義でありながらどのように複数の国々をまとめようとしているのかと言えば，高学歴の多言語話者を増やし，さらに彼らの域内における行き来を活発にすることによって，コミュニケーションを図ろうとしているのである．従来よりヨーロッパの大学はエラスムスと呼ばれるシステムによって交換留学政策を推し進めてきた．近年ではEU外の国々との交換留学にまで拡大した「エラスムス・ムンドゥス」の開始により，特に修士の学生の国際交流に力を入れている．

LMD制度と外国語教育　さらにEUは，1999年のボローニャ宣言に基づきLMD制度を導入することによって国際化を加速しようとしている．LMDとは，それぞれライセンス＝学士，マスター＝修士，ドクター＝博士の頭文字である．この制度の導入により，それまで国ごとにバラバラだった学位の種類とそれらを取得するための最低必要年限をそろえようとしたのである．例えば，ドイツをはじめヨーロッパの多くの国では，日本やアメリカでおなじみの学士課程や修士課程といったものは存在しなかった．またイギリスでは学士3年と修士1年，フランスではDEUG（教養課程）2年，学士1年，修士1年，DEA（博士準備課程）1年と博士3年といったように，取得年限もバラバラであったのだ．となれば，フランスで学士まで修めた人間がイギリスに留学したとき，修士から始めるのか学部からやり直してもらうのかという問題が生じる．教授陣による委員会で議論し

て決めたりするわけだが，当然，手間暇がかかってしまうわけである．

　対して，それぞれの国がL3年，M2年そしてD3年という年限に加えて，教育の内容と質をそろえておけば，学生の国境を越えた行き来がスムーズになるのはわかるだろう．ただし，歴史学なり生物学といった専門の学位を自国で修めたところで，いきなり外国の大学で授業に参加するのは，言語の問題により困難だ．そこで各国は，留学生がなるべく早くキャンパスライフに慣れ生活と学習が始められるように，留学生に向けた自国語教育にも力を入れている．このために「ヨーロッパ言語共通参照枠（CEFR）」が設けられており，各国が留学生の受け入れに関しての自国語教育にも足並みをそろえる努力をしているのだ．なおこのCEFRとは，日本ではおなじみの文法事項や単語数などではなく，その言葉を使って大学生活における日常の何ができるのか，例えば自己紹介できるか，教室の場所を聞けるか，といったポイントに合わせて習熟度が設定されていることを言い添えておく．

EUと多文化主義　このようなEUの言語政策は，ブルトン語やバスク語などの少数言語にとって追い風となった．かつては一民族（＝国民（nation））一国家の原則を掲げる国民国家が近代国家の雛形であった．このような状況下，例えばその成功例の一つとしてよく取り上げられるフランスでは，唯一の公用語としてフランス語の使用が国民に強く求められていた．もちろんスイスやベルギーなど，複数の公用語を持つ国家も存在していたことを言い添えておく．一方で，ブルトン語やバスク語など，少数民族が話す少数言語は抑圧されていた．しかし近年では，このような少数言語と彼らの文化がヨーロッパの各地で復権されつつある．こういった現象は，EU統合と連動していると言ってよいだろう．つまり，EUが唯一の公用語を設定しそれを全地域に押しつけることができないのならば，当然，一つの国家の中においても唯一の言語を全国民に押しつけるべきではない，と考えられるからである．さらに言えば，一つの国家内で少数言語と少数民族が尊重されるということは，EUが多くの小国を抱えつつも共同体として一つに統合されることの象徴になるからなのである．　　　　　　　　　　　　［黒木朋興］

2. 政治と国際関係

2-1　国境と領土のもつ意味

国家の三要素の1つとしての領土　政治学では，近代主権国家の構成要素として「領土・国民・主権」の3つがあるとしている．その場合「領土」とは，「国家の主権が及ぶ空間的領域」と定義され，国境の画定とともに領土としての陸域や水域，空域が決まる．日本のような島国の場合は陸域としての領土の限界部分は海岸線によって確認できるし，その周囲の「水域としての領海」なども海岸線から何海里などと比較的容易に画定できる．一方で地続きの場合は，河川・山脈・湖水のような自然的境界を境にする場合を除いて目に見える形で境界づけるには，旧東西ドイツを隔てた「ベルリンの壁」などの境界を人為的に構築する以外にない．そしてその「人為」の場合には，アメリカとカナダの間の条約で定められた国境（北緯49度線）のように直線状のものも多い．

主権国家と領土　現在は1つになっている旧東西ドイツが「ベルリンの壁」などで隔てられていたことは，国境や領土の設定には「主権国家」の意思の存在が不可欠であることを示している．このことを歴史上初めて示したのが1648年に締結された「ウェストファリア条約」である．この条約はドイツ三十年戦争の講和条約として締結されたものだが，皇帝や教皇の権威のもとで統治されていた全ヨーロッパが，独自の権力のもとで統治される国家や都市ごとに分かれたという点で画期的である．同時に，例えばこの条約で神聖ローマ帝国からフランスへ割譲されたアルザス・ロレーヌ地方は，その後も第一次世界大戦後にいたるまでドイツとフランスとの領土争いの対象ならびにその象徴として有名だが，主権国家間の「条約」によって領土が決定された例の1つといえる．

そして複数の国家を含む地域統合体であるEU（欧州連合）では，1985年のシェンゲン協定によって定められた入国の際の国境検査の撤廃が，1997年のアムステルダム条約で法的に有効とされたことからも，国境と領土に関する規定は現在でも，最終的には主権国家間の条約その他の協定によって定まるものと考えられる．それゆえに，関係国家間で合意が形成されない場合には，特定の地域がどの国に属すのかについての諸国間の紛争が存在することになる．

領土権と領土問題　ある国が特定の地域の領土権を主張する根拠としては，歴史的に他の誰もが領有を主張していない土地に対して「主権国家」が領有意思をもって占有し，その事実が継続している「先占」を根拠とする場合などが挙げら

れる．中世期からの封建社会などでは，皇帝などの特定の権威が一定の地域に対する支配権を公認する形も採られたが，軍事行動の結果として「征服」が行われて，その地域を領土化するといった行為も実効性をもっていた．現在は，戦争に発展する可能性の高いそうした行為は国連憲章によって認められておらず，新規に取得が可能であるとすれば売買や交換などによる「譲渡」の場合である．この「譲渡」の場合はそれを明記した条約などの存在が前提となるため，現在では上記の「先占」が認められている場合以外は，条約によって国境と領土に関する権限と根拠が確定するといえよう．

　現在の日本の領土については，第二次世界大戦の敗戦に伴い，1951年に連合国側と日本との間で締結されたサンフランシスコ講和条約が，日本の主権の回復とともに日本の領土の範囲を定めている．しかし，そこに明記されていない部分については他国との間で領有をめぐる争いが存在する地域も残っている．その典型例が「北方領土」「竹島」「尖閣諸島」などであり，主権国家間における条約などの合意文書がないために，複数の国が領有権を主張して決着がついておらず，「領土問題」が存在する事例となる．

　こうした問題の解決に関しては，関係国家間での合意がない場合，国際司法裁判所への付託によって決着をつける方法も存在し，第二次世界大戦後も十数例の解決例がある．しかしこの付託は，当事国の1つが拒否すれば審判は開始されないため，「当該地域に関して領有権問題は存在しない（自国の領土に間違いない）」と主張する国家が存在する場合，有効な解決手段とはならない．

領有権問題の背景　ある地域に関する領有権が認められる典型的例としては，自国民が居住し，徴税や様々な事例に関する法律の適用，所有権上の登記の承認，出入域の管理などの実績がある場合である．これらの要素によって「実効支配」の有無が判断されうるが，その判断は無人島などの場合は困難である．その場合は「軍隊の駐留」などが要件となりうるが，竹島（韓国名「独島：ドクト」）の場合は韓国が「独島義勇守備隊」の駐留などを根拠に領有を主張している．しかし日本はそれを承認しておらず，最終的には国際的承認の有無が問題となる．

　また，尖閣諸島のように，資源の発見後に領有権主張の国が増加する例などもあり，利害関係の錯綜によっては今後も領土紛争は増加する可能性がある．

〔工藤　豊〕

2. 政治と国際関係

2-2　二大政党制と多党制

政党　かつて，政党は「現代政治の生命線」と表現された．現代の議会政治は，政党の活動を中心にした政党政治を通して行われる．政党は，国民的な利益を実現するために，考えを同じくする者が政権の獲得を目指して結合した政治集団である．以下，二大政党制と多党制の一般的特徴を整理した上で，現代政治学の到達点をふまえ日本の状況を問う．

二大政党制と多党制の特徴　二大政党制（two-party system）とは，二つの主要な政党が議席の大半を占め互いに競争し，第三党以下がほとんど影響力をもたない政党政治の形態をいう．長所として，①有権者にとって政策の争点が理解しやすく，政党の選択が容易，②政権が安定しやすい，③互いに他党を牽制することができる，④政治責任の所在が明白，などが挙げられる．短所としては，①二つの政党の主張のいずれにも属さない政策の支持者の意見を吸収することができない，②政策の隔たりが大きいと政権交代によって政治の一貫性・連続性を失う，③少数意見が切り捨てられやすい点を指摘することができる．典型国は，イギリス（労働党と保守党）やアメリカ（民主党と共和党）である．

一方，多党制（multi-party system）とは，複数の政党が，原則としてどの政党も選挙で単独過半数議席を獲得できないために，互いに競合しあっている政党政治の形態を指す．長所としては，①有権者が各人の意思に合った政党を選択できる，②少数意見を吸収しやすい，などが挙げられる．短所として，①連立政権になりやすく政局が不安定，②政治責任の所在が不明確，③少数党が政局の主導権を握る可能性がある点などを指摘できる．典型国は，フランス，イタリア，スウェーデン，ドイツ，そして日本である．

選挙制度と政党制—ヨーロッパの選択　さて，政党制のあり方は選挙制度によって大きな影響を受ける．選挙制度と政党制の関係についての有名な学説に，「デュヴェルジェの法則」がある．これは，小選挙区制は二大政党制を生み出す確率が高く，比例代表制は多党制を生み出す傾向がある，というものである．戦後，政治学のみならず現実政治の世界においても，長らく，小選挙区制−二大政党制の組み合わせが，政治を安定させるというメリットがあるため望ましいとされてきた．その背景になったのは，1920〜30年代にイタリアやドイツで比例代表制に基づく多党制が小党分立の不安定な政治を生み出し，その結果，共和制が崩壊し

てファシズムが成立したという歴史的経験であった．

　だが，それにもかかわらずヨーロッパ諸国では，戦後も比例代表制に基づく多党制が存続している．多様な民意を政治に反映できる多党制が優勢であったのである．ジョヴァンニ・サルトーリは，こうしたヨーロッパの経験を背景に，政治の安定性は政党の数だけで決まるものではなく，政党間の考え方や政策の距離にも左右されるものであり，多党制でも政党間のイデオロギーや政策の分裂が激しくない場合（「穏健な多党制」）には安定した政治は可能であるとしている．近年においては，比例代表制＝多党制という組み合わせは，政治的安定という評価基準からみても決して劣っているわけではないという認識が，政治学上の共通了解になっている．

二大政党制は日本になじむのか　　ひるがえって，日本の現実政治はどうであろうか．二大政党制に寄せる期待はまだまだ根強い．1990年代以来の「政治改革」の際には，政権交代こそが日本政治の課題であり，政権交代が起こるためには二大政党制が必要であり，それを成立させるためには小選挙区制度が有利であるという認識があった．94年には，歴史に逆行するも小選挙区比例代表並立制が導入された．導入以後，これまで7回の総選挙を経験したが，2009年までは導入時の狙い通り，ほぼ二大政党制が定着しつつあった．実際，2009年には政権交代が実現する．しかし，直近2回（2012, 2014年）の総選挙は逆で，かつての自民党一党支配の構図だった．デュヴェルジェの法則はあらゆる条件下で働くわけではないようだ．野党の結集が難しく，「一強多弱」であれば，小選挙区制は，二大政党が切磋琢磨する二大政党制ではなく，最大政党に過剰な議席を与える歪な一党優位性をもたらす．

　そもそも二大政党制を安定的に成立させる条件が日本にはあるだろうか．イギリスやアメリカのような典型的な二大政党制は，いずれも産業化の時代に表面化した階級対立や人種対立など，容易に超えられない対立軸（歴史的条件）をもつ．また，政党支持についての地域的な偏差も大きい．これに対し日本では，政党に対する支持基盤が階級や地域と顕著に関連しているとはいえないであろう．有権者の政党への帰属意識も低く，一つの政党から別の政党に投票先を変えることに心理的な抵抗がほとんどない．世論調査のたびに政党支持率が激変する日本で二大政党制が成立するだろうか．改めて，穏健な多党制の意義を検討してみるときにきている．

［米田祐介］

2. 政治と国際関係

2-3 国民経済とグローバル経済

国民経済と GDP　国民経済（national economy）とは，共通の金融・財政制度などのもとで同一の経済政策が施行される地域内（国内）を単位とする経済のしくみや活動をいい，それを記録する会計（account）の記録を国民経済計算（system of national accounts）という．したがって，現在の日本の場合，国内に多数存在する米軍基地は日本国内に含まれないため，そこでの生産や消費は「日本の国民経済」から除外される．しかし，外国企業でも日本国内で経済活動を行えばそれらは日本の国民経済に含まれる．ただし，第二次世界大戦後まで先進諸国が世界各地にもっていた植民地では，そこの住民に対して本国の法律は適用されなかったが，経済的には「自国」とされていたため，本国では植民地を含めて経済を国民経済と考えていた．このように，「国内」の範疇は流動的である．

　この国民経済の統計報告が GDP（gross domestic product：国内総生産）で，「国民国家内において，1年間に生産された財とサービスの合計」と定義される．かつて類似の統計に GNP（gross national product：国民総生産）があったが，これは「一国の国民が1年間に生産した財とサービスの合計」となる．両者の違いは「領土」に着目した GDP と「国民」に着目した GNP という点にあり，近年前者が用いられるのは国民の活動領域が日本の領土を越えて国際的に拡大したためである．当然計算上は，GDP に海外からの純所得（受取り所得 − 支払い所得）を加えると GNP になる．

　こうした統計指標の仕様変更は，経済活動が国民国家の枠を越えて拡大しているグローバリゼーションという状況を反映している．

グローバリゼーション　グローバリゼーション（globalization）が意味する「国民国家の枠を越えた拡大」という状況は，1980年代頃までは国際化（internationalization）という概念で類似のことが語られていた．しかしそれはあくまで「国民国家どうしの相互関係の拡大」という範疇であり，現在の地球全体を活動舞台にするというニュアンスと比べれば限定的な意味となる．さらに，政治・経済・社会・文化の多様な場面での相互作用が拡大し，かつ関係が密接化しているという状況が，従来の国際関係の拡大という状況との違いといえる．

　本来この用語使用の背景には，1980年代末のソ連・東欧圏崩壊による冷戦の終焉や，社会主義経済圏の崩壊による地球世界（globe）の一元化という状況がある

が，その状況は同時に従来の諸国家間の交流に限定を加えていた枠組みがなくなるか，それを横断するような変化が生じたという認識を基礎としている．そしてその進行過程は，1990年代以後唯一残ることになった資本主義経済システムが自由貿易を基盤として，旧社会主義圏を含み市場経済化という形で普遍化していく過程と一致している．

自由主義貿易論　国家間の貿易を制限なしに行う自由貿易の利点については，A・スミスやD・リカードら古典派経済学者によって理論的に究明されている．それによれば，各国が自国にとって比較的生産コストがかからない財の生産へ特化することで各国の労働生産性が増大し，互いにより高品質の財を提供できるとする「比較優位への特化」を行うことによって，総体として関係国の生産力が増大するという形で説明されている．

しかし一方で，こうした自由主義的貿易政策は各国の劣位産業の衰退や消滅などの産業構造上の変化をもたらすし，工業製品輸出国と一次製品輸出国との間では，製品価格の高い（付加価値の高い）工業製品輸出国にとって有利な結果をもたらすことになる．したがって，19世紀段階でも，工業化など経済発展が相対的に遅れたドイツなどの国々では，自国産業の保護を目的にドイツ関税同盟（1834）に代表されるような保護貿易主義が採用されていた．

新自由主義とグローバリゼーション　1990年代以降のグローバリゼーションとの関連で世界的に拡大した新自由主義的政策は，直接的には1970年代の景気停滞対策を出発点としており，その理念は脱規制化（de-regulation）にある．すなわち，金融，情報通信，各種事業に関する多様な分野にわたる規制緩和を実施し，企業活動の自由化と公共企業体の民営化などを含む公共資源の私的利用の拡大によって，経済成長を達成しようとする政策である．これらは1980年代以降の日本の政策でもあるが，1990年代以降のグローバリゼーションは，それらの規制緩和を地球規模で行おうとするものである．

その結果，金融・決済システムや資本・技術移転の規制緩和や自由化などによる世界市場の均一化は，企業などの各経済主体の市場参入活動や投資機会，選択の自由の拡大により，経済活動全般の効率化や拡大をもたらしうるようになったが，一方で自由競争の激化による格差の拡大や，市場の不安定性をも生じさせ続けている．このことから，「自由主義」という経済政策は，一般に市場の効率化と安定性に関して常に二律背反の問題を抱えていることがわかる．　　　［工藤　豊］

2. 政治と国際関係

2-4　軍隊は何か守るのか？

軍隊とは何か　軍隊（military force）とは，兵器およびそれを扱う兵士からなる戦闘力を備えた集団のことである．広義には軍事組織であり，狭義には戦時国際法で定められた組織をさす．現代では警察と並ぶ国家の実力組織であり，警察が国内の治安維持を目的としているのに対し，主に外敵への対応を担うとされている．ただし非常時の災害救助も期待され，日本では国内における地震・風水害などの自然災害や遭難者救出などの「災害派遣」に陸上自衛隊が携わっている．

自衛隊は軍隊か　2015年3月20日，安倍晋三首相が参議院予算委員会で自衛隊を「わが軍」と発言し，菅義偉官房長官が25日の記者会見で「防衛を主たる任務とする組織を軍隊と呼ぶなら，自衛隊も軍隊の一つだ．自衛隊は国際法上は軍隊にあたる」と述べた．軍隊の定義に照らし合わせれば，自衛隊は狭義の軍隊であるから，どこからみても実質的な軍隊である．ただし公式な英訳名称では，この組織を"Japan Self-Defense Forces"と表記している．

軍隊の目的と役割　軍隊は，国防すなわち主権国家の独立と安全の維持を主要な目的とするとされる．そのために，軍隊は戦争という手段において，戦闘行為を実行する権限と能力を与えられている．戦時国際法上は，戦時に決められた制約のもとでの作戦行動により，敵を攻撃する権限，すなわち交戦権をもち，敵の指揮下に入れば，兵士は捕虜として人道的に扱われる権利がある．つまり，国際法上のルールに従う限り，軍隊はどれほど人を殺しても殺人罪が適用されず，モノを壊しても器物損壊罪に問われない．また現代の軍隊は戦争だけではなく，平和維持活動，対テロ作戦，情報活動，学術研究，技術開発なども行っている．

軍隊の指揮監督権はどこにあるのか　軍隊の目的が国防である以上，防衛の必要が緊急かつ具体的に生じない限り，戦闘行為を行うことはできない．その判断を，いつ，どこで，誰が，どのような手続きで行うのか．民主主義国家においては，軍隊を国家の独立と安全のために効率的に機能させるとともに，人民の敵とならないよう，民主主義のシステムの中で確実に管理し，統制する必要がある．そのため，軍隊の指揮監督権や管理運営に関する基本的な法原則は，一般には憲法に明記される．憲法は，主権者である国民と国家との契約書だからである．

　大日本帝国憲法は，軍隊の指揮監督権を統帥権として天皇に帰属させた．日本国憲法では，戦争放棄のため軍隊の存在を認めず，したがって指揮監督権や管理

運営の明記はない．唯一，第66条2項に「内閣総理大臣その他の国務大臣は，文民でなければならない」とあるのが，関連する項目といえよう．戦前の内閣は，軍部大臣の現役武官制によって軍部の暴走を引き起こしている．この防止システムを文民統制（シビリアン・コントロール）と呼ぶ．日本の自衛隊の指揮監督権は自衛隊法第7条によって内閣総理大臣に与えられているが，憲法上の明記はないため，法改正でどのようにも変更でき，いつ，どこで，誰がどのように指揮命令しようとも憲法違反にはならない．

軍隊と自衛権　軍隊の存在意義は主権国家の独立と安全の維持にあるが，この主権を維持する権利を自衛権という．国際連合憲章第51条は，「この憲章のいかなる規定も，国際連合加盟国に対して武力攻撃が発生した場合には，…（中略）…個別的又は集団的自衛の固有の権利を害するものではない」として，加盟国に自衛権を認める．だがそれは，必ずしも武力行使を保障しない．同第2条4項は「すべての加盟国は，…（中略）…武力による威嚇又は武力の行使を，いかなる国の領土保全又は政治的独立に対するものも，また，国際連合の目的と両立しない他のいかなる方法によるものも慎まなければならない」とし，あらゆる武力行使を原則違法とした．自衛権は認めるけれども，武力を使わないで済む方法があるならそれを使うべきで，即座に武力行使が許されるわけではない．自衛権は軍隊の必要性を主張する根拠にはならない．

　また個別的自衛権は，自国を防衛するために①外国からの違法な侵害に対し，②緊急の必要がある場合，③最小限度の武力を行使しうる権利，とされる．集団的自衛権は，自国と密接な関係にある国が武力攻撃を受けた場合，自国に対する攻撃とみなして反撃を行う権利とされる．しかし仮に日本が武力攻撃を受けていない状況で，集団的自衛権を使ってアメリカと戦う某国を攻撃したらどうなるか．その国は，日本に対し，個別的自衛権により武力で応戦できることになる．

　集団的自衛権を認めれば，紛争に当事国以外が割り込み，被害は拡大する．戦争で儲ける場合にのみ，その商売人の利益にはなろう．集団的自衛権は先制攻撃権であって自衛権ではない．黒いカラスを白いカラスと呼んでも，それはやはり黒いカラスなのである．

　ただしそれを正当化する論理は，アメリカにはある．2012年12月に米コネティカット州の小学校で起きた銃乱射事件に対して，全米ライフル協会（NRA）は記者会見でこう述べている．「銃をもった悪いやつを止められるのは，銃をもったよいやつしかいない」．この論理が，集団的自衛権の精神である．　　［松村比奈子］

3. 社会保障と雇用市場

3-1 終身雇用と日本の社会

終身雇用と日本的経営 終身雇用（lifetime commitment）とは，新卒で入社した正規雇用による労働者を定年まで雇用し続ける長期勤務・雇用制度をいい，J・アベグレンが『日本の経営』(1958) の中で日本の雇用形態の特徴として指摘したものである．一般に，年功序列制と企業別組合と並び，「日本的経営の3つの柱」といわれる．このシステムの利点は，勤続年数やそれに基づく仕事の習熟度などで会社内の序列を定める年功序列制とあいまって，人間のライフスタイルの変化に応じた給与体系を形成し，一生の生活展望を可能とするため，所属する企業への帰属性や忠誠心を高めつつ，中間層の拡大に寄与する点にあるとされている．

しかし，この制度はあくまで慣行であって法的規定ではない．しかも，景気の好悪による業績変動に対応する雇用調整を，社内やグループ企業間の人事異動などによって行いうる大企業はともかく，中小企業ではこの制度の完全導入は困難である．したがって，この制度の恩恵を直接受けうるのは，大企業の勤労者を中心とした全労働力人口の2～3割程度といわれる．持続的な経済成長の時期には中小企業も実質的に長期雇用を維持できたが，バブル崩壊後などの景気後退期には，大企業でも早期退職勧告などを含めて事業主の都合による離職が拡大したことからも，日本の雇用制度として確立されたものとまではいえない．

この制度の起源は，大正時代から昭和初期に遡るといわれる．その後，戦後の炭鉱閉山などの際の人員整理に示されるように，衰退産業での解雇をめぐる争議への対応や，1960年以降の高度経済成長期の労働力確保の必要性などを背景として，安定した雇用がもたらす経営の安定を目的に確立されたものと考えられる．

終身雇用の功罪 この制度は，高度経済成長期を通じて存在した労働力需要の高さによる長期的な失業率の低さにも影響し，同時に給与の構成比率として，年齢や家族構成などに基づいて決定される生活給支給が給与全体の7割近くを占めるという給与体系を，中小企業も含めて一定程度採用することにはつながったといえる．そのため，労働者の生活の安定，ひいては社会の安定につながり，公的な社会保障が不十分な中で一種の社会的セーフティネットとして作用した側面を指摘できる．

一方で，この制度では柔軟な雇用調整が困難となるため，企業側が業績の関係で職場を失った労働者を抱え続ける危険性や，逆に業績好調な場合などは仕事が

多いために労働力不足のままで働かせることになり，長時間労働などの問題につながることもある．バブル崩壊後の不況期にこの制度の恩恵を受けない非正規雇用が増大していったことの背景には，企業側が雇用調整の柔軟性を確保するという必要性に迫られたことが指摘できる．

終身雇用制の崩壊と日本の社会　　非正規雇用とは終身雇用に守られた正規雇用の労働者ではなく，アルバイト・パート・派遣労働者・契約社員などと呼ばれる雇用形態の総称である．彼らは，正規雇用の労働者と比べると相対的に低賃金であり，1～3年程度の有期雇用契約で働くため退職金の対象外であり，労働組合や社会保険・雇用保険などへも非加入となる場合がほとんどで，多くの労働条件の面で正規雇用者よりも劣っている．

　総務省統計局の「労働力調査」（2014年速報値）によれば，日本の非正規雇用の割合は1952万人で全体の37％を占め，20年前のおよそ2倍に増加しており，日本の労働者は正規・非正規の二極分解の状態にあるといえる．この非正規雇用労働者は，終身雇用という長期雇用制度に守られた正規雇用者に対して，特定の職務に関する短期の有期雇用形態であるため，契約期限や景気変動などによる職務の減少などを理由とする雇用調整を行いやすい．バブル崩壊後にこの雇用形態が急増している背景には，正規雇用者の場合には困難な「雇用の調整弁」という役割を，非正規雇用の増減によって行おうとした雇用者側の意図があるといえる．

国民総中流の崩壊　　高度経済成長が10年ほど続いた1970年前後に行われた「国民生活に関する意識調査」（内閣府）では，自分の生活を「中程度」と答えた割合が9割に達した．2013年の同じ調査でもほぼ同じ数値であるため，これが実体経済に基づく実情を反映しているかには問題があるが，今後，特に若年層の非正規雇用者がキャリアアップできず，住宅ローンなども拒否されて生活設計が困難な状態のまま年齢を重ねていけば，現状の格差はさらに拡大し，中流意識を保持できなくなる可能性が高い．こうした格差についてはOECD（経済協力開発機構）も，2006年に所得分配の不平等改善を目的として労働市場の二極分解の改善を提言している（*OECD Economic Surveys : Japan 2006*）．そのためには，少なくとも欧米で導入されている同一労働-同一賃金などの制度的実現が不可欠である．

　　　　　　　　　　　　　　　　　　　　　　　　　　　　　［工藤　豊］

3. 社会保障と雇用市場

3-2 貧困と社会保障

社会保障とは　社会保障とは，日本国憲法第25条で規定されている生存権の具体化として，国家が健康で文化的な最低限度の生活を国民に保障する制度のことである．今日では少子高齢化を背景とした将来の財政不安から，教育政策や雇用政策と連携し，出産と就労の促進が政策として求められている．日本の現状は，高齢化に伴って社会保障に対する国家の支出は増えているものの，実際のニーズに十分対応できているとは言えない．

2012年には「社会保障と税の一体改革」が決定され，消費増税化への道が始まる．その翌年には社会保障改革プログラム法が施行され，2014年に消費税は8%にアップした．さらに自民党の憲法改正素案の中には，「財政規律の健全化を義務化する」案も存在している．もしこれが通過すれば，財政赤字を理由に社会保障支出をカットすることも容易になる．かように制度は改変され，世論は社会保障への依存に罪悪感をもつように誘導され，特に生活保護には厳しい目を向けるようになりつつある．

貧困と生活保護　社会保障における所得保障は，貧困の原因を個人の能力から，社会環境へと視点を移した結果である．したがって，貧困の責任も個人ではなく社会全体で負わねばならない．そもそも貧困については，生きていく上での最低限の栄養の確保に必要な生活費があるかどうかを基準とした，絶対的貧困の概念がある．しかし先進諸国ではそのような貧困はほとんど見られないため，国民の平均的生活に照らし合わせる相対的貧困を貧窮ととらえる．すでに貧困状態に陥った人を救う救貧制度のことを公的扶助と言うが，日本ではそれが生活保護制度なのである．

生活保護法によれば，生活保護は租税が原資となっており，当事者による申請保護の原則があり，申請者に対しては資力調査（収入，預金，不動産などの資産）が行われる．生活保護は，決して無一文の状態でなければ受けられないわけではない．一定額に設定された最低生活費に対して，足りない額を保護として支給する仕組みなのである．例えば2013年度の基準では，夫婦と子ども一人世帯の都内の保護費は，生活扶助と住宅扶助を合わせて17万円強であり，仮にこの夫婦に10万円の収入があるとすれば，支給額は7万円ということになる．しかし財政逼迫を背景として，申請者の制度に対する知識の不備を利用して言葉巧みに追い返

す「水際作戦」といわれる行政の窓口対応は,「申請保護の原則」を有名無実化する問題となっている.

生活保護のイメージ　　保護率,捕捉率,漏救率という数値があるが,最初のものは国民に占める生活保護受給者の割合である.2番目は対象者の中で実際に保護を受けている率である.当然生活保護基準以下でも申請していない人たちがおり,捕捉から漏れた率を漏救率と呼んで〈100−捕捉率〉で計算される.例えば2010年の日本の保護率は1.6％,比較してドイツは9.7％であるが,捕捉率は前者が18％,後者が約65％である.すなわち日本の漏救率は82％,ドイツでは35％ということになる.ドイツなどと比べて日本で保護率が低いのは貧窮者が少ないのではなく,無知や羞恥によって保護をあきらめている率が高いのである.

　ところで,どのような人が受給しているのであろうか.1999年度の受給世帯の内訳は,65歳以上の高齢者世帯44.9％,母子世帯8.3％,傷病・障害者世帯39.6％,その他の世帯7.1％となっていた.その10年後の2009年度には「その他の世帯」が13.5％と急増し,世帯数も5万184世帯から17万1978世帯へと3倍以上になった.この「その他の世帯」が,実際にはまだ働ける層であるという認識から,働かないで生活保護で食べる怠け者を助長しているとして,生活保護制度に対する非難が集中している.しかし上記のような制度の目的からすれば,働いても最低生活水準に届かない人々が生活を補填されていることは非難されるべきことではない.働いても十分に食べられない人がいるという問題は,最低賃金や就労状況,雇用のあり方の問題なのである.その上,高齢者や障害者の受給の増加は,年金制度の不十分さも表している.

　またよく取り沙汰される「不正受給」といわれるものは,全体の0.4％(2010年の厚労省の報告)である.しかし,例えば高校生の子どもが学費を稼ぐためのアルバイトの報告漏れなどが不正と訴えられる例もある.あるいは,富裕な成人の子どもがいる親の受給が問題とされるのは家族責任の強化が狙いである.一方で民法における扶養義務は夫婦どうし,親から未成熟の子に対しては強く,それ以外は弱いものである.それは前記した「社会全体の責任」の考えに基づく.

　生活保護基準は最低生活の基準であり,「最低これぐらいでも生きていける」という設定なのである.ということは,最低賃金,非課税収入の水準,社会保険における保険料負担,他にも様々な要素が生活保護基準と連動している.生活保護を恥とし,我慢することで,我々の生活水準はますます低下していくことになろう.

[楠　秀樹]

3. 社会保障と雇用市場

3-3 福祉国家と雇用の流動性

福祉国家と社会保障　第二次世界大戦中，イギリスは敵国であるドイツを「戦争国家（warfare-state）」，自国を「福祉国家（welfare-state）」と呼ぶことで国民の生存・生活を重視する国，というイメージを宣伝した．そして1942年には，医療保険，失業保険，老齢年金などの社会保険と社会保障関連サービスに関するベヴァリッジ報告を通じて，戦後の社会保障体制構築に先鞭をつけた．これらの社会保障政策は，アメリカにおいてもニュー・ディール政策の一環として1935年に連邦社会保険法（Social Security Act）が制定されたように，20世紀の民主主義国家を標榜する各国で国民の支持を確保するための有力な政策として登場する．具体的には，政府が公共投資などを通じて積極的に完全雇用の実現を図り，社会保障政策によって国民生活の最低限の保障を行おうとする国家が福祉国家と呼ばれる．それは同時に，戦後1948年の国連総会で採択された世界人権宣言に示された，「社会権」の実現を目指す政策でもあった．

社会保障制度の内容では，国民の最低限の生活を保障する生活保護などの公的扶助や，失業給付などが重要な柱となる．不況の恒常化などによって，この失業保険給付が増大したり生活保護の受給者が増加したりすることは社会的にも不健全であり，財政的にもそうした支出は少ないことが望ましい．そのために，社会保障政策の実施とともに完全雇用が目指されることになる．

完全雇用　完全雇用とは失業者ゼロを意味するものではない．よりよい労働条件を求めて転職する労働者や，産業の栄枯盛衰を背景に倒産する企業が存在する以上，一時的にせよ失業者は必ず存在する．したがって，完全雇用は「非自発的失業が存在しない状態」と定義される．OECD（経済開発協力機構）では，各国の経済状況に応じた完全雇用下での失業率を推計しているが，日本の場合は $4 \pm 0.3\%$ 程度（1999）と推計されており，2013年の統計では日本は完全雇用となる．これが一般的感覚とずれるのは，求職活動をあきらめた者などを統計から除外するなどの操作のためである．

国民生活の一定水準の保障を行う際に，失業者への給付と雇用機会増加を目指す景気刺激政策では，後者が経済全般の活性化や税収増加につながるために，政府はそれらによって有効需要の確保と完全雇用の実現のための政策（ケインズ政策）を積極的に実行することが求められる．

雇用の流動性　　いろいろな企業への転職を繰り返す労働者の割合の高低を「雇用の流動性」という．日本の労働者の転職率は，新卒就職前後の20代前半に10％を超える程度でその後低下傾向を示し，再就職を試みる定年前後にかけて数％という数値を示す．少なく見積もって30％以上といわれるアメリカでの数値との比較から，日本の労働市場は一般に雇用の流動性が低いとみなされる．この背景には，終身雇用制という慣行と，解雇に際して企業側が客観的に合理的かつ社会通念上相当な理由を求められるという「解雇規制」の存在のため，企業側が正規社員を解雇しづらいという事情が存在した．

　雇用の流動性の高さの利点としては，仮に労働者と職場がうまく適合しない場合，離職して新たな職場を探すことで勤労条件のよい職場を確保できるほか，転職の先々での自己の勤労能力やノウハウの伝達を通じて労働生産性の向上達成などの効果も期待できる．したがってこの高低は，経済社会の活性化や成長要因の指標のように扱われる場合があるが，昨今のいわゆるブラック企業など，厳しい労働条件のもとで労働者の使い捨てを志向する企業では当然の結果として転職率（離職率）は高くなる．そうした側面もあるため，雇用の流動性の効果を結論づけることは容易ではない．

流動性の向上と経済システム　　経済社会の活性化につながる形で流動性を高めるには，離職後の再就職機会を確保できる十分なスキルをもった労働者が多数存在し，労働力需給が十分に存在する労働市場が不可欠である．それに加えて，離職後の生活を一定期間確保できる確実かつ十分な失業保険制度の存在，そしてそうしたスキルを十分にもたない労働者に対し，職業訓練などでスキルアップの機会を保障するなどの政策的裏付けが，自己責任の主張の前に必要となる．

　これまでの日本においては，終身雇用制度と解雇規制の存在から，上記の社会保障的政策は重視されてこなかった．しかし，有期雇用で解雇規制の対象にならず，最もそれらの政策を必要とする非正規雇用者が増大しつつある現在では，特に全体平均よりも失業率の高い若年労働者層を対象として，そうした政策の必要性が増大している．

　一方で，正規雇用者に対する厚い保護内容から，正規雇用者への解雇規制の緩和などが主張される場合もある．ただ日本のように，労働分野一般での社会保障政策が弱体である現状でそうした転換を導入すると，労働条件の劣悪化をいっそう進めることにつながることが予想され，慎重な検討が必要である．　　［工藤　豊］

3. 社会保障と雇用市場

3-4　少子高齢化と家族問題——ジェンダーの視点を中心に

少子高齢化社会　2014年度の日本社会では，65歳以上の高齢者人口が3186万人となり，総人口に占める割合は25％となっている．国立社会保障・人口問題研究所の推計では，22年後には3人に1人が高齢者になるとされている．他方で，合計特殊出生率（1人の女性が生涯を通じて産むと想定される子どもの平均人数）は1.43である．合計特殊出生率が2.07を下回ると，人口の再生産，ひいては社会の再生産の維持が困難となる低出生社会とされる．このように，高齢者人口が増え，社会の人口減が続く社会を少子高齢化社会という．ここには年金制度など社会保障財源の破綻，労働力人口の減少による生産性の低下，高齢者介護の諸問題がある．以下，少子高齢化と家族問題をジェンダー研究の観点から説明していこう．

ケアの問題とジェンダー　日本社会では，家族の問題は家族の責任で解決する，という考え方を自明としている傾向がある．例えば，高齢者家族の介護は可能な限り家族で担うとする傾向はいまだにある．このようなケアに関する家族の自助努力という風潮は，2000年度に介護保険制度が導入されるまでの旧来の家族主義福祉の名残である．この介護保険制度は，必要な介護サービスを，保険料を負担して選ぶことができるという意味で，家族介護の負担を軽減する社会支援システムと評価されている．他方で，利用者の所得格差に関わらず一律に1割負担をする現行の制度は，低所得者層の負担増として批判されてもいる．ここでは，少子高齢化社会におけるケア（介護，世話）の問題について，ケアの担い手として期待される性（ジェンダー）という観点から説明していく．

　日本社会では，家族のケアに関わる担い手として，女性が適任者として期待され，また実際に担う傾向が強いとされている．性別役割分業（「男は外で働き，女は家庭で家事・育児をする」という性別に基づいた分業のこと）は現在では，大学生の7割以上が支持しないと回答した調査結果（第7回「若者の性」白書参照）があるが，社会生活基本調査によれば，配偶関係別家事関連時間は既婚男性が週平均で0.47時間，既婚女性が5.02時間と，男性と女性で大きな開きがある．フェミニズム（女性解放思想）ではこの家事や育児，あるいは介護といった身の回りの世話を労働としてとらえ，それを再生産労働と呼ぶ．これは無償労働（アンペイド・ワーク）であることを特徴とし，女性が担うものとされてきた．現状とし

て，高齢者の家族介護の場面においては女性が介護者となることが男性よりも多く，また介護保険適用の場面においても介護労働者は女性が多いとされている．

このように，ケアに関わる問題は家族内の女性の責任とされる傾向がある中で，女性の身体的・精神的負担は看過されやすい．またそのようなジェンダー・バイアスが低賃金で不安定な介護労働という特徴に反映される．

また，介護保険とは端的に「介護労働の市場化」を意味するが，ケアの受け手としての高齢者にも，サービスを購入できる経済的資源にジェンダー格差がある．つまり，男性高齢者に比べ，相対的に女性高齢者は経済的基盤が弱く，その生活上の困難が予測されている．それは先述した性別役割分業により，生涯を通して得られる労働収入に格差が生じることの帰結であり，高齢者介護にはより明瞭にジェンダー格差の問題が浮かび上がってくる．

未婚化，晩婚化／ジェンダー問題　少子化問題に関して，出産経験のない女性に対して差別発言をする政治家が問題視されている．性差別をなくすという目標を掲げた社会の中で，政治家がそのような発言をするのは異常事態である．先述したように，若年層では性別役割分業規範を支持するものが減り，また一生仕事を続けていくという女性が増えている．中でも，結婚せずに仕事を続けていくという若年女性が1割を超えている（第14回国立社会保障・人口問題研究所出生動向基本調査）．簡単にいって，就労継続志向の女性が増えていることを念頭に置き，家事・育児を女性が一方的に担うという状況を改善する必要があるのだ．実際に少子化対策は，ジェンダー平等の理念を念頭に置き，女性の機会費用逸失（女性が結婚して就労を中断した場合に失う利益のこと）という観点から，女性が結婚後も就労を継続できるように性別役割分業を解消することを目指している．

未婚化・晩婚化は少子化の規定要因であるが，そこには遅々として進まない政策の課題がある．例えば，男女雇用機会均等法や男女共同参画社会基本法を制定して以降も，女性の就労を抑制するものと批判されてきた税制面での専業主婦優遇政策の見直しは遅れている．また男性の育児休業取得率も2％程度であり，それに関する改善も遅らせたままであることが問題である．少子高齢化社会の問題化の背景にあるものは，女性を家族のケアに縛り付ける社会のジェンダー・バイアスの問題であり，それは女性の不安定就労の要因となっている．また，男女間の賃金格差の解消や女性の社会的地位の向上を棚上げにして少子化問題に言及するあり方は問題である．

[加藤敦也]

4. 地球環境とこれからの社会

4-1 領海・公海と海洋資源

日本人と海産物　人類は長きに渡り魚をはじめとする海産物を摂取し，生活を営んできた．特に日本は島国であり，また魚料理を好む国民性もあり，水産物の消費を当然視している．しかし歴史的には日本は仏教を国是とし，仏教では動物食は殺生戒を犯すことであり，基本的に禁忌される．そのため 675 年に天武天皇によって肉食禁止令が発令されて以来，肉食が禁止されてきた．その場合でも魚を食べることは，特に禁じられることはなかった．魚は伝統的には肉に数えられなかった．魚は獣のように叫び声を上げないため，苦痛を感じることはないと考えられてきたからだと思われる．もっとも仏教戒律それ自体は一般に魚食も禁じており，誘惑に負けて肉食や魚食の禁を犯した者が「生臭坊主」の語源だとされる．

こうした国民性のためか，日本は世界中で際立った水産物の消費国である．一人当たりの消費量ではアイスランドやポルトガルのように日本同様の国もあるが，人口の多さから，国単位の消費量では日本の水産物消費量は絶大である．

このような事実から，日本は世界から海産物の大量消費を責められ続けていたかといえば，決してそんなことはなかった．世界の多くの国は魚よりも肉を好み，魚を生で食べるまでに愛好している日本人を，冷ややかな目で静観していたからである．このままの消費性向が続けば，海洋資源全体の枯渇など問題にならず，日本人の魚食愛好が責められる余地はなかった．

ところが，世界全体が豊かになり，それとともに肉食の弊害が叫ばれるようになった．先進諸国，特にジャンクフードの蔓延したアメリカで典型的に見られるように，肉食に由来する動物性脂肪の過剰摂取と，それを原因とする病的肥満や成人病の増加は，大きな社会問題となっている．こうした中で「シーフード」が，「ヘルシーフード」として広く推奨されるようになった．特に寿司は，ヘルシーで美味しい SUSHI として，先進国の豊かな消費者に愛好されるようになった．

こうして今まで日本が取り放題だった，寿司ネタとして人気のマグロのような大型魚が，一挙に乱獲の危機にさらされるようになった．例えばクロマグロは寿司ブーム以前でさえ漁獲量が減少していたが，今や絶滅危惧種に入らんとしている．これ以外にも，以前は比較的現存量が安定していた魚種も，需要の増大により乱獲されるようになり，大幅な減少を記録している．多くの報告が，このまま

乱獲が続けば，50年以内に寿司という食文化それ自体が消滅してしまう可能性を示唆している．

皮肉なことに，日本人自体は肉食の増加に反比例して魚食量が低下しているのだが，世界全体では日本的な魚食愛好が拡大し，海洋資源が危機にさらされているのである．

海洋資源保護の方法　こうした現状において，海洋資源保護が危急の課題となっている．実は海洋資源を保護し，減少した漁獲量を回復する方法は原理的には簡単である．一定期間の禁漁か大幅な漁獲量制限である．これらの措置によって，漁獲量は回復する．しかしこれは実際には，実行するのが極めて困難な方法である．増加した需要を，各国の産業界が一時的に放棄することを意味するからである．消費者が魚食を好めば，魚は売れるので，関連産業は儲かる．儲かるのならば儲けを追求しようとするのが，資本主義である．大量の魚食需要が生ずれば，競争圧力により，低価格化が追求されていく．低価格は供給量の増加によって可能になる．供給量の増加はそのまま乱獲に直結する．こうしてグローバル資本主義の中に生きる我々は，その彼方に寿司自体の消滅を見据えることなく，刹那的に回転寿司の快楽を追及していくのである．

領海と公海の問題　それでも国家的方針として漁獲を制限することは可能である．しかし国境があるように，海洋にも領海がある．一国の方針は原則として領海（基線＝沿岸線12海里，約22.2km），広くても排他的経済水域（200海里，370.4km）までしか及ばない．自国で制限しても，制限していない他国から輸入できれば需要はまかなえる．しかしその代わり，輸出国の海洋資源は確実に減少する．グローバル資本主義の現在，各国が足並みをそろえて漁獲制限を行うという想定は空想的だろう．

また仮に，多くの国が領海内の漁業を制限しても，海の7割近くが公海であり，どの国の主権も及ばない．公海上の漁業を強制的に禁止する権力は存在しないため，公海での乱獲は避けがたい．

だからといって，このまま資本の論理に任せておけば，多くの魚が鯨と同じ運命をたどる．捕鯨は現在厳しく制限されているが，乱獲の後遺症で，個体数の回復ははかばかしくない．「近代的な捕鯨はわずかに約420年の短い年月で，日本沿岸の鯨資源をこれ程完膚無きまでに枯渇させた．…（中略）…往年日本沿岸で捕獲した克鯨等は永遠に回遊不可能と言っても過言ではないだろう」（近藤, 2001）．これを教訓とする必要がある．

　　　　　　　　　　　　　　　　　　　　　　　　　　　　　　　　［田上孝一］

4. 地球環境とこれからの社会

4-2 捕鯨問題と伝統文化

クジラやイルカは特殊な生物か　イルカという生物種はなく，それは小型クジラの総称である．輪郭のはっきりしない要素はあるものの，捕鯨に反対する人々の一部は，クジラやイルカは特殊な生き物だと思っている．その根拠はいくつかあるが，例えばギリシア神話に登場するイルカは海神ポセイドンの使いとして神聖視されていることがある．また，クジラやイルカは人間と会話のできる高等動物とみなされていることもある．しかし，そのような文化を共有しない人々にとって，クジラやイルカは生活資材であったり，生活や文化に無関係の生物であったりする．この問題は，異文化理解のテーマとしてはその代表格にあたる．

　さらにこの「特殊」という意味は，そのように認識している人々にとっては「特別に保護すべき」ということである．その場合，クジラやイルカの中でも絶滅危惧種に指定されている種類であれば「特別に保護すべき」根拠ははっきりしている．また，クジラやイルカは養殖に適さない野生生物である限りにおいて，食用の産業動物・経済動物とは一線を画する．その意味で「特殊」とみなす根拠はありうる．

調査捕鯨とは何か　日本では，シロナガスクジラのように資源量の少ない種類を除いて，ミンククジラやイワシクジラなどを対象に，「クジラ資源の保全」という調査目的で南極海ほかで捕鯨を継続してきた．国際捕鯨取締条約第8条によれば，科学的研究のためなら問題ない．この調査捕鯨は1987年から行われてきたが，2014年3月，国際司法裁判所は，「科学目的とは認められない」として中止を命じる判決を下した．その後同年9月，国際捕鯨委員会は，調査捕鯨再開を延期する決議を総会で採択した．調査主体は日本鯨類研究所と共同船舶であるが，実際は「調査」という名のもとに商業捕鯨を行っていると解釈される場合もある．販売を担当する共同船舶は，船上で食肉用に解体し，それを日本国内の取引業者に引き渡す．ただし，調査捕鯨を継続するには，年間約40億円の費用がかかり，鯨肉の売り上げと相殺しても年間約10億円の赤字となっており，その分を税金で補塡しているのが実情である．そこまでして調査を継続する意味は，いったいどこにあるのだろうか．それは商業捕鯨の再開であり，水産物資源の代表であるクジラを失いたくないのである．そのためには，クジラの数はしだいに増加していることを科学的に証明する必要がある．

沿岸捕鯨の伝統　日本が海外諸国の批判を受けてきた捕鯨は，南極海や北西太平洋で行ってきた大型船による商業捕鯨である．日本が南氷洋での母船式捕鯨に参入したのは1934年からである．それとは別に，日本には昔から沿岸捕鯨の伝統文化がある．日本捕鯨協会のホームページには，次のように記されている．「石川県の真脇遺跡からは約5000年前（縄文時代前期～中期）のイルカの骨が大量に出土，九州でも約4000年前（縄文時代中期～後期）の遺跡からクジラの椎骨を製造台にして作られた土器（底面に椎端の圧痕を残しているので「鯨底土器」と呼ばれている）が多く発見され，また長崎県壱岐の原の辻遺跡から出土した約2000年前（弥生時代中期後半）甕棺に捕鯨図が描かれており，712年成立の『古事記』にもクジラが登場しています」．また，同HP記載の年表によると，12世紀に日本で手銛による捕鯨が始まり，1606年に太地（和歌山県）で「鯨組」による組織的な捕鯨が始まった．1988年に商業捕鯨が禁止されると，現在は，太地・網走（北海道）・鮎川（宮城県）・和田（千葉県）などでツチクジラなど特定の小型クジラやイルカに限って行われている．

捕鯨にまつわる伝統文化・生活文化　捕鯨のことを古くは勇魚取（いさなとり）や鯨突（くじらつき）と称し，捕鯨で生計を立てる漁村地域にはクジラにまつわる民俗文化（信仰・儀礼・慣習・芸能・絵画など）が形成された．クジラを題材にした民謡に南国土佐の「よさこい節」がある．♪言うたちいかんちゃ おらんくの池にゃ 潮吹く魚が 泳ぎより よさこい よさこい．歌謡曲「南国土佐をあとにして」にもこうある．♬室戸の沖でクジラ釣ったというたより．高知県や和歌山県，千葉県などには沿岸捕鯨を生活の生業とする地域が散在している．そこでは，捕鯨によって，伝統的な生活様式を培ってきた．映画『ザ・コーヴ』で追い込みイルカ漁は動物愛護の精神に反するとの批判を浴びた．映画ロケ地となった和歌山県の太地町もその一つである．山口県下関市は，現在も「鯨祭り」や「クジラフェスティバル」を行い，長門市と連携して「学校給食・クジラ交流の日」を設けている．

動物の自己意識　ところで，クジラやイルカ同様，海の動物であるジュゴンは，沖縄県における「自然の権利」訴訟（米サンフランシスコ連邦地方裁判所）で原告として関係し，勝訴した（2003～2008年）．沖縄で信仰の対象であるジュゴンは生きる権利を認められた．よって同様に信仰や崇拝，親愛の対象となっている生き物ならば生きる権利をもっているという主張がある．研究者の田上孝一は，痛みを感じたり，自律性や自己意識をもつ動物は存在するという．　　［石塚正英］

4. 地球環境とこれからの社会

4-3 イノベーションとこれからの農業

イノベーションとしての農業　人類はその歴史の中で，何度かの革命的な変化の時期を迎えた．産業革命や，最近では情報革命ということもいわれている．しかしこれらの変動の中で最も重大なのは何といっても，新石器革命と呼ばれる，農耕経済への移行による定住生活の始まりだろう．農耕以前の狩猟採集段階では，自然の富の枯渇とともに移動する生活が不可欠で，余剰を蓄える余裕はなく，人口増加は不可能だった．

　農業による生産力の増大と剰余生産物の発生，耕作地への定住という生活様式によって人口の増加と階級分化が生じ，人類は文明社会への一歩を踏み出した．その意味で，農業の発明は史上最大のイノベーションといえるだろう．

自然破壊としての農業　都会生活者は自然といえば農村を思い，整然と作物の植えられた田畑を想起するが，しかしこのイメージは，実は自然とはほど遠い．自然は本来の意味からすれば「じねん」であり，自ずからそうなっているもの，人為的でない状態である．しかるに整然とした田畑は全く人為のなせる業で，不自然の極みである．つまり，農業とは自然に人為的に介入して，人間に都合のよいように変化させること，専ら人間にとって都合のよい作物のみを集中的に生産しようとする試みである．自然の加工であり，自然を自然でなくすこと，いわば自然破壊である．狩猟経済時代では自然自身の回復力にすべてが委ねられ，人間の自然への破壊的な介入は不可能だった．農業の始まりとは，人間の自然への破壊的な介入の始まりである．この原点を忘れると，その論理のままに自然はやがて回復不可能にまで破壊される．

収奪としての農業　最も素朴な農業は，ただ種や苗を植えて天の理に任せるものである．この場合，天候と地力によってすべてが決まる．むろんこのやり方はあまりにリスキーであり，人類は早い段階で肥料を用いて地力を向上させ，休耕や輪転によって土地の疲弊を防いできた．しかし，その基本が地力の利用である限り，耕作回数とともに必ず地力は低下し，収穫は逓減してゆく．この場合，農業は大地の栄養を作物に移すことだと観念されている．農業がこのようなものである限り，工夫によって耕地の利用を長期化できても，同じ土地で永遠に農業を続けることはできない．これが，旧来地球上の大多数の場所で行われていた農業である．この場合農業とは，多かれ少なかれ自然からの収奪であり，これまでの

農業は基本的に収奪農業だったといえる．

収奪しない農業　では収奪しない農業とは何だろうか．それは地力を使うのではなく土地をあくまで溶媒と考え，地力に頼らず地力を減らさない，使った分だけもとに戻し続けるというものである．この点を強調したのが農芸化学の父といわれるリービヒである．リービヒといえば農薬を使った不自然な農業の元凶だと思われているが，それは誤解で，彼は大地の栄養素を奪い土地を枯渇させる収奪農業を転換させるための科学的な方法を模索したのであった．彼は中国や日本の農民が，作物は与えた肥料の分のみしかつくれないものだということを当然のように考えて，全く経験のみにて収奪しない農業を実現していたことを賞賛していた．こうした東洋的伝統を，より科学的で合理的な方法によって普遍化しようというのがリービヒの目標だった．今の言葉でいえば持続可能な農業の確立である．

緑の革命へ　しかしリービヒの化学的手法を用いた農業論は，持続可能な農業の確立という目的が忘れ去られて生産性の向上という点のみが強調され，化学肥料の効率的な使用による収穫増の方法論へと矮小化された．やがてこれに品種改良を組み合わせて，収穫を飛躍的に増大させる「緑の革命」がもたらされた．緑の革命による収穫増により，途上国の経済発展，飢餓人口の減少などの功をえたが，化学肥料に頼りすぎたがために土壌の栄養を保ち続け地力の低下を防止するという問題意識は後景に退き，回復不可能な地点まで土地が痩せてしまうという事態を招き，農業の持続可能性が危ぶまれるという罪も発生している．

これからの農業　すでに緑の革命を経て，大規模農法による大量生産が現在の農業の基本である．穀物飼料の大量消費を前提とする食肉の大量消費を抑制しようとする機運は生まれているし，人口対策も考えられているが，抜本的な変換は難しく，今後も大量の食糧需要が続くと思われる．この前提からは，旧来通りの高収穫農業を続けながらも，持続可能性を実現するという，難しい課題を解かなければならない．

　一つの考え方としては，まずは局所的であっても，持続可能な農業を実現していくことであろう．持続可能な農業を支持する勢力が増えていくことによって，メインの大規模農業の方にも訴求効果が現れる可能性がある．消費者がコストのみを追求すれば，生産者は持続可能性を重視せずに，機械的で化学的な手法を過剰に用いた農法を維持せざるをえない．しかし安全性と持続可能性を求める消費者意識が広まれば，大規模農業の手法も変化する．持続可能な農業を希求するという消費者意識の浸透が，これからの農業の鍵である．　　　　　［田上孝一］

4. 地球環境とこれからの社会

4-4 グリーンエコノミー

環境に埋め込まれた経済　すでに環境経済学という学問分野が確立しているにもかかわらず，一般的にはまだまだ環境は経済学にとっての外部的な，やむをえないコストの問題だとみなされているのではないかと思われる．しかし経済の根本は，人間の life，つまり生命と生活の再生産であり，自然の中に生きる人間が，自らの外部の自然に働きかけて，自身の肉体という自然を維持し続けるための活動である．その意味で経済とは大自然の循環の只中にある一つの過程であり，自然に埋め込まれたものだといえる．だとすれば，環境の問題は経済にとって外部的なコストどころではない．環境は経済の本質に関わる問題である．

バイオスフィア　地球上の生命は，地球の表面上で展開されている．その範囲は上下にそれぞれ 10 km 前後だとされている．これを生命圏（バイオスフィア）という．我々の実感としては広大だが，地球という天体のサイズからは全くの薄皮一枚である．みかんではなくて，りんごの皮のようなごく狭い領域で，生命は展開しているのである．

　地球上のほとんどすべての生命の源は，太陽光エネルギーである．太陽光エネルギーのインプットがバイオスフィア内を循環し，余剰エネルギーが宇宙へと排出される．このエネルギーの循環過程を撹乱させるまでに力を蓄えたのが人類の文明であり，現生人類の経済活動はこの自然循環を撹乱させる地球環境問題を引き起こしている．

微量物質の排出　とはいえ，人類の活動による物質の流動それ自体は地球上の物質循環の総量からすれば少量であり，大幅な環境変動を引き起こす原因とは考えがたい．ところが，微量であっても効果の大きい物質がある．人類が排出する物質の総量は，大気全体からすれば微量にすぎないが，二酸化炭素やメタンは微量でも強い効果を発揮する．化石燃料による二酸化炭素の排出は，大気全体からすればごくわずかな割合だが，それでも環境に大きな影響を与える．これが温暖化問題である．温暖化の進行は，未来世代の生活水準を低下させる可能性が高い．一番使いやすい石油は早期の枯渇が予想されるが，石炭を中心とする化石燃料自体は，長期的に使うことができる．しかし，無尽蔵ではないし，使い続けるほど環境への負荷が高まる．化石燃料は持続可能なエネルギー源ではなく，脱・化石文明は至上命題である．

原子力発電　そこで追求されているのが原子力発電であるが，現在主力の軽水炉は，燃料のウラン235の利用可能だと推定される年限が，石油よりは長いが，石炭よりはずっと短い．100年ももたないエネルギー源であり，加えて最終廃棄物の処理技術も確立していない．

　高速増殖炉は原理的に無限エネルギーだが，ナトリウムと水を併用せざるをえないことにより，極度に危険であり，長年の実用化の試みは今のところ失敗している．核融合炉はまだまだ未来技術である．そして何よりも事故の危険は人類にとって致命的であり，原子力発電は持続可能なエネルギー源とはいえない．

自然エネルギーと分散エネルギーシステム　火力発電にせよ原子力発電にせよ，使われる燃料は再生不可能であり，一回限りである．こうした再生不可能燃料を使う限り，持続可能なエネルギーシステムは実現しない．高速増殖炉や核融合炉は無限エネルギーであるが，危険であるし，実用化の前に環境破壊が深刻化するのは必至である．そこで再生可能であり，しかも安全である自然エネルギーへの早急な全面的シフトが望まれる．しかし自然エネルギーは大規模発電に不向きという欠点がある．

　この問題の解決方法としては，自然エネルギーにより燃料電池を作動させるという，水素エネルギーシステムへの転換も提唱されているが，エネルギー利用のあり方を変えるという考え方もある．できる限り使う場所の近くで発電するという，エネルギーの「地産地消」である．土地の特長に合わせて，風力や地熱，太陽熱や潮汐力を利用して電力をつくり，その土地で利用する．現在のような集中エネルギーシステムに対する分散エネルギーシステムである．多数に拡散させた小規模発電を主とし，大規模発電をバックアップとして併用する．こうした分散エネルギーシステムの構築は，自然エネルギー利用を決定的に有利なものにするだろう．

ビジネスチャンスとしてのグリーンエコノミー　ドイツが脱原発に踏み切った理由には，3.11を受けての環境意識の高まりだけではなく，自然エネルギーの拡張をビジネスチャンスととらえる経済界の反応がある．遠い将来はともかく，当分の間は資本主義経済が続くだろう．自然エネルギーは，その本質が自然に埋め込まれた活動である経済を支える前提として相応しいのみならず，今現在必要な経済発展にとっても有効なきっかけを与える．ただちに自然エネルギーを機軸とした分散エネルギーシステムの構築に乗り出せば，社会や価値観の大規模な変動を経ることなく持続可能な文明への第一歩を踏み出すことができる．　［田上孝一］

5. 科学技術とイノベーション

5-1 核技術

核技術　ウランやプルトニウムといった放射性元素の核分裂，またはその他の放射性物質の崩壊，あるいは重水素などの核融合を操作する技術を総称して核技術または原子力技術と呼ぶ．核分裂によって得られるエネルギーは莫大なものであり，それが兵器として用いられた場合，広島・長崎の原爆の例で明らかなように一撃で市街を壊滅させる破壊力を生む．原子力発電はこの反応をゆるやかに持続させ，そこから発生する熱によって蒸気を作り出し，タービンを回すことで行われる．核融合に関する商業利用はいまだ行われていないが，核融合を利用した爆弾，つまり水爆は，原爆とは比較にならない破壊力をもつ．1952年に行われた最初の実験では，推定で広島型原爆の750倍にも達したその爆発によって，島一つを丸ごと消滅させてしまったほどである．

　日本では主に軍事用のものを「核」，発電など商業目的のものを「原子力」と呼び分けることもあるが，この両者に本来区別はない．例えば英語表記ではともにnuclear（核）が用いられる．日本が「潜在的核保有国」とみなされるのも，原子力研究開発機構（東海村）が核兵器に転用可能な高濃縮ウランやプルトニウムを実験目的とはいえ保有していることに加え，多数の原子炉を稼働させてきた実績やその過程で得られた技術をもとに，そうした物質を生み出す能力を有しているためである．「商業用」「平和利用」といった言葉を使用し，「核」と「原子力」を呼び分けたとしても，現実的には同じ技術を追求しているのである．

核兵器廃絶の困難さ　現在，世界ではアメリカ，イギリス，フランス，ロシア，中国の5カ国に加え，インド，パキスタン，北朝鮮の計8カ国が核兵器を保有しており，また公式には曖昧な立場を見せつつも，イスラエルも保有しているだろうと推定されている．核兵器の保有は破壊力の大きさによって，戦略上極めて優位な立場を築くことにつながる．幸い，第二次世界大戦後，核兵器が実際に使用されたことはないが，核兵器使用に対する不安は常に存在し続けている．

　核兵器の恐怖から逃れるためには，理想的にはすべての核兵器が廃絶されることが望ましい．核兵器の破棄または削減についての交渉や条約締結は何度も行われてきたが，全廃という状態には程遠い．

　皮肉なことに，核兵器はそれが複数存在し，かつ，自国以外の勢力もそれを保有しているという現実によって使用を免れてきたという現実がある．これを「核

抑止力」と称する．その中でも特に極端なものが，冷戦期にアメリカとソ連で成立した相互確証破壊（mutual assured destruction：MAD）と呼ばれる関係である．これは文字通り，どちらかが核兵器を使用すれば，報復によって結果的に互いが全滅する，という恐怖のシナリオである．このことから，核兵器廃絶の難しさが見えてくる．どこかに一つでも核兵器が残されているという可能性がある限り，自国のみが率先して手元の核兵器を手放すことは，一方的な不利と危険を自ら選ぶことにほかならない．はたしてそのような選択をすることは可能なのだろうか．

原発廃止の困難さ　では，「平和利用」といわれる原子力発電の場合はどうだろうか．2011年3月に福島第一原子力発電所が致命的な事故を起こしたことをきっかけに，日本国内では原子力発電所の廃止，または再稼働の中止を求める運動が一気に高まった．原子力発電所の事故は単なる災害や事故と異なり，対処も予想もできない状態で発生し，しかもそれが常に継続する．核分裂のもたらすエネルギーの大きさゆえに容易に事後処理ができないこと，また飛散する放射性物質による汚染が甚大で，さらにその除去が極めて困難なことは，周知のとおりである．核兵器のようなあからさまな破壊はないとしても，事故区域の周辺が使用不能となり，長年にわたってその状況は続く．であるならば，原子力発電所も理想的には全廃されることが望ましいが，これも簡単ではない．

　原子力発電所は，それが一つの産業であると同時に，施設そのものが資産価値を有している．仮にすべてを廃止したとすると，産業が消滅し，同時に資産価値も失われる．この経済的な対処がどうなるのかという問題は，廃止を考える際に重要な観点となる．「危険性」と「経済性」は対立軸ではない．ともに対処しなければならない個別の問題なのである．

議論の枠組みと対処へ　それが良いものであれ悪いものであれ，一度生み出されてしまったものを根本から消し去ることはできないし，また，核技術のような高度な技術体系をもつものは，廃止や縮小にも同様かそれ以上の知識や技術，コストが必要とされるのである．核兵器も原子力発電所も，現実にそれは存在している．それを率直に認めよう．そして，その上で何をどのようにすればよいのか，冷静に議論を重ねなければならない．感情的な判断は避け，具体的で現実的な議論の枠組みを築くことが対処の第一歩である．

［千金楽健］

5. 科学技術とイノベーション

5-2 脳科学と未来社会

脳科学の射程　近年，メディアにおいては脳科学者といわれる人たちが活躍して知名度を高めている．脳科学とは，脳機能を分析し，再現する科学である．この分野の研究は当然，脳の障害，アルツハイマー病やパーキンソン病，脳卒中などに対する予防や治療の研究に役立っている．そればかりではなく，脳科学研究は，やがて人間の脳と同じものか，それ以上の人工知能を作り出すことも視野に入れている．

脳科学は指数関数的に発展しているといわれているが，とりわけ人工知能の発展を肯定的に評価する学者たちの間では，いずれ人間の脳機能を超える特異点が訪れるといわれている．それは記憶量や，共有の素早さについて人間の能力を超えるということである．例えば個人の努力による語学の習得や読書知識が，あっという間にダウンロードという形で他者の手に入ることになる．

脳科学の応用　すでに2000年代初頭，脳のニューロンとデバイスとの双方向的信号伝達が実現している．しかもそれは外科手術を必要としないもので，ドイツのマックス・プランク研究所が開発した．その実験では，生きたヒルがパソコンからの指令によってリモート・コントロールされている．

やがてこのような技術は，視神経などの神経回路や脊椎の損傷からの回復に用いられることになるだろう．「サイボーグ」などというと生体に機械を埋め込んだつぎはぎの姿を想像しがちだが，実際にはデバイス一つ手に持てば，身体の機能を回復させることが可能になるかもしれない．それはすでに今，我々が気楽に携帯電話を持ち歩いている状態の延長なのである．

脳のような社会　しかし，やがて施設や屋内の構造，家具，街角など至るところで共有デバイスが設置されるならば，個人がそれを持ち歩く必要はなくなる．個人には利用IDだけあればいいのである．手ぶらで街に出て，いたるところで我々の要求に応えるコンピューターが情報ネットワークとともにある．直接の入力や音声認識，それどころか視線や発汗，脳波でストレスや感情を読み取り，勝手に対応するかもしれない．ちょうど街全体が脳のようになり，個人は情報伝達の結節点として，シナプスのようになっていくだろう．言い換えれば，これからの脳科学によって，我々は機械人間になるというより，人間の生体そのものが街全体の情報デバイスとともに複雑に絡み合うようになっていくだろう．

例えば，すでに我々の身近にはカメラの顔認証システムがあるが，これも顔の認識という認知機能の研究と機械との融合である．この技術を応用し，諸個人から都市社会全体を把握しようという試みが生じている．ベルリンではすでにFühlometer（感情メーター）という装置が実用化している．街の交差点に人の表情を認識できるカメラが設置され，そこを行き交う人々を撮影，その情報をコンピューターで即時に集約する．どれだけの人が笑顔でいるかを算出し，ビルの上に「スマイル（笑顔）マーク」で表示する．これを見ることでベルリンの「街のムード」がわかり，人はそれと比較して自分の感情も意識することができるというのである．

　日本でも，日立グループが個人ではなく集団単位の幸福感を測る機械を開発したと発表している．同グループは，人間の身体運動の特徴パターンから「ハピネス度」として定量化するとしている．このハピネス度は，組織生産性に強く相関する「組織活性度」の計測となるのだそうで，ここでも職場における労働者の「笑顔＝幸福」を測るというのである．幸福を可視化するというのだが，これは人間感情の全体を部分的要素で判別することになる．しかも個人もまた自らの感情について，全体的尺度を参照するようになっていく．

幸福と犯罪　都市が情報ネットワークを提供すると同時に，利用者諸個人のデータを採集するということが考えられる（すでに現在のインターネットそのものが個人による情報の利用と，個人の意図せぬ情報提供の集積である）．そこに加えて，顔認証や感情の把握程度ではなく，機械は脳波や思考を読み取ろうとしていくだろう．人の思考や意図が本当に読み取れるようになるかはともかくとして，「ハピネス＝幸福度」のように，本来は人それぞれの独自で多様な質を，客観的に量や数値に置き換える「基準がある」と社会的な約束事にし，人々に認知させ，人々が自らそれに従うとき，我々の社会はどうなっていくであろうか．

　アニメーション作品『PSYCHO-PASS サイコパス』の世界では，個人の行動が過去の犯罪者の行動パターンのデータと数値的に照合され，「犯罪係数」なるものがはじき出される．危険値の人間は犯罪予防のために摘発を受ける．幸福度が測定可能ならば，犯罪係数もまた測定可能だという世界がやってくるのも，もうすぐのことなのかもしれない．

［楠　秀樹］

5. 科学技術とイノベーション

5-3 イノベーションと人文・社会科学

人文社会科学の危機？　2014年8月4日付で文部科学省の国立大学法人評価委員会が発表した資料の中にある「教員養成系，人文社会科学系は，組織の廃止や社会的要請の高い分野への転換」という文言が引き金となり，人文社会科学の研究者の間で国は人文系を廃止したがっているのではないか，という疑念が巻き起こった．

　一方，この資料の中で積極的に肯定されている言葉にイノベーションがある．内閣府に設置されている「総合科学技術会議」が2014年5月から「総合科学技術・イノベーション会議」に名称を変更しているように，国がイノベーションを重視しているのは明らかだ．

　このような状況下，国は目先の利益につながる研究だけを重視し，役に立たない研究は切り捨てようとしている，と心配の声がわき上がったのである．しかし，これは本当なのだろうか？

イノベーション政策　イノベーションを目先の利益を追求する研究とみなし，マイナーな研究を擁護するべくイノベーションに批判的な声を上げる論者は確かに少なくない．しかしイノベーションを促進していくためには，評価が確立していてすぐに利益につながる研究だけではなく，現在まったく脚光を浴びていない研究や地道な基礎研究を充実させる必要があることを確認しておきたい．なぜなら，評判の研究というのはすでに多くの人が知っているという意味で時代遅れになっているのかもしれず，だとすればそこから新しい視点が生じる可能性は少ないからである．イノベート（＝革新）を起こすためには，いまだに評価の定まっていない有象無象の研究に投資する必要があるということだ．つまり，目先の利益を追求して儲からない研究をないがしろにすることは，イノベーションに反する行為なのである．

　それでも支援すべきは将来化けるかもしれない研究で，人文社会科学を中心とした基礎研究はイノベーション政策の網の目から漏れてしまうのではないか，という疑念を抱く人は残るだろう．対して，長らく経済学者としてわが国のイノベーション政策に深く関わってきた原山優子は，そもそも文系と理系に分ける発想自体が日本におけるイノベーションの障害となっているのではないか，と折に触れて指摘している．つまり，高度の専門性ゆえに視野が狭くなってしまうことの

対策として,学問間の垣根を越えた学際的な活動が有効なのは言うまでもないが,その際に人文社会科学が切り捨てられることに合理的な理由はないからである.

機械に縛られる人間　何より,いかに素晴らしい科学的発見がなされようと,それを技術として人間社会に落とし込むためには,人間や社会に関する研究が必要なことは明らかだろう.そもそも科学の発展は人々の幸福のためにある.しかし技術の進歩だけが求められるようになってしまえば,人間の生活に問題を引き起こすこともあるのだ.例えば,インターネットとスマートフォンという道具の普及によって,人はいつでも,どこでも簡単に連絡を取り合ったり調べ物をできるようになった.ところが仕事の要請も,時や場所を選ばずに人を追いかけてくるようになったのである.仕事場から帰ってくつろいでいると会社からメールで緊急の仕事を頼まれ,何とか片付けて夜中に送信,などということもあり得る.確かにスマホは24時間人を管理する道具としても使用可能だ.機器の開発によって生活は便利になったが,逆にモノである機械に人が従属してしまうという事態が生じたのである.

人文社会科学の活用　しかし,だからといって科学技術の発展が否定されるべきではない.逆に,そのような技術を上手く人間の生活に落とし込み,人がより幸せになる方策を考えるために人文社会科学は存在しているのだ.家の中を見てみよう.洗濯機からエアコンに至るまで,我々の生活は科学技術の恩恵を受けている.しかし,それは理系の知見だけで成り立っているわけではない.何より,使用する人間の様々な意見が作り手にフィードバックされて,製品の開発や改良が行われていることを確認しておきたい.となれば,それらの声を集計し整理分析しておくことが必要となる.まさにこういった様々なデータを集積し理論化することこそが,社会科学の知見だ.ここで問われているのは,どういう科学技術があるかということのみならず,どういうスタイルの生活を営み,そのためにどういう道具が必要なのか,という生活に関する総合的なデザインなのだ.だとすれば,そのようなデザイン(＝物語)を構築し形にしていくためには,文学作品を整理分析しその論理を抽出することを生業としている人文科学の知見が参考になるだろう.日本ではまだ十分に活用されていないが,人文社会科学はイノベーションの可能性の宝庫なのである.

［黒木朋興］

5. 科学技術とイノベーション

5-4　疑似科学と代替療法

科学と疑似科学　科学と疑似科学は一般に，泰然と区別できるものと思われているのではないか．確かに疑似科学の中には明らかにおかしい，物理的にあるはずもない主張をするものがある．代表例としては一時期話題になった水の結晶の話がある．水に音楽を聞かせたり感謝の言葉をかけると綺麗な氷結結晶ができ，罵声を浴びせると崩れた結晶になってしまうという．水が人間の言葉を解し，気持ちを汲み取るという奇説である．もとより荒唐無稽だが，この珍妙な説が「感謝の気持ちが大切」とか「自然を大事にする」というメッセージを伝える教えとして一部でポジティブに受け止められたことは一つの社会病理の現れであった．

　このような，あからさまな非科学であっても一定の支持を得てしまう知的風土にあっては，微妙なケースでは非科学ではなくて科学そのものと思われている場合も少なくない．もっともこれは，一般大衆の科学的知識の不足ということのみに帰することはできず，科学という知的営為それ自体の本質にも根ざしている．

科学とは何か　科学とは何かというのを厳密に定義することは難しい．一定の方法論を持たず無目的に知識を集積し続けても，それらが科学的認識の性質を持つことはない．しかしある知識が無秩序に集まっているのではなく何らかのシステムによって統御され，秩序だって知識が拡大するような知の集積であれば，それは最広義の科学だといえる．ところがこの定義だと，伝統的な占いも科学になってしまう．手相や占星術などでは膨大なデータが緻密にシステム化されている．しかし現在，占いは科学とは見なされずむしろ疑似科学の代表である．こうして科学とは何かという問いは，科学と疑似科学の線引きの問題と深く関連する．

　科学と疑似科学は，占いが強く科学的な外観を保っているように，ある特定の時点で泰然と分けられるものではない．実験物理学のようなはっきりと科学的である知と，水に感謝する類の明らかに科学的ではない知の間に，決して狭いとはいえない曖昧な領域があり，そのどこかに線が引かれるだろう，微妙な問題である．この曖昧な領域に位置する知のあり方の一つが，代替療法である．

代替療法とは何か　代替療法とは，通常の医学の治療法とは異なる医学のあり方である．通常の医学とはいわゆる西洋医学であり，解剖学的な知見に基づき，身体の生化学的なメカニズムに依拠して病因を取り除こうとする試みである．つまり，我々が病気になった際に普通に受ける治療のあり方であり，近所の診療所

や歯医者で普通に行われていることである．これに対して代替医療は，通常の医療機関が行う治療とは違った形で病気に立ち向かおうとする試みであり，身体の生理学的なメカニズムによる化学反応を究極根拠としないところに特徴がある．これらの代替医療の中には，念力や波動といった怪しげな観念に依拠した明らかに胡散臭いものもあるが，治療の有効性が確証されているものもある．それは東洋医学である．お灸や針，マッサージが我々の健康に大いに資するのは間違いないが，なぜ針や灸が体によいのかは科学的には解明されていないのである．

そもそも東洋医学では，人体に「気」というものが流れており，つぼという「経穴」を，気の関所のようなものと考える．針や灸で経穴を刺激することにより気の流れを整え，「元気」を取り戻すというのが東洋医学のシステムである．しかし最も重要な，システムの根幹にある気というものの実在を証明することはできないのだ．つまり東洋医学は，観察実験や再現性を重視するような強い科学の基準では，全くの疑似科学ということになってしまう．ところが実際に治療効果を上げているのである．おそらく将来的には，つぼの生化学的なメカニズムが解明されるだろう．とはいえ，それまで東洋の医学者によって経験的に積み重ねられてきた，気と気が流れているとされるが，観察して実在を確認することはできない「経絡」に基づく説明体系を，非科学的だと捨てて顧みないのは，実り豊かな畑を荒廃させるような，愚策である．

プラシーボ効果　代替療法には鍼灸のような治療効果が明確なもの以外にも，効き目は不確かではあるが盛んに追求されているものがいくつもある．医学の進歩によりがんの制圧率は飛躍的に向上しているが，まだまだ不治の病という側面も強い．そこで手術・放射線・抗がん剤という通常の治療法の他に，様々な代替療法が試みられる．特に終末期で藁にもすがる思いで自然食療法をするというような話はよく聞く．時として実際に寛解にまで至るという実例も枚挙に暇がない．

もちろんこれらの事実も現在の科学では解明できていない．現在の科学的知見では，これらはいわゆるプラシーボ（偽薬）効果ということになる．実際は何でもよいわけだ．良薬だという思いが免疫効果を高め，自然治癒力を向上させるのである．しかし，もし代替療法が概ねプラシーボ効果だとしても，無碍に否定する必要はない．「病は気から」という面があるのは確かだからだ．無論荒唐無稽な非科学は退けられるべきだが，明確な科学と疑似科学の境界線に位置する様々な手法は一種の経験知と捉えて，これを有効活用することで我々の生活の質を高めることができるだろう．

［田上孝一］

6. 情報革命がもたらしたもの

6-1 ポストグーテンベルク時代の情報リテラシー

活字印刷の時代からデジタルメディアの時代へ　グーテンベルクは，1445 年までに活版印刷技術を発明した歴史上の人物である．その発明は大量印刷技術の発展をもたらし，聖書を印刷物として普及させ，今日の出版資本主義の原型となった．また，それは人々に活字を媒介（メディア）として，時空間を超えて知識を共有することを可能にした．例えば，私たちの多くは今でも，幼児段階から絵本を読み，小学校に入学すれば教科書で文字の読み書きを習得していくという成長を遂げていく．このように，活字メディアは新聞や雑誌，あるいは書籍などの印刷物を講読するという例を加えても，知識を一定程度均質化させ，言語と情報を共有させて，人々に社会のメンバーであるという知覚を促す．

　では，「ポストグーテンベルク」という表題は何を意味するのだろうか．私たちが情報を入手するメディアはもはや活字印刷物に限定されない．それどころか，世界で起こる重大な戦争やテロリズム事件は，テレビなどの中継映像を通して知ったり，あるいは記憶に留めたりすることが一般的となった．ここにラジオや電話，ケータイにスマートフォン，インターネットなどを加えていくと，私たちは日々電子メディアを通して，複合的な手段を用いて情報を取捨選択し，またその媒体によって情報を受容する感覚も変わってくることがわかるだろう．ここでは吉見俊哉にならい，19 世紀から 20 世紀にかけて起こった電子的ないしは映像的な情報テクノロジーの発展および浸透と，それに伴う日常経験の変化（吉見 1994：3）をもって「ポストグーテンベルク」の時代とする．以下では，主に電子メディアの問題点と情報（メディア）リテラシーについて解説していこう．

メディア・リテラシーとは何か？　メディア・リテラシーとは「メディアが形作る『現実』を批判的（クリティカル）に読み取るとともに，メディアを使って表現していく能力のこと」（菅谷 2002：v）をいう．テレビなどの電子的・視覚的情報を摂取する環境にある子どもたちは，活字よりも強力なインパクトをもって画像・映像情報を知覚する．こうした情報を「事実」として額面通りに受け取るのではなく，メディアが構成するものとして批判的に考察していき，また情報を発信していく能力を形成する教育が，メディア・リテラシー教育と呼ばれるものの一部である．

　電子メディアを無批判に受容することに対し，懸念されてきた問題点を簡潔に

まとめると，人々がステレオタイプ的な思考に陥りやすいというものがある．ステレオタイプとは，「パターン化した画一イメージ」（佐藤 2006：141）のことである．例えば，国家間で戦争が勃発する際には，戦争当事者である国家はテレビメディア，雑誌メディアを通して，敵国の政治家や国民に関する負の烙印となるような情報を流して，世論誘導をすることがある．とある国のとある指導者は独裁者であり，私腹を肥やし，大量破壊兵器を有し，自らは享楽的な生活を送っておきながら，国民に対しては富の分配を適切に行わず，その結果国民は貧窮にあえいでおり，しかも政権の批判者を虐殺している．このような独裁者が統治する国は民主主義にとって「悪」あるいは「脅威」であるため，軍事介入により国民を解放し，世界平和の秩序を保とうなどと呼びかける．こうした世論誘導には，映像情報を伴うことが多い．日本を例にしても，東アジア外交の緊迫した関係という議題設定のもと，日本に対して抗議デモを行う現地映像を頻繁に流し，あたかも敵対感情があるかのように報道するシーンを見たことはないだろうか．このように，善悪で単純化され，画一化された思考を促すマスメディアの傾向を批判的に考察する機会を設けることは重要である．なぜならば，重要な政治的問題に対する認知の偏りを生み，その偏りが私たちの政治に反映されるからだ．

　また，メディア・リテラシーは商業用の各種コマーシャル（CM）を批判的に読み解く能力を育むという意味でも重視されている．CM は，多くの人が知覚しにくい潜在意識に訴えかけ，商品を消費する欲望を煽る情報加工をする．例えば，アルコールを含めた飲料品の CM を見ていると，若い女性モデルを登用するものが多い．こうした CM には，恋愛など性的なイメージを喚起するようなメッセージが含まれている．すなわち，消費者として誤った判断をしないためにも，TVCM の作り手の意図を解読する能力を育むことが重視されている．

マルチメディア時代の情報リテラシー　　メディア・リテラシーは主にマスメディアを批判的に解読するための教育実践とされてきた．だが，ケータイやスマートフォンの所有台数や接触機会を見ればわかるように，私たちが使用するメディアはパーソナル化している．インターネットの利用も情報の取捨選択においてパーソナルな特徴をもつ．情報が氾濫する一方，その真偽を判定する能力は，パーソナル・メディアの利用においても課題である．　　　　　　　　　　　［加藤敦也］

6. 情報革命がもたらしたもの

6-2 検索エンジンと情報操作

インターネットと検索エンジン　インターネット上に公開，保存されている情報を検索するプログラムを検索エンジンと呼ぶ．希望するキーワードや言葉の断片などを組み合わせて入力すると，結果としてウェブサイトなどが列挙される形式のものが一般的である．インターネット上の情報量は膨大であり，常に増大し続けているため，検索エンジンなしで望む情報にたどりつくことは不可能に近い．インターネットを利用する限り，検索エンジンに依存せざるをえないのが現状なのである．

グーグル検閲（Google censorship）　検索エンジンを提供する会社として最大の規模をもつのが，アメリカに本拠を置くGoogle社である．その知名度と影響力は，検索エンジンの利用を意味する「ググる」という俗語が生まれたことからも明らかであろう．そのGoogle社が自社の判断によって情報を選択し，検索結果に影響するように操作を加えているのではないか，との疑惑がしばしば話題となる．現実にどの用語がどのように操作されているのか，あるいはされていないのかは不明である．疑惑として挙げられたものも，検索プログラムの都合で意図せずして結果が出てしまったものもあれば，時には閲覧者側のミスや思い込み，コンピュータ上のエラー，単なる偶然，といった要素も考えられるのだ．疑惑の実相をとらえることは極めて困難である．

　ここで重要なのは，検閲に類する行為が実際に行われたか否かということだけが問題なわけではないということである．検索エンジンという仕組みそのものが情報の選択や操作といった可能性に満ちたものであり，しかもそれを有効に見分ける手段がほとんどない，というところが問題の核心である．実際，インターネット上における「情報操作」は，検索エンジンを提供・管理する個人や企業が特定の情報に対して優先順位をつけ，あるいは選択的に排除するといった「検閲」のようなものだけでなく，情報を提供または利用する側によっても行われているのが実情なのである．

検索エンジン最適化（SEO）　多くの場合，検索エンジンにキーワードを入力すると，結果が閲覧頻度に応じて上から順番に並んで出力される．当然，目につきやすい位置にある情報が集中的に閲覧され，結果としてそれがさらに上位にあり続けることとなる．アクセス件数が多いということがその情報の有用性を保証し

ないことは，理屈の上では当然である．しかし，「検索上位」にある情報と，「検索下位」にある情報を比較すると，明らかに前者が集中的に閲覧される傾向にあることは確かである．目につきやすい場所にあれば誘導率が高くなることはもちろんのこと，検索の結果，多くの人が目にしている情報であるならば信用できる，または多くの人が目にしているのだから見なければならない，といった心理が働くためである．

　そこで，企業なり個人なりが自分の望む情報を多くの人に閲覧させようと思った場合には，検索結果の上位にそれが来るように操作を行うことになる．自らが望む情報を検索エンジンの上位に表示させる技術を検索エンジン最適化（search engine optimization：SEO）と呼ぶが，これはそのために開発された手法の一つである．

　検索エンジンはあからさまな不正を検出する機能を備えてはいるが，完全とはいえない．技術は常に相克するものであるから，新たな防止機能にはそれを上回る新技術が登場するであろう．仮にあらゆる不正をすべて防止することが可能だとしても，どの技術の何を不正と判断するかが新たな問題となる．その判断はあくまでも検索エンジン側に委ねられており，そうである以上，情報の選別や配列と同様，技術面に対しても十分な公正さが保たれるという理想は最初から期待できないためである．いずれにしても，検索の結果の妥当性を判断することは，当人が技術を熟知していても極めて難しい．

利便性の追求の結果として　　不都合な情報を遮断，排除する「検閲」や，技術を駆使して望む情報を望む位置に送り込む意味での「最適化」などは，ある意味では分かりやすい情報操作である．しかし，利用者が快適に情報を得られるように，あくまでも利便性の追求を目的とした最適化が行われた場合，何が起こるだろうか．はたしてその操作に気づくことはできるだろうか．気づいたとしても，特に不都合を覚えないとしたらどうだろうか．

　インターネット上の情報操作は悪意であるとは限らない．利便性を追求しようという善意が，情報の偏りをもたらすことは十分に考えられることである．すべてを疑ってかかることや，利用を拒否するといった姿勢は現実的ではない．情報の内容を鵜呑みにしない，ということはよくいわれることであるが，さらに一歩進めて，システム全体の「情報のもたらし方」に対しても，意識が必要なのである．

［千金楽健］

6. 情報革命がもたらしたもの

6-3 ネット上の匿名性の諸問題——ネットいじめ

ネットと子どもたち　「死ね」「きもい」「うざい」「消えろ」「学校来るな」．ネット上では，時にこのような言葉が書き込まれ，画像・動画・個人情報までもが当人のあずかり知らぬ場面で掲載される．近年，ネットを利用したいじめが深刻な社会問題としてクローズアップされ，匿名性・即時性・公開性という顕著なネット特有の要素が，「いじめの温床」となっているとまでいわれている．いまや，子どもたちは学校空間を離れてもなお，大人の目が届かないバーチャルな空間で緊張にさらされ続け，時として自殺にまで追い込まれている．

ネットいじめの二類型と「痛さ」　ネットいじめには，大きく分けて直接型と間接型がある．直接型とは，自分のメールアドレスやプロフ（自己紹介を書いたプロフィールを閲覧できるページ），ブログを確認すると，差出人不明のメールや書き込みがあり，そこに誹謗中傷を書かれるタイプである．直接型とは名前の通り，いじめたい相手に直接何らかの書き込みやメールを送ることを意味する．例えば，子どもたちに一時期頻繁に行われた「なりすましメール」による被害は直接型の典型といえる．自分のメールアドレスをある友だちのメールアドレスに「なりすまし」，「お前なんかきらいだ」といったメールを送信するものである．受け取った相手は送信者である友人が自分に送信したと考えるため，「なぜ仲のよい○○ちゃんからこんなメールが来たのだろう」と悩むことになる．結果，メールを送信した子どもが両者の仲を引き裂くことになるのである．このような直接型は年齢が上がると減少傾向をみせているが，一方で増加の一途をたどっているのが間接型である．

間接型とは，いじめたい本人を直接的に攻撃するのではなく，「2ちゃんねる」や「学校裏サイト」などの掲示板サイトに個人名を出して誹謗中傷することを指す．間接型は，いじめられる側がいつ自分への書き込みを認識するかによって，発見するまでの時間差がある．つまり，いじめられた本人が自分の名前を検索しない限り，このいじめに気づくことはない．しかし，ひとたび自分への書き込みを発見したら，そのショックは直接型よりも大きく，また，誰が書き込んだのかわからない匿名性をその特徴とする．自分が発見するまでに不特定多数の人にその内容が読まれたかもしれないという不安は，直接型よりもその「痛さ」を大きくするものといえよう．言い換えると，人通りの多い繁華街に個人名と誹謗中傷

の内容が書かれたホワイトボードが掲示されているようなものである．したがって，不特定多数の人たちに「ああ，あの子はいじめられているな」と知られることになる．また，こうした書き込みの多くは，被害者の手によって削除できない点も指摘しなければならない．

リアルの延長としてのネットいじめ　　注意が必要なのは，ネットいじめはどこかバーチャルな空間で起こっていて，不特定多数による攻撃が子どもたちを苦しめていると考えられがちなことがある．だが，それは大きな間違いである．ネットいじめの多くは，比較的身近な距離にいる者からの攻撃が多い．つまり，仲間だと思っていた人からバーチャルな空間で誹謗中傷が行われる．また，本名を語らなければ，誰からの誹謗中傷か特定することは容易ではない．したがって，「特定の不特定」からいじめを受けることになる．「特定の不特定」とは，仲間の誰かであるが，誰だとは特定できないということを表している．これが実に人の心を大きく傷つける．対面上ではにこやかに会話を交わしている相手が，その裏で同時に「うざい」とネットに書き込んでいるかもしれない，あるいは書き込んでいる．このような二つの矛盾するメッセージにさらされることで，被害者の世界に対する存在論的安心や基本的信頼は大きく損なわれることになるのである．

　あくまでも，ネットいじめはいじめの一手段であり，リアルの延長上にある．事実，学校でのいじめの構造がそのままネットに反映されているケースが多く存在する．したがって，ネットいじめが情報技術によって初めて誕生した問題であるかのように語ることは誤解を招く．ネットを利用したとたんに誰かを嫌いになり，攻撃し出すのではなく，もともと嫌っていた相手などに対し，ローカルな場で行っていた陰口などが，ネット上で改めて可視化されているのである．言い換えれば，もともと「学校」自体が「いじめの温床」であったので，ウェブ上で同様のメンバーが，同じヒエラルキー構造を温存したままのコミュニティを形成すれば，そのサイトもいじめの構造を含むことになるのである．このような認識を欠いたままに，ただ「臭い物には蓋を」では解決策を大きく見誤ることになるであろう．昨今では，LINEなどのSNSアプリによるいじめが多発しており，この点にも同様に注視が必要である．　　　　　　　　　　　　　　　　　　　　　　［米田祐介］

6. 情報革命がもたらしたもの

6-4 知的所有権

知的所有権とは 家屋や家財，金品といった物理的な財産ではなく，発明や著作物，音楽の演奏，あるいは商業上の商標などのような無形の情報を包括的に財産として認める権利を，知的所有権または知的財産権と呼ぶ．著作権や特許権に関してはよく知られているが，ここで保護される対象には例えば電子回路の配置（回路配置利用権）や新種の植物（育成者権），営業のノウハウ（営業秘密）まで含まれる．

これらの権利を保護する目的は主に二つあり，一つは「創作意欲の促進」，もう一つが「信用の維持」である．作者や演奏者に安定した利益をもたらし，次の創作活動に向かわせるためには，書籍やCDなどの海賊版や違法ダウンロードなどを阻止しなければならない．これが前者の例である．また，ある商品によく似た名前やよく似た形態の「パクリ商品」が横行すれば，販売元を妨害するだけでなく，誤認によって信用そのものが傷つけられてしまうかもしれない．この問題に対処するのが後者である．

著作権の例 知的所有権に関する取り決めは，各国の法制度によって大きく異なる．例えば著作権の保護期間は，日本では権利者の死後50年である（TPP合意で日本での保護期間は70年に延長されることとなる）のに対し，メキシコでは100年である．知的財産に対する姿勢は，その権利者によっても大幅に異なる．公開物に関する著作権を放棄し，率先して利用に供するという立場から，自身の作品に関して厳密に権利を主張し，侵害と思われる場合にはただちに訴訟を起こす，といったものまで様々である．前者は，創作や発明といったものが常に先行する作品や知識に基づく以上，自身の知的財産もまたそのように取り扱われるべきである，という判断によるものである．また，後者は財産としての価値を強く主張するものと，自身の創作物に強く責任をもち，その信用性を重んずるという判断によるものである．

2005年に『ドラえもん』の「最終話」を同人誌として公開した田嶋・T・安恵が，『ドラえもん』の著作権者である小学館と藤子プロの抗議を受け，2007年に謝罪文とともに撤回した事件があった．絵柄の酷似による「真作との誤解」と「作者本人による世界観が変質する」ことが主な抗議内容であった．これは，ある作品に対して著作権者が認知しない，または黙認した状況で行われる「二次創作」

と呼ばれるジャンルをめぐる事件の一例である．パロディというものがどこまで許されるのか，あるいは著作権侵害の可能性はどの程度あるのか，といった問題を考える上で貴重な事例であるといえる．

特許侵害による訴訟合戦　国際社会で大規模に流通する商品などの場合，権利侵害をめぐる争いも熾烈を極める．代表的な例として，2011年から始まったアップル社（アメリカ）とサムスン電子（韓国）間での訴訟合戦が挙げられる．デザイン，通信技術など，あらゆる点をめぐって双方が互いに訴訟を起こし，その争いが各国で展開されることとなった．訴訟費用も，請求される賠償額も莫大な額に上っている．さらに，国によって文化や制度が異なるため，争いは複雑化する．それでもこうした訴訟が繰り広げられるのは，知的財産自体が企業間，国際間での武器となりうることを双方が承知しているからである．権利について知らなかった，疎かった，ということが決して許されない世界なのである．

特許の無償公開の例　権利を守りきることだけが知的財産の用法ではない．2015年1月，トヨタが燃料電池車にかかわる特許5680件を，期限つきながら無償公開するという判断を発表した．従来のガソリン車から次世代の水素燃料車へと，産業構造そのものを転換する狙いがあると考えられている．特に，燃料供給に必要な水素ステーションの関連特許については無期限の公開としており，ここに，自社の利益は守りつつも，産業全体の開発への意欲を促進しようという戦略的な判断がうかがえる．一時的に不利益に見えることでも，時にはあえて財産を投げ出すことが有利な場合もあるのだ．

何のための権利か　いずれにせよ，この権利はそもそも創作意欲や信用を守るために認められた権利である．立場の違いや，侵害を訴える，あるいはあえて黙認する，といった状況の違いはあれ，本来の目的はあくまでも文化全体の発展に寄与するものであるはずである．権利それ自体が目的化することや，創作を守ろうとするがゆえにかえって不毛な結末を迎えてしまうといった本末転倒だけは避けなければならないだろう．

　知的財産権の権利者は，同時に別の権利者の権利を侵害する可能性を常に抱えている．当然，その逆もありうる．突如として，自らの権利がどこかで侵害されてしまうかもしれない．かつて他社で自身が開発した技術を，転職先で自身が侵害する可能性さえあるのが「知的財産権」なのである．自らの周囲を再点検し，注意を払わなければ深刻な結果を招くことになりかねない．　　　　　［千金楽健］

7. 人権と民主主義

7-1 憲法を変えてはいけないのか

憲法は不磨の大典か　憲法とは，国家権力の組織や権限，統治に関する基本原理・原則を定めた法規範をいう．国民の権利や政治に関する重要な原理・原則でもあるから，そうやすやすと変えられるものではなく，また変えるべきものでもないとされる．かつて大日本帝国憲法制定時における憲法発布の際,「現在及将来の臣民に対し此の不磨の大典を宣布す」という天皇の勅語があったことから，大日本帝国憲法は「不磨」の大典，つまりすり減らないほど立派な法律とされた．

現在の日本国憲法においても，基本原理であるから変えるべきではないという考え方と，大日本帝国憲法における天皇由来の不磨の大典という思想が重なり，憲法は完成された立派な法律であるからめったなことで変えるべきではないという考え方が，多くの人々に当然とみなされている．

憲法の歴史は近代から　ところで，憲法はいつ，どこで，何のために制定されたのだろうか．実は憲法の歴史は比較的新しい．アメリカ合衆国憲法（Constitution of the United States）は1787年9月17日に作成され，1788年に発効した世界最古の成文憲法（条文化された憲法）と呼ばれる．憲法には二種類の形式が存在し，一つは条文化された目に見える形の法規範（成文憲法）であり，もう一つは目に見えない形の法規範である．後者の法規範を不文憲法と呼び，イギリス憲法がその代表とされる．イギリスにはイギリス憲法という名称の基本法がないにもかかわらず，憲法が存在するという．

では，なぜ目に見えないのに「法規範」なのか．それは，憲法が単に人々の取り決めごとではないと考えられているからであり，それこそが憲法の慣習法的性格を示している．憲法の本質を理解するには，慣習法の意義を知る必要がある．

憲法の本質とは何か　あなたは道路の右側を歩くだろうか．しかしそれは，あなたが道路交通法第10条1項を読み実践するからではない．多くの場合，道路の右側を歩くのは，教えられたからというより皆がそうするからであろう．同様に自動車の運転者が一般道でスピード違反をするのは，道路交通法第22条1項を知らないのではなく，多くの車両が実際にスピード違反をしているからである．

つまり我々の社会を動かすのは，国会でつくられた法律ではなく，周囲の人々の実際の行動に負うところが大きい．その目に見えない拘束力を慣習法という．慣習法は長期にわたって人々の行動規範として生成され，特に予期せぬ事態が起

こるとき，個々の法律よりも強力な拘束力を我々に対してもつ．慣習法と一致するとき憲法は最も保障され，一致しなければ無視される．成文憲法であろうとなかろうと，憲法は実質的には慣習法である．

法の支配の本当の意味　では慣習法に一致すれば，正しい憲法といえるのか．それを判断するには，憲法の目的を理解しなければならない．世界最古の成文憲法が近代から始まったのは，それまでにはない新しい思想を保障する必要があったからである．それは人権保障のための政治制度，すなわち民主主義である．近代以前のヨーロッパは階級社会が前提であり，人々が生まれながらに自由で平等だという考え方はどこにもなかった．また慣習法は絶対であり，変えてはならないものとされていた．

民主主義を実現するには慣習法の変更が必要である．立法権は当初国王の特権であったが，議会の同意を必要とするイギリスの政治制度によって国王権力の暴走を止める手段となり，今日の議会制民主主義へと発展した．また哲学者J・ロックの社会契約説により，人権は人間の理性によって認知される自然法のもとで保障されているとし，慣習法の起源は自然法にあると考えられるようになった．

つまり法の支配とは，個々人のもつ自由や平等の権利を保障し，かつそれに反する慣習法を変更する力の存在を認めることを意味する．民主主義に法の支配という考え方が不可欠なのは，人間の歴史の大部分を占めてきた階級社会からの脱却に欠かせない思想だからである．憲法は民主主義の実現のために制定され，法の支配によって最高規範に位置づけられている．その意味で憲法は実質的には慣習法でありながら，人権保障のために慣習法をも変えることができるし，時には変えなければならない．

憲法を変えるべきか変えざるべきか　民主主義の理念は階級社会の否定であり，むしろ権力による法律万能主義を抑制するのが憲法の役割である．法の支配の意味を正しく把握すれば，憲法改正には二重の意味があることに気づく．一つは条文の変更であり，もう一つは慣習法の変更である．我々の社会に深刻な矛盾や不平等があるとき，それが憲法の条文に由来するものかどうか吟味する必要がある．

アメリカ合衆国憲法は1870年に修正第15条で黒人に投票権を認めたが，実際には1964年の公民権法の制定を待たなければならなかった．憲法の理念が慣習法として定着するまでに，実に94年もかかっている．憲法改正は国民の権利ではあるが，変えるだけで社会は変わらないことも十分に覚悟する必要があろう．

［松村比奈子］

7. 人権と民主主義

7-2 近代人にとっての民主主義と人権

民主主義と近代　民主主義とは，政治思想ないしは政治制度の一形態である．語源は demos（人民）と kratia（権力）とを結びつけたギリシア語の demokratia で，人民が権力を握り自らそれを行使する政治を意味した．

現代人にとって民主主義とは問うまでもなく当然の政治制度であるが，中世まではどこにも存在しなかった．語源から古代ギリシアのアテネの民主制と比較されることもあるが，近代以降の民主主義はアテネのそれとは本質において異なる．アテネの民主制は「自由民」の政治ではあるが，成人男子のみで女性や奴隷は参加できず，そのような限定された階級社会における政治形態であった．また古代ギリシアの哲学者アリストテレスは，民主制は衆愚政治になりやすいと批判し，アテネの民主制は結局のところ扇動家に流されて衰退していった．ゆえにその後の政治思想においては，民衆に政治を担う能力はないと忌避され，民主主義は衆愚政治の別名として無視され続けた．近代の民主主義は，絶対君主制の恣意的な権力行使から人権を保障する手段として再構築されたものである．

宗教改革と万民平等の思想　近代の民主主義を生み出すきっかけは，キリスト教における宗教改革であった．中世の末，教会による免罪符の販売など，キリスト教が本来のイエスの教えから逸脱しているのではないかとの疑問が提起され，ルターやカルヴァンらの聖書研究に基づく宗教改革が始まった．特にカルヴァンの予定説という考え方から，究極の高みに存在する全知全能の絶対神を確信することで，相対的に絶対君主の特殊性を認めない万民平等の思想が広がっていった．

プロテスタントと資本主義　資本主義の原理は資本の拡大再生産である．ただし中世の慣習法によれば，「永遠の昨日」とドイツの社会学者ヴェーバーが呼び，また「過去にあったことを，ただそれが過去にあったという理由で，それを将来に向かって自分たちの行動の基準にすること」と社会学者の大塚久雄が説明する伝統主義において，生活に関する一切の変革は禁じられていた．しかし，予定説を信じるプロテスタントたちは，自らの堕落を抑制するために積極的に禁欲を行い，労働を生きるためではなく修行の場とした．

過剰な労働は余剰の資本を生み，さらにその資本を投じて労働に邁進した結果，産業革命が起こった．それまで必要以上の儲けは悪徳とされていたが，プロテスタントたちの改革によって利潤の追求が正当化され，ここに資本主義が誕生した

のである．つまり，資本主義はプロテスタントたちの信仰の実践の成果であった．
民主主義の本質　資本主義が信仰の実践であるならば，それを支える社会構造が必要である．資本主義に不可欠な二つの要素は，「平等」と「労働の自己目的化」である．神の前には王も奴隷も違いがなく，労働を生きるためではなく神の使命として追及することがよいとされ，金儲けが正当化されたのである．そして，それを維持するためには，私有財産の保障と改革の自由がなければならない．

人権は，そのような要請から生まれた考え方である．アメリカ植民地の監督官でもあったイギリスの哲学者ロックは，自然状態という前国家的状態においても，生命・自由・財産の自己所有権が存在すると主張し，国家でさえも奪うことのできない基本的な権利があるとして，今日の人権の基礎を提唱した．そして，自然状態では時として恣意的に奪われるそれらの権利を安定的に維持するため，我々が契約により国家をつくったとする．それがロックの社会契約説であり，近代の民主主義の基本的な考え方である．つまり，民主主義とは資本主義を維持するための政治制度であり，資本主義なしに民主主義を維持することはできないという関係にある．民主主義の本質が自由と平等にあるのは，これらの背景による．
人権を守るのは誰か　産業革命に始まり，市民革命によって誕生した人権は，絶対君主制の否定という側面をもつ．絶対君主のもつ万能の権力を，フランスの哲学者ボダンは主権と呼んだ．この特権を万民がもつことが，民主主義における平等の意義である．しかし現実の政治を万民が行うわけにはいかない．そこで人々は議会制度を通して，政府に主権を信託した．近代民主主義の目的は資本主義の発展であるから，可能な限り人々に自由と平等を保障し，絶対君主のような権力による恣意的な侵害を防ぐために，あらかじめ決められた手続きによってのみ，権力を行使することを認めた．

ゆえに人権は国家が奪うことのできない権利ではあるが，決められた手続き，すなわち法律によってならば制限することは可能である．適正手続きの保障という考え方は，人権の保障とともに民主主義の重要な要素である．このように民主主義とは，権力の行使を絶対君主制の反省から学び，権力行使を危険なものととらえ，その監視を法の支配という考え方で抑制する政治制度である．であるから，人権を保障しなければならないのは国家であり公務員であって一般市民ではない．人権侵害とは，国家権力をもつ者の行為である．権力をもつ者への監視を怠れば，権力は必ず暴走し，人権は侵害される．この権力への恐怖と監視の重要性が意識されなければ，人権保障の意義を理解することは難しい．　　　［松村比奈子］

7. 人権と民主主義

7-3 ジェンダーと不平等

性にはセックスとジェンダーがある？　性もしくは性別を意味する単語として英語で sex（セックス）という言葉がある．そして，それを指し示すもう 1 つの英単語として gender（ジェンダー）という言葉がある．このように端的に性を指し示す英単語は 2 つある．一読すると混乱するかもしれないが，次のような例を考えてほしい．海外旅行のために日本から飛行機に搭乗する際，乗客者の情報を記す紙が配られる．その紙には性別を記入する欄があるが，日本語で性別と記されていて，その隣にあるカッコ内の英語表記では（sex）となっていることが多い．他方で，性同一性障害（心の性と体の性が一致しない状態のこと）のことを英語では "Gender Identity Disorder" と表記することが一般的である．

　セックスは生物学的性差もしくは性別のことを指し，生殖器の違いに応じて性別を二項区分的にあるいは還元主義的に捉える言葉である．一方，ジェンダーは心理的，社会的，文化的性差もしくは性別のことを指し，「女」や「男」といった性別を特定の社会や文化の中で作られるものとして，いわば構築主義的に捉える言葉である．ここでは主に後者のジェンダーという言葉の意味を説明し，現代社会の中でなぜジェンダーという発想が重要になるかについて解説する．

第二波フェミニズムとジェンダー　現在多くの大学で講義科目名に「ジェンダー」というキーワードを冠する履修科目が開講されている．おおよそ社会現象を「性」（女性性・男性性）との関連から説明する科目と考えてもらえればよい．

　このジェンダーという言葉の学問上の普及は第二波フェミニズムの台頭と密接な関連性を持つ．第二波フェミニズムとは，1960 年代後半にアメリカなど欧米圏を中心として広まった一連の女性解放運動および思想のことを指し，その運動はウーマンリブとも言われる．それは，19 世紀後半から 20 世紀にかけて起こった第一波フェミニズムが女性の参政権獲得など，男性にしか与えられていなかった市民権を獲得する運動であったのに対し，法の下の平等を獲得するだけでは解決できない男女間の不平等や差別を告発するという特徴を持っていた．例えば，女性は結婚して専業主婦となり，夫と子どものために家事に従事し，一生を過ごすものだ，という日常生活上の通念が支配的であった時代に，少なくない女性が自己不全感に陥り，精神を病んでいったという歴史がある．なぜ女性がそのような状態に陥ったかというと，専業主婦という固定化された役割で一生を過ごすこと

が，会社で働いて能力を評価されたいといった女性の自己実現欲求と大きな齟齬を生み出していたからだ．また，無給の家事育児を女性という理由で割り当てられることで，家庭の中でも社会の中でも男性に搾取され，経済力を持たず，権力を持つことのできない弱者であることを余儀なくされる．

このように，日常生活における性別に対する規範意識，より平たく言えば「常識」とされていたものが多くの女性にとって抑圧的に捉えられていた．それゆえ第二波フェミニズムでは，日常生活における可視化されにくい男女間の不平等が総体的に社会的地位，あるいは社会階層における格差と関連していることを問題視する意識が強かった．この問題意識により，性別をめぐる認識のあり方は日々の実践の中で形成されるものであり，絶対的なものではないという認識枠組みが登場することになる．例えば，女性を「気配りができる」，「子どもに優しい」，「従順である」，「料理が得意」といったステレオタイプで捉える発想は今でも根強くあるようだが，これは日々の人間関係，あるいはテレビメディアにおいて，性別に関する特定の規範を含んだ言語行為によって作られるものである．こうした性別をめぐる言説は「女性は家事育児に向いている」という偏見となり，女性の行動を制約する．その問題意識からさらに進んで，性のありようを日常生活の言葉や相互行為によって不断に作られるものとして相対化しようとする視座を持つジェンダーという言葉が学問領域にも浸透することになった．すなわち性をめぐる不平等は絶対的なものではなく，変えられるものとして捉えられるようになる．

性別職務分離，ポジティブ・アクション　　ジェンダーの不平等は，雇用労働における男女間の賃金格差（例えば日本社会では男女間の賃金格差は，男性100対女性72とされている）や政治参加の格差（例えば日本社会では国会議員に占める女性の割合は9.5％と少ない）に顕著に表れている．このうち，賃金格差が生じる要因として指摘できるのは，日本の雇用慣行や職場に見られる性別職務分離である．例えば，企業は幹部候補生である「総合職」と補助作業をする「一般職」に分けて人事採用を行う傾向にあるが，前者は男性に，後者は女性に偏って割り当てられる．こうしたコース別採用人事によって，女性は昇進機会を制約され，管理職に占める割合も極めて低いと言われている．また，医療現場では医師には男性が多く，看護師には女性が多いという偏りがある（中西2013）．こうした職場内の性別分業は賃金格差の要因となるが，不平等を政治の重要な政策論点とするためにもクオータ制の導入を検討し，女性の国会議員の割合を30％以上にすることが課題となっている．　　　　　　　　　　　　　　　　　　　　　　　　［加藤敦也］

7. 人権と民主主義

7-4 セクシュアル・マイノリティと社会

セクシュアル・マイノリティとは？　社会学者の加藤秀一は，セクシュアル・マイノリティ（性的少数派）を「私たちの社会において正常とされる男/女としての在り方から逸脱しているために不利益を被っている人々すべてのこと」（加藤2009：126）と広義に規定している．ここでいう「正常とされる男/女としての在り方」とは，端的には異性に恋愛感情や性欲を抱き，戸籍上あるいは身体上の性別と心の性が一致している状態を意味することが多い．つまり異性愛者ではないか，もしくは性自認（ジェンダー・アイデンティティ）に揺らぎがあればセクシュアル・マイノリティとされる．あるいは性分化疾患と呼ばれ，性器が曖昧であるなど，「男」と「女」という生物学的，身体的な性の分化に不都合があり苦しむ人々もいる．

　このセクシュアル・マイノリティのカテゴリーとして広く普及している総称にLGBT という言葉がある．L は女性同性愛者(Lesbian)，G は男性同性愛者(Gay)，B は両性愛者（Bisexual），T はトランスジェンダー（Transgender，生物学的な性別と自分の性自認が一致しない人）のことを指す．このうち，「ジェンダーアイデンティティ（性自認）が，他の人の目に映る身体の性別と一致」せず（千田2013：15），性適合手術などの医療処置を要する場合には，性同一性障害（Gender Identity Disorder）と呼ばれる．セクシュアル・マイノリティは人口の7％存在すると言われるが，性的指向（恋愛や性欲の対象）や性自認を自覚していない人（Questioning と言い，最近では LGBTQ と表記されることが多い）の存在も含めると，統計で報告されているものよりも多く見積もることもできる．

　ここで特に指摘したいのは，異性愛規範，あるいはジェンダー規範の中で，セクシュアル・マイノリティの人権が棄損されているという認識が高まってきたことである．例えば，現在の日本社会では法律婚としての結婚は異性愛者にしか認められず，法の枠組みで家族の権利として保障されている病院での面会の権利，あるいは遺産相続の権利が同性パートナーには認められにくい．また学校教育でも，性や恋愛，あるいは家族をめぐる話題を扱う時に異性愛を前提としていることがほとんどで，非異性愛者はそのような話題に違和を覚え，悩むことになる．

同性婚と人権　2015 年 4 月，渋谷区で日本国内では初となる同性のパートナーシップ条例が施行された．これは，同性カップルに「結婚に相当する関係」を認

めるパートナーシップ証明書を発行できる条例である．現在，ニュースを見ていると，同性婚を法律婚として保障する国際的な動向が確認できる．例えば，先のアメリカ大統領選の政策論争の大きな争点となったのは同性婚の保障である．また，フランスでは 2013 年に同国内では初となる同性愛者の結婚が報じられた．さらに，2015 年 6 月 26 日にはアメリカの連邦最高裁判所が同性婚を憲法上の権利として認めるという判断を下し，全米で同性婚が合法化されることとなった．

このように，これまで結婚を認められなかった同性カップルへの法的保障が現代社会の大きな政策争点となっている．それは性的指向に基づく差別を禁止し，多様な性のありようを人権として保障する国連の意向を踏まえてのものである．法律婚としての結婚の保障はその一つであり，異性愛者同士のカップルを前提とした家族制度を見直すものである．また，そこには同性パートナーが子育てをする権利も含まれている．欧米圏ではゲイカップル，レズビアンカップルが子どもを育てるケースは珍しいことではなくなってきており，旧来の夫婦（男女の対）とその子どもからなる「家族」を社会の模範や典型として前提とすることは，人権上の問題を提起することになってきている．

セクシュアル・マイノリティとメンタルヘルス　　現在，日本社会の学校教育でもセクシュアル・マイノリティの人権保障が課題となっている．例えば，学校教育の教科書の記述には異性愛を前提として社会生活ないし社会現象を説明するものが多く，授業にもそのような内容が反映される．あるいは性を男女という二項区分で捉え，戸籍上の（身体上の）性と性自認は一致しているものであるという前提で授業がなされることも多い．このような学校教育の知識伝授により，セクシュアル・マイノリティはアイデンティティの問題で悩み苦しむことになる．

日本では 2012 年に政府の自殺総合対策大綱が改定され，セクシュアル・マイノリティの自殺念慮の高さが記述されることとなった．また，その背景にセクシュアル・マイノリティに対する偏見と無理解があることも記されている．こうした政治の動向は，性別違和や性的指向によって生きづらさを覚える人々の人権を侵害することがないように社会に注意を促すものである．このように，日本社会においてもセクシュアル・マイノリティの人権を保障することは重要な政策的課題となっている．その先には，LGBT への理解や配慮といった一般的な人権感覚の啓発だけではなく，同性婚を法律婚として容認することも含め，パートナーシップの多様性の保障やジェンダーの枠組みに縛られない個人の自由の保障という政治の課題と可能性が残っていると言える．　　　　　　　　　　　　　　　［加藤敦也］

8. 医療と介護

8-1　遺伝子操作とエンハンスメント

出産方式の革命　車椅子の物理学者として有名なS・ホーキンスはかつて, やがて人工子宮が開発されれば狭い産道を通り抜ける必要がなくなるため, 人間の脳は遺伝子操作により今よりもずっと大きくすることができ, 現生人類よりもはるかに高度な知能をもった未来人が誕生するかもしれないと語っていた. 昔のSF映画の宇宙人のような巨大な頭の子孫は何とも歓迎しがたいし, 自分の子どもをそんな風にしたいという親も今のところは少ないと思う. しかし遺伝子操作によって, 美しい容姿で肉体は壮健, かつ長寿が期待される人生を得られるとしたら, 自分の子どもをそうしたいと思わないだろうか. また自分がそうした世界にあるとしたら, 親にあらかじめ「改良」して貰ってから生まれたいと思わないだろうか. これがエンハンスメントの問題である.

エンハンスしたい欲望　エンハンスとは何かを増大させたり高めたりすることである. したがってこれを広くとれば, 勉強することも運動することもエンハンスメントである. このような意味のエンハンスメントは何の問題もない. いわゆるエンハンスメント問題として倫理的に疑問視されるのは, こうした知識や体力の向上を, 不自然なレベルで追及しようとすることである.

　典型的にはドーピングが挙げられる. ドーピングは公平性を追及するために通常の競技会では禁止されているが, 競技に出ることなく個人の趣味で合法的に使用する場合はどうなのだろうか. むろん不自然なレベルで身体を増強させようとするのだから, 深刻な副作用がありリスキーである. しかしリスクはもっぱら自分自身に関わり, 他者に危害を与えるわけではない. だったらドーピングしようがしまいが, 当人の自由ではないだろうか. とはいえドーピングは危険である. では危険ではないが, しかし不自然にエンハンスしようとする場合はどうなのか.

遺伝子組み換えの意味　実は, ここにエンハンスメントの根源的な問題がある. 通常の方法で努力する限り, 進歩は常に遺伝子の壁によって制限される. 筋力トレーニングを行い, タンパク質を多く採り, 十分な休息をとれば, 誰でも一定程度に筋肉は肥大する. しかしその限度はあらかじめ遺伝子によって決まっており, 範囲内で限界まで行くことはできても, 超えることはできない. そのためドーピングで限界を超えて筋肥大すれば, やがて副作用によるしっぺ返しを受ける.

　ということは, 遺伝子をあらかじめ組み換えてしまえば不自然であることが自

然になるということである．なぜなら自然であるとは遺伝子の範囲内であることを意味するからだ．遺伝子自体が変われば，自然であることの内容も変化するのである．現在の人類では不自然な無理をしなければ達成できないことが，遺伝子が組み換えられた「新人類」ではごく自然にできるようになる．では，このような新人類を生み出すことはいいことなのだろうか，悪いことなのだろうか．

リスクの問題　当然，こういう遺伝子組み換えには様々なリスクがある．まずはこの技術が完全に確立するまでのリスクがあり，技術的な失敗により，障害をもった子どもが生まれる可能性がある．この場合，早期段階でわかったらあらかじめ中絶するのか，あるいは出生時で判明したら嬰児殺しを行うべきなのだろうか．現行法の枠組みをかっこに入れて，純粋に理論的な問題として考えた場合，生命に対するスタンスにより様々な意見が出て，合意はなされないだろう．また望みどおり聡明で壮健な子どもがつくれたとしても，長期的なリスクは不確定である．予想に反して新人類は50歳前後で突然死するかもしれないのである．理想的な結果を得られるまで，長年に及ぶ追跡調査が必要である．このような負担があるのだったら，そもそも初めからやらない方がいいのではないだろうか．

　仮に，そのような技術的リスクがすべてクリアーされたとしよう．その場合にはいよいよ，新人類が主人となり旧人類を奴隷として支配する，SF映画にあるような新たなるヒエラルキー社会が生み出されるかもしれない．そんなことはありえないと考えることも可能だが，遺伝子組み換えされた新人類は，旧人類と思考の枠組み自体が異なる可能性がある．我々にとって不自然にしか思えないことが，彼らには自然に思えるようになるかもしれない．彼らの世界では，遺伝的に劣る者が優秀者の奴隷になるのは当然だというような考えが一般化するかもしれない．これは我々旧人類にとっては望ましくない未来だが，彼らからすれば，我々祖先がいたずらに平等を重んじていたことは，愚かしく見えるかもしれない．

すべてが完全ならば問題ないのか　このように考えれば，遺伝子組み換えによるエンハンスメントは基本的にリスキーな行為であり，そのような試みは行なわない方がいいという結論に落ち着きそうである．しかし，もし仮にそれらの懸念がすべて杞憂だったらどうなのか．遺伝子組み換えはメリットのみをもたらしデメリットは生じない．聡明な新人類は文字通り聡明にふるまう．現在よりも平等で公正な社会が構築され，豊かで持続可能な未来を築く．しかし彼らは今の我々とは大きく異なり，自然な生物進化では生まれようもない「不自然」な存在である．この場合はどうなのか．明確な解答を出すのは難しいだろう．　　　［田上孝一］

8. 医療と介護

8-2　優生学と人間

優生学　　1885 年のイギリスにおいて王立の障害者学級の設立委員会がもうけられ，当時の児童の約 5 人に 1 人が「精神障害児」であると認められた．この数は当時の産業資本主義社会の急速な発達，格差の拡大の中での極貧と劣悪な生活に身を置く児童たちに対応すると考えられる．当時の医学や政治体制は「遺伝」の問題であるとし，精神異常の遺伝ということが根本にあると結論づけた．したがって教育や社会保障による貧困再生産，格差問題解消の方策ではなく，犯罪予備群の監視，その数の抑制に重きが置かれるようになっていった．そこで子どもを産む当人である女性の自己決定や，家族の判断を置き去りにし，ある社会にとって望ましい優れた人間を産み，劣った人間は産まないというコントロールを計画する「優生学」(eugenics) と優生政策が出現するようになった．

　優生学のそもそもの提唱者 F・ゴルトンは，富裕者や権力者と，貧者や犯罪者それぞれの能力的遺伝を家系図から確率的に証明しようとした．今考えてみれば，それは格差の遺産（そして負の遺産）問題ではないのだろうか．にもかかわらず優生政策は格差を先天的能力の問題とし，すべての悪しき精神の遺伝を衛生するとし，犯罪者，貧困層，社会的逸脱者の生殖能力を奪う断種手術を行っていった．もちろん本当に遺伝の問題だとしても手術の強制が妥当であるとは言えないのである．

　アメリカでは約 3 万人が優生政策によって断種されたが，その後ナチス・ドイツにおいては史上最大でその 10 倍以上の 40 万人が断種されることになる．ドイツにおいては 1933 年のナチス党政権発足，そして独裁体制の確立と同時に遺伝病子孫予防法をはじめとする優生政策が実施された．

　北欧においては「社会全員の参加に基づく福祉の足を引っ張る障害者の抑制」という発想から断種が行われた．総じてこの頃の優生政策は，まだ科学的に不確定な「遺伝」の運命を恐れて，特定の人びとに未然に子どもをつくらせないようにしたのである．

出生前診断　　かつての優生政策においては，犯罪者や貧困生活者のように，必ずしも病気や遺伝のせいばかりではない社会的で経験的な状態さえも遺伝的運命のせいだと理解され，断種の対象となった．遺伝に対する社会的不安と迷妄とが優生政策をナチス・ドイツの全体主義的恐怖政治の手段にした．しかし今では，

昔の断種のように病気や障害から人の生殖能力に未然に侵襲するのではなく，実際に母胎に宿った子どもを精査する技術が出てきたのである．

例えば二分脊椎症という病気がある．脊髄が背骨の外にはみ出して損傷し，手足などがまひする．イギリスでは，250人に1人という他国より高い発生率を示していた．そこで，妊婦の血液中のたんぱく質濃度で胎児の異常の確率を推定する母体血清マーカーテストが開発された．今ではこのテストを含めた胎児診断は公費で行われ，超音波による胎児検診も無料，障害児とわかった際の胎児の中絶も無料である．この結果，1968年にイングランドとウェールズで死産を含め3702人生まれていた二分脊椎症児は，99年には265人に激減した．

日本でも出生前診断の技術の向上によって，血液中の遺伝子の解析をするに至っている．2013年4月から開始されたいわゆる「新型出生前診断」は，1年間で7740人が利用し，「陽性」と判定された142人の妊婦のうち，羊水検査などで異常が確定したのは113人，このうち97％にあたる110人が人工妊娠中絶をしていた．このうちダウン症が確定した人が69人，その他が41人であった．

イギリスの二分脊椎症，現代日本のダウン症など，出生前診断で検査対象にされることで，その障害や病気の人は生きることを公然と社会に拒否されているのではないか，と当事者団体は強く反発している．診断の結果産まない人々，診断や中絶を公費で助成する国家，両者は暗黙のうちにすでに存在している障害者たちの存在を否定してしまっているからだ．またそのために，当の障害や病気をサポートする医療知識や技術が向上せず，ますます医師の育成や医療費が減らされる．実質は生きることを拒否されていくのである．「産んでも共倒れになる」，「親がいなくなってから残される子はかわいそう」という言葉は，障害者を社会全体で支える社会的意識や社会保障の不十分さを示しており，健常者中心の社会福祉にとっての単なる負担ととらえられているのである．

ところで2008年11月にあるドイツ人医師が医師不足のオーストラリアへ移住しようとした際，彼の子息がダウン症であることから，同政府は，医師移住のメリット，ダウン症障害の福祉コストを計算した末に受け入れを拒否した（その後受け入れた）．しかしこれは国際障害者権利条約の違反であり，生命をコストとメリット／デメリットで計るまなざしである（日本でも2014年に同条約が批准されている）．

[楠　秀樹]

8. 医療と介護

8-3 精神衛生の転換

精神衛生　「衛生」(hygiene) は，ギリシア神話の健康の女神に語源があり，健康を維持する方策を考えることである．この健康とはどのようなものだろうか．世界保健機構 (WHO) は，「身体的，精神的，社会的に完全に良好な状態であり，単に病気もしくは病弱でないことではない」と述べている．したがって衛生に関わる施策は，環境の清潔さや安全，伝染病予防や成人病などの予防，ストレスなどからくる精神病や遺伝病の予防に至る．ここでは特に衛生の対象としての心，精神衛生について考える．

　フランスの思想家 M・フーコーは，19 世紀フランスの「精神鑑定無罪」の起源，すなわち精神医学と法廷とが結合する歴史を叙述することで，市民生活の処罰と監視に精神医学が権力を持つようになる経緯を解き明かした．「精神異常者」は同情すべき病人であるどころか，犯罪可能性を疑われる対象となっていった．

イタリアにおける精神病者の解放　たとえばイタリアも例外ではなかった．同地では 1960 年以前，精神病院は閉鎖的な場所であった．そこでは治療というよりも「社会防衛のために隔離する」という考え方が中心にあった．患者たちはそれまでに 10 万人以上いて，拘束や電気ショックなど，劣悪な環境の下にあった．しかしこのような精神病院は，精神科医 F・バザーリアの取り組みによって廃絶に向かっていく．特にトリエステ市の取り組みは活発となるが，当初はイタリア全土がこれほど積極的というわけではなかった．

　バザーリアは 1961 年からゴリーツィアの州立精神病院長として脱施設化を目指し，この取り組みがイタリア全国に広まった．強制入院ではなく自由に通院，または社会生活を営むよう目指したのである．1978 年にはバザーリア法といわれる精神科病院廃絶法が世界で初めてつくられる．精神病院は廃絶され，病院新設や患者の再入院はなく，各地域の精神衛生センターがつくられるようになった．センターは精神障害の予防，診療，治療，リハビリテーションに加え，障害に対するあらゆる偏見や差別を取り除くことも目的としている．また，精神障害を患った人だけでなく，その他の社会的弱者へのプロモーション活動も行っている．センターは 24 時間体制で活動し，これ以外にも，大病院の中の精神科や，街の作業所デイケアが連携する仕組みになっており，治療が社会的な取り組みとなっていることを表している．

患者たちは鏡に自分の姿を映し，自分で身支度し，自分を人間として自覚する．家族が受け入れ可能な患者は単に家族の元に帰すだけではなく，その家族へのサポート体制も用意された．そもそも家族と関係を築くことにもリハビリが必要となり，情報提供や訪問によるサポートはもちろん用意されている．共同住宅という選択肢もあった．そこには共同作業所も存在し，協同組合方式で賃金を受け取るようになっていた．ここもまた精神衛生センターと連携している．
　日本においても北海道浦河の「べてるの家」のように，治療というよりもありのままの幻聴や幻覚を「幻聴さん」などと呼びながら受け入れつつ，共同の生活と労働の体制をつくっている例もある．

現代日本の入院と自殺　　以上に見たように，精神の「異常」として人を排除してきたことが字義通りの異常者をつくりだしてきたとはいえないだろうか．その人をありのままに受け入れることで正常に社会参加しうる「ノーマライゼーション」という視点が重要である．これに対して先進国中もっとも精神病院の隔離人数が多く，そのために多額の医療費が費やされているのがいまの日本なのである（「べてるの家」のような例は稀である）．2010年の段階でOECD諸国在院期間平均が18日のところ，日本では300日である．また日本は1998年から2011年まで自殺者が年間3万人を上回ってきた．それ以降も2万人台というのは先進国中際立っており，この入院者数と自殺数などの結果は2014年にOECDも危惧すべきこととして報告している．
　NPOライフリンクは，2007年に「自殺実態1000人調査」というものを残している．この中で305人の自殺者の遺族から具体的な自殺経路を聞き取っているが，1人につき4つほどの要因が経路として連なっている．最も大きい直接の自殺への引き金はうつ病といえるのだが，それまでに生活苦や家族の不和などが大きな要因としてあげられている．負債，失業，過労，職場の人間環境やその変化も大きい．単に経済的背景というばかりでなく，雇用のあり方や家族生活のあり方にも目を向けねばならない．
　それらには社会保障の一層の強化が必要である．日本の場合，社会全体の改善ではなく，個人の病気や障害として個人（自己責任）や家庭に解決を求めるか，病院施設による隔離収容と投薬によって臭いものにふたをしているという状況があらわになっている．

［楠　秀樹］

8. 医療と介護

8-4　障害児の出生調整——「新型出生前診断」

「新型出生前診断」の開始と特徴　「妊婦血液でダウン症診断　精度99％，来月にも」．2012年8月29日，読売新聞は一面トップで新型の出生前診断を報じた．その後，私たちが目にするメディアには，「妊婦血液」「ダウン症」「99％」という三つの言葉が洪水のようにあふれかえることになる．こうした中，2013年4月から新型出生前診断（無侵襲的出生前遺伝学検査）が始まった．

　通常，私たちの染色体は2本で対をなしているが，これが1本余分にある染色体異常をトリソミーという．この診断では，21トリソミー（ダウン症），13トリソミー，18トリソミーの染色体異常が検査可能であり，簡易，安全，99％がうたい文句である．わずか20 ccの採血で妊娠10週から検査を受けることができ，結果が出るまでには2週間かかるが，中絶が許されている21週6日までには一定の時間があり，「考える時間」が与えられる．また，もし中絶を選ぶにしても，早期であればあるほど妊婦への身体的な負担（ならびに経済的な負担）は小さくてすむ．

　このような検査が登場し，注目を浴びている背景には，高齢出産の増加が挙げられる．高齢出産とは，35歳を過ぎて初めて出産することを意味し，染色体異常は母親の年齢が高いほど起きやすい．ダウン症に関していえば，出産年齢が40歳だと60人に1人，35歳では200人に1人の確率となることがわかっている．こうした「リスク」の回避が福音の内実だ．とはいえ，中絶を選ぶ場合は妊娠12～21週となるため，中期中絶＝死産としての扱いを受けることになる．また，もとよりこの「99％」というのは，例えばダウン症の胎児が100人いれば99人わかるという意味であり，検査の結果陽性ならば99％の確率で染色体に異常があるというわけではない．

開始から1年—新たな優生学の誕生か　だが，4～6月の間に検査を受けた妊婦は約1500人と，当初研究機関が予想した1.5倍となり，開始から半年が経過した11月には次のような報告が発表された．この時点で，検査を受けた妊婦は約3500人，陽性だったのは全体の1.9％にあたる67人であった．このうち羊水検査など確定診断を受け，陽性が確定し，流産もしなかった妊婦が54人で，そのうち53人が中絶を選んだ．残りの1人は，調査時，妊娠を継続するか否かを悩んでいたという（53人の内訳は，ダウン症33人，13トリソミー4人，18トリソミー16

人)．陽性と確定した妊婦から，産むという結論に至る女性がいなかった事実をどうみるべきだろうか．ちなみに，開始から1年間で検査を受けた妊婦は約7800人に至っている．

確かに，「新型」は国家による露骨な強制ではない．「妊婦さんの決定だから」という言葉に，返す言葉をもつ人はどれほどいるだろうか．だが，個人的な決断が一致するところの集団的結果をみるならば，端的に抑制的優生学といえるであろう．また，そもそも実質的な意味で，自由意志による決定となっているのだろうか．

当事者団体からの声　　DPI女性障害者ネットワークは，女性が検査を「選択」する背景に目を向ける必要があるとして次のように述べている．「障害をもつ子の子育てが，そうでない場合に比べて困難な中で，検査の方法だけがあり，産むか産まないかの決断を女性が迫られるなら，子が障害をもって生まれることを女性に回避させる圧力となります．自由な意志とはいえません」．日本ダウン症協会もまた，日本産婦人科学会に要望書を提出して，検査が「マス・スクリーニングとして一般化することや，安易に行われることに断固反対」であり，今回の検査が，一般の検査同様，血液検査で行えるからといって，「妊婦に紹介されたり実施されたりすることには，当事者団体として強く異議を申し立てます」と述べている．

生きるからこそ標的となるダウン症　　それにしてもなぜ，障害児，とりわけダウン症の胎児がこれほどまでに標的とされるのだろうか．横浜市立大学の調査によれば，胎児の染色体異常を理由とした中絶の件数が2000～2009年までの10年間で，その前の10年間に比べて倍に増え，中でもダウン症を理由に中絶した件数が，368件から1122件と急増しているそうだ．日本ダウン症協会の玉井邦夫は次のようにいう．「なぜ，ダウン症がここまで，標的になるのか？ …（中略）…なぜなのだろうと考えたときに，ただひとつたどり着ける結論は，彼らが立派に生きるからです」．長く生きるから，生きるからこそ，標的となる．ダウン症の特徴の一つに精神的発達遅滞があるが，生産力至上主義の現代において，それは費用対効果からみてコストとして指定され，リスクとみなされる．合理的・効率的判断のできる自己意識をもった人格が想定されるとき，「遅れ」は許されない．高度情報化社会の現在，もはや速度は光の「速さ」となっているのである．

いまや検査は「誰もが受けられる検査」から「受けないわけにはいかない検査」になりつつある．今後，「選ばないことを選ぶ」ことはいっそう困難となり，「いのち」の係留点としての女性身体への圧力は増すことが予想される．　　［米田祐介］

9. グローバル社会における地域文化

9-1 土着文化の生き残り方

土着文化の存亡 ある特定の地域に伝統的に存在し，その地域を構成する人々によって営まれている文化がある．これらを総称して「土着文化」または「地域文化」と呼ぶ．地域に固有の文化であるため，その特色を生かすことができれば観光資源にもなり得る一方，それが稀少であればあるだけ，それを支える人口が限られ，継承が困難であるという難点も抱える．価値と脆弱性が一体なのである．

固有の文化は一度失われれば復元はほぼ不可能であり，場合によってはその存在さえも忘れさられてしまうかもしれない．こうした文化はいかにして保存することができるのだろうか．いったい，どのような問題があるのだろうか．二つの具体例を参考にして考えることにしよう．

高知県旧物部村「いざなぎ流」の場合 高知県旧物部村（現香美市）の槙山には，「いざなぎ流」と呼ばれる民間信仰が根強く残っている．神道と仏教，陰陽道と修験道が混交し，しかもその儀式体系は他のどの地域や伝統とも連続性がみられない極めて特殊なものである．小松和彦が1971年から約40年にわたって実地で調査を行い，その結果が詳細に報告されている．「いざなぎ流」の儀式は「太夫」と呼ばれる師匠から，弟子となる人物に対して継承される．特定の宗教団体を持たず，血縁にもよらず，その共同体の中でのみ営まれ，受け継がれてきた．現在，旧物部村は急速な過疎化が進み，地域の共同体は歯止めの利かない縮小へと向かっている．つまり，伝えるべき内容はあっても，それを次世代以降に継承することが日に日に困難になっているのである．「土着文化」は，それが地域に根差したものであるがゆえに，その文化を保持する地域の共同体がなくなれば消滅する．人口の減少だけでなく，宗教的な慣習や地域固有の生活習慣といったものが時代に伴って変化し，文化に対する必要性がその地域で認められなくなった場合にも失われる．「いざなぎ流」は，この先どのようになるのだろうか．あるいは，どうするべきなのだろうか．

和歌山県太地町「イルカ漁」の場合 和歌山県太地町ではイルカ漁が現在でも行われている．この漁は観光資源ともなっているのだが，毎年その是非をめぐって反対派と地元のイルカ漁師との間で揉め事が起きている．地域特有の文化としてそれを守ろうとする側と，廃止を求めるこの対立は，存続問題を抱える文化の例としては最も広く知られたものの一つと言って良いだろう．イルカ漁の場合，

存続か否かの争いは「イルカを獲る」という行為そのものを問題としているため，規模の縮小ということはあり得ても，代替案は存在しない．続けるか否か，という純粋な二者択一なのである．

イルカ漁が消える時，それは文字通り，ある一定の人々に土着文化だと思われている文化が消滅する時である．同時に，この消滅は実際に漁に携わる人々にとっての死活問題ともなる．逆に，イルカ漁が存続する場合，廃止を求めるトラブルは続くことになるだろう．はたしてどのように解決すべきなのであろうか．

文化の存亡は何で決まるのか　　いま二つの例を並べたが，「いざなぎ流」をどのようにすべきか，あるいは，イルカ漁が是か非か，といった問題はここでは扱わない．これらを例として出したのは，単に個別具体的な一つの文化の存続を語るためではなく，「土着文化の存亡」を議論する際の見取りを作り出すためである．

「いざなぎ流」存亡の問題は，極端に言えばその共同体がその文化を維持できるか否かという点が問題であり，「イルカ漁」は，その文化の担い手の外部から文化の廃止が要求されているという点が問題なのである．言い換えると，文化の内部の要因によって存亡が左右される場合と，文化の外部の要因によってその存亡が左右される，という違いである．「土着文化」に対して，それを価値あるものであると認めるのは誰なのか，あるいは，その存亡はどのようにして決まるのか，これが問題の焦点である．

議論の枠組み　　土着文化の存亡をめぐっては最低でも次の四つの要素が関わっている．すなわち，当事者にとっての「続けたい」「やめたい」という意志と，外部からの「続けさせたい」「やめさせたい」という意志である．現実にはそれほど奇麗にはまとまらないが，あえてモデル的に考えるとこの組み合わせは四通りになり，組み合わせによって議論の内容と質が変わってくる．例外は「やめたい」「やめさせたい」の組み合わせであり，ここに議論の余地はない．「続けたい」し「続けさせたい」場合には，具体的な策が別の問題を招く．外部から大幅に人が流入したり，観光用に変化した祭りや儀式ははたして土着文化と呼べるだろうか．

さらに，「続けたい」が「やめさせたい」場合と，「やめたい」が「続けさせたい」の場合はどうだろう．はたして，共同体の外部に文化の存続を決定する権利はあるのだろうか．あるとすれば，どのような場合であるのか．

忘れてはならないのは，いずれにしてもそこには文化の担い手としての当事者がいる，という点である．ここを落としては議論にならないのである．

[千金楽健]

9. グローバル社会における地域文化

9-2 ショッピングモールの浸透と消費社会

ショッピングモールの風景　ショッピングモールとは，食料品店，衣料品店，雑貨店，書店，CDショップ，ファストフード店，映画館など，多様な用途に応じて商品の購買が可能な巨大な商業施設のことである．世界規模で有名なショッピングモールとしてはドバイ・モールが挙げられ，日本ではイオンモールがその一例として挙げられる．

しばしば「消費の殿堂」と形容されるショッピングモールが多くの人々を魅了する理由は，消費に純化された空間として祝祭性を帯びているからだといわれている．しかし，一つの空間を消費のみを目的とした空間として整備していく中で，特定の人間を排除するといった傾向や地域社会の空洞化といった問題も生じてきている．ここでは，ショッピングモールが社会に浸透することの問題について，①消費社会における人間の排除という論点，②空間の均質化に伴う地域社会の空洞化という論点を示していく．

消費社会　消費社会とは，社会を構成する基軸となる原理において，生産行為から消費行為へと価値観の比重の大きさが変化した社会のことを指す．消費そのものは，例えば酒宴を行ったり，あるいは祭礼において派手に着飾ったりするなど長い歴史を持つものである．しかし資本主義社会が登場して以来は，狭義には貨幣を媒介としてモノを購入する行為が消費として意味付けられるようになる．

この狭義の消費は，資本主義社会の産業構造の変化に伴い，その質が変わってきている．例えば，日本社会では，製造業が優勢を占めていた高度経済成長期には，白黒テレビ・洗濯機・冷蔵庫といった家電3品目を耐久消費財として購入することが消費行動の模範となっていた．すなわち大量に生産されるモノを大量に消費する社会があり，家庭は一つの消費空間として位置付けられていた．

しかし，耐久消費財が普及し始めると，画一的で生活の機能的な側面を促進するものとしての消費に代わって広告戦略の影響を受けた，ライフスタイルとしての消費が流行するようになる．ここでは消費者は個々の欲望とニーズを持つものとして位置づけられ，生産行為は消費者のニーズに応じるものへと変わっていった．日本ではこうした消費が浸透するのは1970年代から80年代にかけてのことであり，大型デパートがファッションなどライフスタイルを規定するものとしての消費を促進する宣伝を行っていった．いわば，消費のニーズが生産に対して優

位になる社会になったのである.

このような消費には記号性が付与され,それは人々のアイデンティティをも規定するものとなる.例えば,グローバルに店舗を展開するカフェに行き,コーヒーを飲むといった行為にも,「おしゃれな私」といった意味が付与される.すなわち,現代社会における消費とは商品にまつわる記号を消費するという意味を伴いつつ,その行為にはライフスタイルという意味が付与されることになる.

しかし,こうしたライフスタイルとしての消費文化には包摂と排除が伴うことを付け加えねばならない.ショッピングモールは消費に行為が純化された空間としてあらわれる典型的な場所である.そこではテーマパークのように多様な商品が並び,人々の目を魅了する.しかし,純化された空間は,消費行為にふさわしくない行為,あるいは人々の持つ特殊性を排除するという特徴も持ち合わせている.例えば,このような空間ではおおよそ消費行動が見込めないとみなされる特徴を持つ者を過剰に管理し,締め出すということがある.アメリカのようにエスニシティと階級を結び付けて判別する傾向のある社会では,ショッピングモールにおける犯罪予備軍として特定のエスニック・グループに対する偏見が助長されている.また,日本でもアンダークラスといって,福祉給付なしには生活できないほどの貧困状態にある人々が増えている現状があり,それらの人々は消費社会への参入条件を持たないものとして負の烙印を押されることになる.つまり,ショッピングモールの社会への浸透は,人々の行動を消費行動という基準において平準化するために,その参入条件を持たないものへの偏見を促し,また所得格差や不平等を見えにくくする表象的空間となっているといえよう.

空間の均質化と地域社会の空洞化　　様々な店舗を集積したショッピングモールが,巨大施設として郊外あるいは駅前に進出しているというのが現代の日本社会の現状である.その中で,地域社会に根ざしていた商店街が衰退していくという現象が顕著である.現在問題になっているのは,ショッピングモールが浸透することで,地域社会が有していた個性や多様性が均質化されているということである.例えば商店街にある青果店や鮮魚店,呉服店は個人事業であり,地域社会との結び付きの点からも営業者の個性が見えるが,巨大な資本をもつ大企業の多店舗型ショップに勤務する店員は,地域社会との直接の結び付きが弱く,企業の方針にのっとった画一的なサービスを提供する.ショッピングモールはその利便性とイメージにおいて人々を魅了する一方,その背景にある貧困問題や地域経済の衰退という社会問題を表象しているといえる.

［加藤敦也］

9. グローバル社会における地域文化

9-3　地域経済圏の自立——地域による独自課税

地域・地方・郷土　全世界やアジアを単位とするならば日本（列島）は地域であり，日本を単位とするならば都道府県や市町村は地域である．「地域」という語は，いわば水平的な位置関係を示す．それに対して，「地方」は中央との対比において垂直的なイメージをもっている．この「地方」と似た語に「郷土」がある．ここではまず地方と郷土の相違を確認したい．第一に，地方は近代的な行政区「地方自治体」の意味合いを含むが，郷土は歴史を貫く共同体の意味合いや中世の郷村制を想起させる．また第二に，地方（部分）には「中央」（全体）が上位関係として存在する．中央の主権（ないしその一部）を地域に分立する構想，いわゆる地方分権も中央の上位を前提としている．

　まず地方について述べれば，中央なくして地方はない．むろんその逆もいえなくはないが，主従の関係でみると逆は原則として成立しない．地方の中に中央を見通すという場合，その真意は中央の意思決定が地方に浸透するということであって，地方の意向が中央に反映されるということにはならないのが通常である．そのような事情を考慮して，地域の自立を別様に求める市民住民からは，中央を前提にした地方分権でなく地方から中央へと主権概念を再構成する方向，いわゆる地域主権を提起する声も聞かれるようになった．

　地方という概念と違って，郷土という概念には中心もなければ辺地もない．郷土には「異郷」以外に明確な対概念がなく，その意味でオンリーワンの概念である．例えば武蔵野を郷土とする人々は，その地ですべてを受け止め，またその地に立ってすべてを見通してきた．たくましい地域の条件，それは生活（経済）と文化において郷土として自立していることである．自立の弱い地域は観光産業に頼ったり，あるいは自らの文化を犠牲にして企業や原発の誘致に依存したりする．

地域による独自課税　地域の自立を促す方法に，地域による独自課税がある．その中には森林環境税や水源税など，いわゆる環境税がある．山野や森林には水源涵養機能，土砂災害防止機能，生物多様性保全，気候緩和機能など種々の公益的機能がある．それらの保全を地域住民の税負担でまかなおうという趣旨である．

　地域による課税は，いま一歩踏み込む必要があるという意見も存在する．所得税を含む徴税権それ自体からして，国家でなく地方自治体，とりわけ市町村が掌握するべきという考えである．まずは所得税を県民税ないし市民税として納入す

る．そうすれば税の分配・移動は地域から国へとなり，国庫に納められる税は市町村や都道府県がとった残りとなる．さらにその一部は税収入の少ない地方自治体への補填に使われ，経済的に困窮する地域に還流する．そうしたシステムをつくって初めて，中央で立てられるそれなりに膨大な国家予算は，真に国民・市民のために役立てられることになるだろう．徴税権におけるトップダウンからボトムアップへの転換は，東京，神奈川，大阪といった大都市がかかえる財政難に注目し，その打開策としてボトムアップ方式（自主財源の確保）として新税制を設定することから始まっている．その好例は東京都の外形標準課税導入である．

また地方行政は市町村議会とともに，主権者である市民とのコンセンサス（合意）および市民へのアカウンタビリティ（説明責任）を前提条件とする．それを基盤にして地方自治体が中央政府について改革を推進し，国政を中央集権・官僚主導体制から市民主導に切り替える．こうした行政改革も，地域経済自立を促進するだろう．

インター・ローカルとサブ・ローカル　　最後に交通対策を考えよう．従来の路線は，中央と地方を結ぶためにあった．新幹線が走れば東京から「人・モノ・カネ」が来て，地方は発展する．そう考えられてきた．しかし，実際には乗客の多くは地域を素通りし，新幹線は沿線地域を潤すことにならなかった．

そこで，これからは鉄道建設理念の転換をはかるべきとの意見が登場している．まずはこれまでの右肩上がりの時代に流行していた理念「人・モノ・カネ」の3点セットを解体し，人を優先させる．物流・金融は人と人の結びつきを疎遠にし，あるいは破壊するためでなく，円滑にするためにある．新幹線は東京と地方中核諸都市などのローカル間を結ぶのだが，その意義はローカルを豊かにするサブ・インター・ローカル，すなわち地域の在来線や循環バス，レンタル交通網の拡充を前提にする．インター・ローカルにはこのようなハイブリッドが必要なのである．昔ながらの在来線にもう少し駅を増やし，「道の駅」の駅バージョンを開設する．そこに行けば郵便局や銀行や市役所の出先があり，買い物以外にも大概の用は足せる．利便性が高まれば，人はそこへ内外からやってくる．こうして中央主導の「人・モノ・カネ」から，地域の生活・文化主導の「人と人」イニシアチブへと移行し，モノやカネは結果しだい，大切なのは人，カネにならなくても人と人との出会いを楽しくする，というように発想を転換するのである．大量生産（廉価）品や輸入品に依存しない生活，地産地消と3R（リデュース・リユース・リサイクル）こそ，地域経済的自立のスプリングボードである．　　　　［石塚正英］

9. グローバル社会における地域文化

9-4 地域メディアの役割——新潟県西部地域を事例に

地域メディアの種類と現状　地域メディアに求められる機能・役割には，おおまかに以下の3つが存在する．まず①当該地域に関わる情報を当該地域に報知すること，そして②当該地域と何らかの関係を有する他地域の情報を当該地域に報知することである．インターネット配信が進んだ最近では，③当該地域に関わる情報を他地域に生活する当該地域との交流者や出身者に報知することも重要な機能・役割に数えられるようになっている．この3つ目の場合において，記事は主にインターネット上にあり特定地域に限定されないのだが，ここでは地域メディアの役割の1つに加える．いわばグローバルなメディアのローカルな使用である．

ところで従来型の地域メディアを列挙すると，ローカル新聞（県紙・地方紙），タウン誌，ミニコミ誌，フリーペーパー，ローカルテレビ，ケーブルテレビ，ローカルラジオなどとなる．この中で最も歴史を有するのは，ローカル新聞である．以下，新潟県西部地域で発行されるローカル新聞を事例に詳しく分析してみよう．

地域新聞の分析　上記の地域には，県紙として「新潟日報」があり，上越地域紙として「上越タイムス」，市民新聞「上越よみうり」がある．そのうち「新潟日報」は県内4地域に対応して，下越・中越・上越・佐渡の4面を設けている．県内ニュースについては，政治経済面のほか，スポーツ・芸術文化・イベント企画などがきめ細やかに編集され，また青少年向けの「週刊こども新聞ふむふむ」，各地域向けの差し込み日刊「上越かわらばん」などが発行されている．

また「上越タイムス」であるが，同社ホームページには以下のように記されている．「地域の明るい話題を積極的に読者に届けることで，地域に元気の波動を生みだしていると確信しています．また，NPOは毎週月曜に4ページ，県，上越市など行政に毎週1ページを無償提供し，紙面づくりも委ねた「協働紙面」に取り組んでいます．活発になっているNPOについて正確に知ることや，合併で情報の格差が生じている中で，行政の立場から日常的に広報することが重要になっています．その役割を上越タイムス社が担っています」．2014年秋からは首都圏向けに「月刊上越」を発行し，首都圏に暮らす上越出身者や関係者とのコミュニケーションの場を確保しようという方針を打ち出した．

ついで市民新聞「上越よみうり」であるが，同社のホームページには次の記事が記されている．「上越よみうりは読売新聞に無料で折り込まれる日刊紙です．旧

上越市を中心に政治・経済・サークル活動・スポーツ・イベント等，身近な話題を取材報道している市民新聞です」．業務としては新聞の「取材・編集をメーンに，上越地域経済情報紙『FAX エクスプレス』の発行，『上越タウンジャーナル』の広告代理業務，各種デザイン・印刷，イベント企画，各種編集や出版事業を行っております」．そのほか，全国紙・朝日新聞販売店，ASA 高田・直江津（藤田新聞販売会社）が「上越 ASA ニュース」（毎週火〜土曜発行）を本紙への折込という形で発行している．こうして，現在の上越地域には数々の地域新聞が登場し，それぞれ読者獲得を目指して良質の記事を掲載するようになってきた．地域メディアの果たすべき役割も，各社各様に果たしているといえる．

首都圏向け「月刊上越」の分析　　以上のメディア各種の中で，首都圏と地元とを連結させようという試みの「月刊上越」に特化して分析を深めよう．これまで地域活性化とは，文字通りの「地域」，つまり地理的に限定された部分を対象とするものであった．けれども，その地域活性化を望む人は全国各地に散在する．一方に故郷の墓地を撤去する人がいるものの，他方には「ふるさと納税」を楽しむ人がいる．これまで，地域活性化といえば観光産業の振興を目玉としてきた．しかし，活性化というものは，本来は地域内部から創出できなければならない．その内部が過疎化しているのであれば，外部にいて内部に心を寄せる出身者からの支援を受けるのは当然の理である．その意味で，「月刊上越」の役割は大きい．「創刊のごあいさつ」には以下のような理想が述べられている．「高度経済成長期に上越地域から非常に多くのご出身者が首都圏に就職され，日本経済けん引の役割を果たされました．また，今も学生さんを含め多くの人が首都圏で生活し活躍されています．来年3月14日に決まった北陸新幹線の開業を契機に上越新時代をつなぐプロジェクトの先導的役割を担えればと思っています．」（創刊号，2014.10.1）

今後における地域メディアの役割　　地域・首都圏の連携のみならず，編集面では記事と広告の垣根が低いコラムをつくることが重要である．コラムは，編集部と読者が連携して取材，編集する．NPO と行政のような委託関係ではなく，市民の市民による市民のための地域紙を実現することが大切である．そのようにしていく先には，地域の情報におのずと価値や意味が付加されてゆく．新聞づくりに限らず，仕事には金をつくる仕事と人をつくる仕事の2種類がある．地域紙にはぜひとも後者に携わることを目標にしてほしい．そうすれば前者もおのずと近寄ってくる．域外とのインター・ローカルと域内のサブ・インター・ローカルの人的交流連携を創ることこそ，今後の地域紙が果たすべき役割であろう．　　[石塚正英]

10. 学校と教育

10-1 公教育はいかにあるべきか

教育の課題 日本社会では非正規雇用労働者が増加の一途をたどっており，全労働者の37％にまで達している．また，失業者も増加している．これらの現象は，学校を経由した就職が部分的に破綻をきたしているという状況を示している．ここではまず，教育の社会的機能から説明し，次に教育の問題を「階級文化」，「雇用労働の流動化」というキーワードから読み解いていく．

教育の社会的機能 公教育は国民国家の誕生を契機として，近代社会の登場とともに普及した．一般的には学校教育制度を確立し，学校という場で子どもを社会の成員に必要な能力や資質を身につけたものとして教育するという目的をもつ．教育の機能を考えるにあたって，近代社会以降，社会の編成原理が変わっていったということに着目する必要がある．それは属性原理から業績原理への変容である．属性原理に基づく社会とは，人々が出身や身分という属性によって階層化（序列化）され，社会的地位の移動がほとんどない社会である．江戸時代の身分秩序を想起すればわかりやすいだろう．他方で業績原理に基づく社会とは，人々が能力に応じて業績を示すことで社会的地位の移動を図ることのできる社会である．学校制度が社会に根づいて以降は，学歴が業績の一つの指標となった．人々は，学校を経由して社会的地位の移動を図ることができるというわけだ．

社会学者のM・ヤングは，テストなどの数値で指標化される学校の業績主義（メリトクラシー）を，職業上の地位を配分する際の属性差別やネポティズムを排することができるという意味で公正なルールであるとしている．つまり，学校教育の場で行われるテストの点数などの数値は，そこに属性に対する評価が混じらないという意味で，人を評価し選抜するルールとしては公正であるということになる．しかしこのような業績主義は，結果としての不平等問題を提起しているという主張もある．

機会の均等と結果の不平等（階級問題） 経済的な理由などで子どもに就学上の困難がある場合には，社会が就学機会を保障することは義務である．しかし，就学機会が均等に保障されれば教育上の問題が解決されるわけではない．そもそも学校教育の場で伝授される知識が中立であるかどうかについても，様々な疑問が寄せられてきた．

その一つに学校教育の知識は，中流階級以上の家庭に育った子どもが家庭の中

で親しんできた教養趣味に親和的な内容となっているという批判がある。例えば音楽の授業ではクラシック音楽を中心に紹介するが、家庭で慣れ親しんでいる子どもにはなじみ深いものとなるだろう。また、教科書には特定の事象を他の事象との因果関係において説明する抽象的文章表現が多い。こうした文章表現になじむかどうかは、家庭の中で用いられる言葉づかいの影響を受けやすい。例えば、ポテトチップスを買い食いする子どもを大人が叱る場面を想定してみよう。その行為に対して「コラ」と呼びかけるだけの大人と、ポテトチップスには脂肪分が多く、健康上の問題を起こしやすいと説明する大人がいたとする。後者の大人に育てられた場合、子どもは物事の因果関係を広範な文脈に結びつけて理解するということに慣れ親しむ。こうした言語環境は階級文化に規定される傾向が強く、労働者階級の文化では、物事を特定の文脈に固有のものとして説明する傾向がある。ポテトチップスを買い食いした行為を、その文脈に固有の問題として怒るのは好例であろう。つまり、子どもが学校の学習内容になじむかどうかは階級文化に規定されているといえる。言い換えれば、子どもの言語能力は出身家庭の文化、すなわち蔵書量などの教養趣味、言語コミュニケーションのあり方に強い影響を受ける。こうして階級文化は学業成績に影響を与えており、機会を均等に提供しても社会移動は容易ではなく、むしろ学校を通して階級が再生産される。

　ここで、より重要な現代の問題として提起しておきたいのは、新規学卒一括採用という日本型雇用慣行が部分的に機能不全に陥っているという実態である。それは、学卒時に正社員として就職できなかった非正規雇用労働者の増大という現象に顕著である。こうした状況の中、日本の若者の間で「職業に必要な専門的知識・技能など」を学校教育で学びたいというニーズが高まっている。

教育の職業的意義　　現代社会では、雇用労働の流動化に伴い非正規雇用労働者と失業者の増加が問題になっている。中でも新規高校卒業者の就職率は低い。社会学者の本田由紀は、新規高卒者の就職難が大学へと繰り延べられていき、学歴と仕事のミスマッチが起きている状況を指摘している。本田は高等教育を含めた学校教育において、人格の陶冶という概念を中核とした教養に傾倒しているカリキュラム編成のあり方を見直し、学生が教育の中で職業的意義を見出し、雇用労働にマッチングできるような教育内容を増やすことを提案している。その含意は、日本社会の普通教育偏重傾向により、多くの若者が学校で習得する知識が職場の技能に適用できない現実を改善することにある。学校経由の就職が困難な現状を考えれば、従来の教科教育の一律性も見直す必要があるだろう。　　　　　　［加藤敦也］

10. 学校と教育

10-2 ボランティアと奉仕の違い

ボランティア　1998年12月告示（高等学校は1999年3月告示）の学習指導要領では，初めて「ボランティア活動」という語が登場した．同時に総合的な学習の時間が新設され，ボランティア学習の多くはこの時間を用いて実施されている．だが，いまだ教育界では「奉仕活動」という言葉が使われる場合がある．それはなぜだろうか．また，そもそも奉仕活動とボランティア活動にはどのような違いがあるのだろうか．これまでの経緯をふまえ，言葉の整理をしてみよう．

forからwithへ　日本では，「ボランティア活動＝奉仕活動」と考えられていたのは1970年代くらいまでというのが定説になっている．これは長沼豊によれば，日本のボランティア活動がこの時期を境に，「～のために（for）」というものから，「～とともに（with）」へと変容したからである．奉仕は「～のために」が重要な概念であるが，ボランティア活動はforという一方向のものではなく，ともに歩むwith, いわば共生を体現する営みとして重視されてきた．以降，1981年の国際障害者年などを契機にボランティア活動が見直されるようになると，奉仕からボランティアへの動きは全国的に広まっていく．1989年告示の学習指導要領において特別活動に奉仕的行事が加わるものの，1995年の阪神・淡路大震災の復興ボランティアの活躍により，この年は「ボランティア元年」と称された．このとき，若者の活躍が有意義であったことと有用感を感じた青少年が多かったことで，ボランティア活動の教育的意義が叫ばれるようになる．その結果，1990年代後半の教育行政の各種答申には，ボランティア活動の教育分野への導入が頻繁に提案されることとなり，1998年の告示へとつながっていくのである．

強まる奉仕色　ところが，教育改革国民会議の提案（2000年）以降，社会全体の動きに逆行するかのように教育界に「奉仕」色が強まってゆく．最初に提案した曾野委員の趣旨は「暑さ寒さに耐えながら宿泊して草刈りなどの作業をする経験」というもので，「勤労奉仕」の意味合いが強かった．このような言説がボランティアと混同され，議論されていくことになった．

　そもそも，ボランティア活動は，多様な分野の社会的課題を解決し，誰もが暮らしやすい社会を創造する一つの手段である．学校教育では，その多様な課題に出会わせ，あるいは発見させて，それらを解決する手段を体験しつつ考えることで，将来のボランティア活動への「きっかけづくり」をする．共同生活で耐える

ことを主眼として苦役を課すのとは異質のものであろう．また，ボランティアはときには社会を批判的に見て，よりよく変えていく営みともいえる．したがって，批判意識も重要な学習要素となる．しかし，奉仕は「貢献すること」に重点が置かれるため，社会の枠組みそのものを批判的に見るという視点は入り込みにくい．

ボランティア活動の4特性　先の長沼によれば，ボランティア活動の4特性といわれるものは，①自発性・主体性，②無償性・非営利性，③公益性・公共性，④先駆性・創造性である．このうち，奉仕活動は②と③を強調したものといえるだろう．①の有無はボランティア活動と奉仕活動の違いを検討する上で重要な点ではあるが，これのみをもって区別することはできない．市民社会を形成するという観点でとらえた場合，ボランティア活動における④の特性も重要である．この先駆性・創造性といった特性は，批判意識を学ぶ機会を担保するものとなっている．批判意識がないままに奉仕することの危険性については，「奉仕」が戦前の「勤労奉仕」を想起させるとしてつとに指摘されてきた点であり，留意が必要である．単純に①の有無だけではなく，双方の言葉には異なる理念が込められていることを認識した上で使い分ける必要がある．

アメリカとの対比　ところで，アメリカではボランティア活動と奉仕活動，そして学校で行う学習的要素の強いものはどのように区別されているのだろうか．興梠寛は次のように紹介している．① volunteering：活動者の主体性が最大限に尊重された，市民による他者へのサービスの提供を目的とした民間・非営利の活動．② community service：あらかじめ設定された社会的契約や制度の制約のもとに行うサービス活動（服役や兵役の代替としての活動も含む）．③ service learning：ボランティア活動のもつ社会的役割や自己啓発への力を認識した上で，意図的に人間やコミュニティが必要とする状況をつくって，学生がアカデミックな学問を社会への貢献をとおして学び深めるための，互酬的な経験学習．

　これを見る限り，かつての教育改革国民会議のいう奉仕活動は②に近く，学習指導要領に記されたボランティア活動は③に近いことがわかる．そして，学校のカリキュラムではない一般の自発的な活動が①である．この整理の仕方も，今後の学校教育におけるボランティア学習の議論や実践の参考になるであろう．

[米田祐介]

10. 学校と教育

10-3　奨学金と学生ローン

奨学金の目的　奨学金とは，意欲と能力がありながら経済的理由により修学が困難な学生に資金援助を行うことを目的とする．生まれや性別に関わらずできるだけ多くの人に教育の機会を提供することは，教育を受ける当人のみならず，社会に対してもよい影響をもたらすという考えに基づいているのだ．そのためには学費がなるべく低い必要があるし，そうでなければ奨学金を備える必要がある．しかし日本では長い間，大学を出ると高給が得られるのだから，教育のための資金は本人あるいはその家族によって賄われるべきだ，という受益者負担の原則のもとに奨学金政策を軽視してきた．

日本の非常識　日本の大学の学費の高さは，世界的に見て異常なほどである．さらに実質的に奨学金がないことが，事態に拍車をかけている．文部科学省のHPによると，1975年における国立大学の学費は年間36000円，私立大学の平均は182677円であった．対して2014年度には，国立大学で535800円，私立大学で860072円となっている．もちろん世界にも金持ちの子弟のための高額の教育機関は存在するし，そのようなエリート校と一般の人が通う学費の安い機関の教育内容の格差が問題になりつつある．その中でも，日本は経済的に恵まれない人々が勉学するための教育機関が用意されていないところに特徴があると言えるだろう．公立高校の入試に落ちた若者やエリート層が目指す国立大学に入学できなかった学生は，学費のより高い私立高校や私立大学への入学を余儀なくされる．貧乏人により高い負担を求めるという奇妙な事態が，当然のように通用しているのがわが国の制度なのである．

　そもそも世界の国々は，たとえ建前上であれ，希望する国民すべてに高等教育の門戸を開くべく，学費を段階的にであれ無償化することを国家に求める国連の社会権規約13条に基づいた政策を実行しなければならないことになっている．ところが，日本はこの条約の批准を長年留保し続け，ようやく署名したのが2012年であり，2008年のルワンダの批准に続いてのことであった．2014年現在，世界で唯一留保を続ける国がマダガスカルだけであることから考えても，わが国の政府がいかに教育に不熱心であるかがわかるだろう．

少子化と大学数　少子化の進行により大学生の数が減り，大学経営が難しくなると言われていたが，実際の状況はそう単純ではない．1975年には420あった大

学数は，2013年には782に増えているのだ．それには，1975年には約35％だった大学進学率が，2000年代に入って50％を超えるようになったことが大きい．つまり，エリート層や富裕層のためのものであった大学に，より多くの一般層の人々が流入するようになったというわけだ．当然，これらの人々の多くは経済的に恵まれているとは言えない．その彼らに資金を提供しているのが，奨学金というわけなのである．

奨学金なのかローンなのか？　2009年，国は国連人権委員会に対して「教育を受ける機会の確保を図るため，経済的な理由により修学が困難な学生等に対しては，(独) 日本学生支援機構，地方公共団体及び公益法人等が奨学金事業を行っている」と発信している．奨学金とは本来給付のものを言うが，日本の奨学金の大半を占める日本学生支援機構 (旧日本育英会，以後「機構」と記す) のものは貸与である．しかも，その7割以上に利子を課しているのである．つまり，実態は奨学金ではなく学生ローンと言うに相応しい．

しかし，利益を目的で金を貸すローンであるならば，客の年収の3分の1を超えて貸してはいけないとか，あるいは取り立ての電話を客の職場にかけてはいけない，などといった様々な法的な制約がある．また，貸金業者はきちんと金を回収できるように与信に力を入れる．対して，機構はまだ職も決まっておらず収入も定かではない，場合によっては未成年者も含む学生に1年あたり100万円以上の金額を貸し付け，さらに回収時には奨学金であることを言い訳に，貸金業法で禁止されている行為も辞さないのである．

厳しい取り立ての理由　独立法人化を境に，機構は原資の多くを一般会計から財政投融資に切り替えた．国の事業に対して，将来利子を払うことを条件に資金の借り入れを行ったのである．国債の一種と理解してもよい．このため低利で金を貸すことができるわけだが，その一方で財務状況の健全さを財務省に示す必要が生じるために，機構は無理やりにでも取り立てるようになった．また返済が滞った際の延滞金は，借入金に対して年に最大5％ (2014年3月以前は10％) であり，これで得られた金額は原資には回されず，経常収益，つまり儲けとして扱われている．「経済的に恵まれない若者のために」を宣伝文句に，国家主導の貧困ビジネスとなっている様がわかるだろう．

[黒木朋興]

10. 学校と教育

10-4 多文化教育

国際化の必要性　国際化の重要性が叫ばれている．そして，そのためには外国語の習得が大事だとも言われている．外国語学習が大切なのは確かにそうなのだが，国際化に必要なのは必ずしもそれだけではない．例えば，アメリカ教育協議会（ACE）/高等教育改善基金（FIPSE）が学生の国際化の学習成果を評価するために行っているアンケートには，「米国出身以外のルームメイトとの居住経験」という項目がある．たとえ会話が自国語であったとしても，異なる文化の意義を理解し，そういった相手と価値観をすり合わせるといった経験も国際化を測る重要な要素なのだ．そもそも外国語学習にしたところで，文法と単語を覚えて自国語に訳せるようになるだけではなく，その文化的背景を理解しなければ意味がない．異文化理解の複雑さが理解できるだろう．

多文化教育とアメリカの現実　多文化教育はアメリカで生まれた．アメリカでは 19 世紀にはすでに，ヨーロッパからの移住者である「白人」と奴隷としてアフリカから連れてこられた「黒人」との間の「人種」間の対立が重大な社会問題となっていた（この「人種」は決して生物学的に画定できる科学上の概念ではない）．新世界であるアメリカが旧世界ヨーロッパに先駆けて民主主義の理想に到達するために，多文化教育を創設し，それを広めることによって様々な出自を持つ人々の多様な価値観を認め合う社会の建設を目指したのである．

　にもかかわらず，アメリカが世界の中で多人種・他民族間の共存共栄の進んでいる国だとは，どうも言えないようだ．実際，いくら法的には平等が謳われていても，差別問題は根強く残っているのが現実だろう．人々は人種や民族ごとに別れて暮らし，交流を避ける傾向があることは否めない．例えば，「白人」が多数派を占める学校に「黒人」が一人で入学すれば不利益を被ることは想像に難くないし，その逆もまた然りだろう．こうして自然に住み分けが行われることになる．また 2010 年には，アリゾナ州でエスニック・スタディーズ禁止の法案が可決されたことを指摘しておきたい．これは，もちろん多文化教育の理念に逆行する動きだ．楔として打ち込まれた黒人/白人という人種間の問題が，民族間の問題をもこじらせ，多文化共存の理念の実現を困難にしているといったところだろう．

フランスと人種問題　一方，フランスでは人種はそれほど問題にならない．例えば，フランスには養子が多いことが指摘できる．アフリカ系，カリブ系，ポリ

ネシア系，南米系やベトナム系など実に様々である．子どもに恵まれず養子をとる夫婦もいれば，慈善行為として養子を迎える家庭もある．彼らは出自がどこであれ，国籍上れっきとしたフランス人だ．また，普通あるいは標準以上のフランス家庭で暮らす彼らは他のフランス人と同様に満足な教育を受け，やがては社会の中で重要な仕事を担うようになる．ここでは，決して彼らの血（＝「人種」）が問われているのではなく，フランス語を使いこなしフランスが掲げる普遍的な民主主義精神を尊重する者には，誰でも正統なフランス人としての資格があるという共和国の理念が重要視されているのだ．フランスが，文化背景としてカトリックを有していることも作用しているだろう．カトリック系である南米では混血が進み，プロテスタント系の移民が勢力を保つアメリカでは人種間の問題が取り沙汰されることを，合わせて指摘しておきたい．

フランスの差別　だからと言って，差別が全くないわけではない．それどころか，フランスの抱える社会問題は，2015年1月のシャルリー・エブド襲撃事件という形で表出したと言えるだろう．移民1世は，自国での迫害や貧困を逃れてフランスに住み着いたわけだが，そこには希望があったはずなのだ．もちろん2世や3世は生まれながらにしてフランス国籍を持ち，共和国憲法のもとに平等を保証されている．しかし，求職の際に履歴書に移民系の名前を書くだけで不採用，などといった「ガラスの天井」問題は確実に存在する．フランスの差別は，証拠が残らないように水面下で行われるのだ．何より，両親がフランス語に堪能でない家庭の子弟はフランス語の習得に限界があるのは自明だし，ましてや十分に両親が教育を受けていない移民系の多くの家庭では，書籍や芸術作品などの文化資本に触れる機会がなく，その子どもはよほど才能に恵まれていない限り，フランス社会でのしあがることは難しい．かくして，多くの移民系が貧困層に固定されることになる．そこから社会問題が噴出しているのだ．つまり，フランスの理念は平等を保証してはいるが，その理念が逆に恵まれない家庭の子弟にとって足枷になっているのだ．

多文化教育のこれから　多様なる価値観を認め異文化圏の人とも仲良く交流しよう，という理念は立派だが，その実現は難しい．また，それぞれの国で，その国特有の問題を抱えている．一筋縄ではいかない問題であるが，だからこそ不断の努力が求められるだろう．

［黒木朋興］

11. ポスト・フォーディズム時代の芸術・文化

11-1 フォーディズムと前衛芸術

描いている人にもわからない？　さる高名な「前衛画家」の展覧会に行ったときのことである．数名の友人らしき人と連れ立って会場にいた60歳ぐらいの女性が，「もう，たまらない」という感じで叫ぶのを聴いた．「これ，絶対描いた人も何を描いたかわかってないわよね？　何も考えないで適当に筆を動かしてるだけだわよね？」

「意味のわからない芸術」と第二次産業革命　デタラメに楽器が鳴っているような音楽，意味不明のセリフが連射される演劇——「最先端の芸術」に「一般人」が頭を悩まされる光景は，美術展のみで起こる悲喜劇ではない．この種の「意味のわからない芸術」は，19世紀の後半に現れ始め，第一次世界大戦後に急速に広がった．その背景にあったのは，第二次産業革命の進展である．

第二次産業革命がもたらしたものは，おおよそ次のようにまとめられる．①鉄鋼や造船など重工業が基幹産業になったこと，②鉄道が普及し人やモノの移動が高速化したこと，③大工場での生産ラインを組んでの製造（「フォード・システム」と呼ばれるもので，1910年代に自動車メーカーのフォードが導入した）が普及したこと，④映画やラジオといった「大衆向けメディア」が成立したことである．鉄道駅ができるかどうかは，町の運命を大きく分ける．駅が設置された場所のせいで，市街地の構造が別物になる場合もある．また生産ラインに従う労働は，人間に「自分は効率に仕える道具である」という意識を植えつける．

「その土地らしさ」・「人間らしさ」・「自分らしさ」——第二次産業革命によって，さまざまな「らしさ」が揺さぶられた．これに一部の芸術家が反応した．彼らは，単純に「昔に還れ」とは叫ばなかった．先端技術が世界を変えるのを目の当たりにしていた芸術家たちは，技術のもたらす弊害も技術で克服できると考えた．芸術上の最新技術を駆使して「らしさ」を取り戻すこと．彼らはそれを目指し，数々の実験的な（つまり，よくわからない）作品を生み出した．例えば，ストラヴィンスキーが作曲した『春の祭典』というバレエ音楽がある．1913年の初演当時，理解どころか演奏すら困難といわれた前衛技法によるものであったが，この曲が描写しているのは「ロシア土俗の宗教儀礼」であった．

もう一つ，見逃してはならない要因がある．もともとは思想家も芸術家も，一定の予備知識やリテラシーのある人々を相手に発信していればよかった．しかし，

「大衆向けメディア」が成立したことで事態は一変する．最低限の素養しかない「大衆」が，受け手として浮上してきたのである．これによってコンテンツは，大衆でもわかるものと，素養のある文化エリートのためのものに分かれた．「大衆文学」と「純文学」，「ポップス」と「クラシック」，「工業デザイン」と「純粋美術」といった具合である．そこから素養のある人向けの作品に，あえて難解を装う，大衆向けのものとの違いをアピールする傾向が生まれた．このことも，「わけのわからない芸術」が増殖する土台となった．

反「フォーディズム」の象徴　フォード・システムで重工業製品をつくるフォーディズムは，民間の力だけでは立ち行かない．工場の周りに道路や港をつくって輸送手段を得たり，海運によって外国と物資をやりとりする際の安全を確保したりすることは，国家の協力なしには実現できない．フォーディズムが経済の基盤になると，国家と産業の連携は密になる．世界恐慌後の1930年代にとりわけこの傾向は強まった．先進各国は時には軍事力に訴えて周辺国から独占的に経済利権を吸い上げようと努め，大規模な公共事業も盛んに行った．

前衛芸術は，フォーディズムが生んだ「負の部分」を告発する．政府にしてみれば，自分が非難されているも同然であるため，国家は宿敵の名で前衛芸術を呼んだ．ソ連では「ブルジョワ的反民衆主義」，アメリカでは「共産主義かぶれの売国思想」，ナチス・ドイツでは「ユダヤ的退廃」といった具合である．第二次世界大戦後も，フォーディズムは政治と経済の根幹でありつづけた．その間前衛芸術も，「時代の本質的批判者」という栄誉ある地位を占めていた．

フォーディズムの終焉と前衛芸術の未来　この構図が，1973年のオイル・ショックを契機に崩れ始める．経済の中核は製造業から金融や情報産業に移行していった．生産工程の機械化も進み，フォード・システムは歴史の表舞台から退場する．前衛芸術の社会における地位も，1970年代を境に低下している．かつて前衛芸術家は，「何をしているかわからないが，すごいことをしているのでは？」と見られていた．現在では，「もの好きが，わけのわからないことをしている」としか思ってもらえない．そして芸術のあらゆるジャンルにおいて，「すぐに意味のとれるタイプの作品」が息を吹きかえしている．

現代人はかつてとは違う困難に直面している．フォード・システムよる生産は，大量の労働者を必要とし長期雇用を生んだ．非正規労働者の増大はフォーディズムの終焉と無縁ではない．新しい問題に呼応した別の「新しさ」を生み出すこと，前衛芸術の「これから」はそれができるか否かにかかっている．　　　［助川幸逸郎］

11. ポスト・フォーディズム時代の芸術・文化

11-2 ファストファッションがもたらしたもの

ファストファッションは「世紀末」に生まれた　例えばショートパンツなら1000円未満で買える低価格でいて，デザインが最新流行のものだったり，素材に特徴があったり，「安いけどダサい」服ではない——そういう商品を売るチェーン店が，世紀の変わり目の頃からファッションのメインストリームになった．H&M，ユニクロ，ZARA，Forever21といった店で売られているこういった服を，ファストフードになぞらえてファストファッションと呼ぶ．

ファストファッション登場の背景　このタイプの服が隆盛した背景には，大きく分けて二つの要因が働いている．まず一つは，通信速度の向上をはじめとする技術の進化である．高級ブランドの最新作を，それが発表されたシーズンのうちに低コストで模造する．そんな離れわざを現在のテクノロジーは可能にした（複雑な縫製で仕上げられた一流デザイナーの服を大量生産の工程でまねるには，かつては数シーズンを要した）．ストリートで発生した新しい動向も，今や週単位で商品に反映させられる．流行を創ったり，読んだりしなくても（つまり商品開発に手間をかけなくても），「そのシーズンの服」を安価に量産できる．そうした状況が「激安最新流行服」の登場につながったのである．

　第二の要因は，先進資本主義国で進行している格差の拡大である．今世紀に入って先進国の平均賃金は低下する一方，一部の富裕層の所得は拡大している．このためトップブランドは，衰退していく中間層以下をターゲットから外した．現に，衣服，靴，バッグなどの頂点に立つメーカーでは，価格設定をこの10年で約2倍に上げている（品質は必ずしも向上していない）．コストパフォーマンスなど吟味せず，高いものを「ステイタス・シンボル」として買うような「リッチな顧客」だけを相手にし，「無理をして買いに来ていた人々」を見捨てたわけだ．ここで見捨てられた人々は大挙して，ファストファッションになだれ込んだ．トップブランドの次のグレードの品物は彼らを満足させないばかりか，「最高のものを買えなくなった惨めな自分」を思い知らされる．安さという別の価値をもつファストファッションの方が，「トップブランド難民」には好ましいのである．

服は闘技場(アリーナ)でなくなった　ファストファッションの服は，低価格の代償として耐久性が低い．縫製も丈夫でないし，生地も薄くすぐに破れる．数回洗濯しただけで，多くの場合破棄せざるをえなくなる．

ファストファッションの販売戦略には，一見矛盾する二つの傾向がある．定番アイテムを何年も続けて売る一方で，2〜3週間のサイクルで続々新商品を登場させるのである．これらは「1シーズンもたない服を売っている」という同じ事実に根ざしている．すぐダメになるから定番アイテムをお客は何度も買いに行く．「最新デザイン」の服が着られなくなった頃，次の「最新デザイン」が現れる．

　いずれにせよ，ファストファッションの商品は，シーズン単位や年単位では入れ替わらない．そのため，ファストファッションが表舞台に上った15年ほど前から，大局的な流行が見えにくくなった．例えば「1970年代風ファッション」と聞くと，服に興味のある人ならばたちまちいくつかの特徴が頭に浮かぶはずだ．サイケデリックな色づかい，裾の広がったパンツ，襟幅が異常に広いジャケット等々である．これと同じように，「2000年代風ファッション」をイメージすることは不可能だ．こうした状況は，庶民にとってはある意味好ましい．定番アイテムにせよ，最新商品にせよ，ファストファッションの店で買い物をしていれば，服のせいで周囲から浮く可能性は少ない．知識もセンスもお金もない人間が，昔流行って廃れてしまったスタイルの服を激安ショップで購入し恥をかく．そんな悲喜劇は現代では起こりにくい．そのため，女性の間で優位を争うポイントからファッションははずれつつあるという．期間限定で発売しているバッグをもっているか，メイクがどれだけうまいか，体型がスリムかどうか．女性どうしの「戦いの場」はそういったところに移行している．

ファストファッションのこれから　ファストファッションの服があれほど安いのは，素材の安さや縫製の簡略化だけが理由ではない．それは，途上国の工場に苛酷な条件で製造を強いているからでもある．労働者は低賃金で長時間働き，廃棄物が浄化されずに垂れ流されるといったことが現実に起こっている．服の耐久性が低くすぐ廃棄されることも，地球環境にとっては問題だ．

　とはいえ，ファストファッションのもたらした「服飾民主主義」は無視できない．知識もセンスもお金もない人間がそこそこお洒落に見えるという「革命」を，ファストファッションは達成した．作り手と地球環境を痛めつけずに革命を継続できるシステムを構築できるかどうかが，今後の課題といえる．

　現在，服飾に関心が高い層は，高級ブランドにもファストファッションにも目を向けていない．彼らは，古着（ヴィンテージ）かハンドメイド品を丁寧に何年も着続ける．そこには作り手からの搾取はなく，地球環境にかける負担も少ない．こうしたあり方からも，我々が学ぶべき点はありそうだ．

　　　　　　　　　　　　　　　　　　　　　　　　　　　　　　　　　　　［助川幸逸郎］

11. ポスト・フォーディズム時代の芸術・文化

11-3 モードとノルムのモダニティ

モードとノルム　ファッション誌で評判のモデルをまねて，アクセサリーから靴，服に至るまでそっくり同じものを買って身につけた場合，お洒落ではなくむしろダサいとみなされてしまう．なぜなら現代では，ファッション誌はあくまでも参考にすべきものにすぎず，それを自分に似合うようにアレンジして着こなすことがお洒落とされているからだ．

　しかし，このように個性を重視するあり方は，あくまでもモダンの時代に成立した比較的新しい考え方であることを指摘しておきたい．それはモード（＝流行）と呼ばれるもので，その対極にあるのがノルム（＝規範）だ．例えば17世紀のフランス，ルイ14世の宮廷でのファッションは，服の着方から化粧の仕方，身体つきや歩き方まで王によって理想的な姿が定められており，貴族たちは競ってこの正しい美のあり方に近づこうと努力したのである．要するに，唯一の理想的な状態をできるだけ忠実に再現するファッションのあり方がノルムなのに対し，その正しさを参照しながらも自分のセンスを発揮して，自分に似合うようにアレンジしていくあり方がモードなのだ．

ファッションとジェンダー　現在のファッション界で主流な考え方がモードであることは明らかだろう．ではノルムはすでに過去の遺物となってしまったのかというと，そうではない．現在でもフォーマルな服飾の世界では，あくまでもノルムが求められている．例えば，男性もののタキシードや燕尾服はもちろんのこととして，スーツの着こなしなどを思い浮かべてみればよいだろう．対して，巷に出回っている女性向けのファッション誌は，ほとんどすべてがモードに基づいている．男性はノルムに縛られる一方，女性はモードへの指向性が強い傾向があることがわかる．また，職場などでの「スーツ着用のこと」となれば，男性に比べ女性の制限が緩いことにも性差の問題が見てとれるだろう．

モードとファッション誌　そもそも，モードという考え方が著しく勢力を拡大したのが，19世紀末という時代であったことを指摘しておきたい．この時代，ブルジョワ層の勢力拡大に伴い，そういった裕福な家庭の御婦人方をターゲットとした女性向けのファッション誌の出版が盛んとなった．当初からモードが女性と深い関係を持っていたことがわかるだろう．また，モダン芸術の理論的支柱となった詩人ステファヌ・マラルメも，この時代にファッション誌『流行通信（La dernière mode)』を創刊していたことを指摘しておきたい．モードとモダン芸術との親近性がうかがいしれる．

美と崇高　日本人は伝統的に，変わりゆく水の流れなど無常なものの中に美を見出す．対して西洋人は，理路整然とした幾何学的な形象の中にこそ美があると考えてきた．ルイ14世がつくったヴェルサイユ宮の庭園にある左右対称にカットされた樹木と日本の盆栽を並べれば，その対比がわかるだろう．ところが18世紀に入ると，西洋人も大自然の風景の中に現れる不規則な紋様に関心を持ち始める．例えばアルプスの山々の壮大さを目にして，わけのわからない感動に襲われたのである．この種の感動は，それまで定められてきた美の公式では説明できないものであった．西洋人は，この荒唐無稽な形象に対し，美ではなく崇高という概念を当てはめたのである．

前衛芸術と崇高　崇高という概念は，また19世紀末以降の前衛芸術を説明するのにも大変有用である．それまで西洋の絵画の世界では，モデルとなる対象にできるだけ似せることが求められた．対して，19世紀末の印象派の画家たちは，あくまでも眼前のモデルをもととしつつも，それを発展させ面白い表現をなすことに関心を抱いた．さらに20世紀に入ると，事物の表象から離れ，専ら形と色の組み合わせによって独自の表現を追求する抽象画が展開されることになった．素人目には落書きにしか見えず，時としては醜くもある絵画の価値は，決して実物に似ているかではなく，なぜだかわからないがとにかく感動するという事実に基づくことになる．これこそ，美から崇高への移行である．

神の不在　かつての美には規定があった．アカデミーや王といった権威がそれを定めていたわけだが，その背後には常に神がいたことを忘れてはいけない．神が定めた唯一で正しい美への信仰が前提となり，それを再現することが求められていたわけだ．その神が不在の時代となり，現在では芸術の価値が完全に主観によって決まることになっている．では，すべての価値基準が相対的となったのだろうか？　事態はそう単純ではないだろう．絶対的で唯一の美は想定されないものの，美の方向性は完全には否定されてはいない．事実，作品の価値は美と崇高の間で決められていると言ってよい．それは，ファッションがノルムとモードの間にあるのと同様だろう．

［黒木朋興］

11. ポスト・フォーディズム時代の芸術・文化

11-4 若者文化はどこへ行く？

1955年のジェームス・ディーン　Tシャツにデニム，着丈の短い赤いブルゾン，髪型はリーゼント．ニコラス・レイ監督『理由なき反抗』に主演したジェームス・ディーンの出でたちである．当時，Tシャツは下着，デニムは作業服にすぎなかった．この映画におけるジェームス・ディーンの「伝説的なかっこよさ」が，二つのアイテムを「ファッション」に昇格させた．1955年のことである．

「対抗文化」が生まれた背景　『理由なき反抗』でのジェームス・ディーンの役柄は，裕福な家庭に育った不良高校生であった．その頃アメリカでは，「若者の反抗」が社会問題になりつつあった．

　1950年代，アメリカの豊かさは絶頂に達していた．進学率も上昇し，青少年はもはや労働に追われず，未就労の学生にもそれなりのお金が与えられていた．「早くお金を手にして，親やその仲間のように自由に遊びたい」．そういう願望を抱きつつ，目先の仕事をこなすのが，1950年代が訪れるまでの若者だった．1950年代のティーン・エイジャーは，お金と時間を自由にできる．彼らは自分たちだけのための娯楽や文化をつくり出し，こう考えた．「親やその仲間のような『わからず屋の大人』になりたくない」．こうして生まれた若者独自の文化は，既存の文化に否定する傾きをもつことから「対抗文化」と呼ばれる．ロックンロール，カジュアル・ファッションに象徴される対抗文化は，またたく間に世界中に広がった．

「対抗文化」の変質　1960年代，先進諸国の大学や高校には学生運動の嵐が吹き荒れた．「対抗文化」の絶頂期である．ビートルズの音楽に若者たちは熱狂し，それを見て大人は眉をしかめた．少女たちはミニスカートで街を歩き，非難と称賛を巻き起こした．マンガ・アニメ・特撮といった「おたくカルチャー」を日本で生み出した人々も，1960年代に青春を送っている．「新しい文化は若者から生まれる」というイメージは，このころ急速に強まった．

　1970年代に入ると，学生運動は沈静化する．ついで1973年にオイルショックが起こり，科学技術による社会の進歩が疑われ始めた．進歩への不信は，変革を期待するムードを衰えさせる．既存の文化や体制を批判し，新たな時代を拓こうとするモティーフは，若者文化から失われていった．一方1960年代に学生だった人々は，1980年代には社会の中核を担うことになった．彼らは相変わらずロックンロールを聴き，休日にはかつての大人とは違うカジュアルな服を身にまとった．

だが，今や彼ら自身が権威であり，若者から見れば「わからず屋の大人」となってしまっていた．この矛盾を真摯に受け止めないまま，かつての怒れる青年たちは若き日のライフスタイルを保ち続けた．

こうして「対抗文化＝若者文化」は，年齢や社会に対する構えに関わりのない「サブカルチャー」に変質することになった．例えば，1980年代半ばはバンドブームの時代であり，多くの若者がみずからロックンロールを演奏した．だが，そこに社会に抵抗する姿勢はほとんど見られない．「女にもてたい」，「アマチュアバンドが参加するテレビに出て有名になりたい」．当時のバンド青年の大半が，そういう「不純な動機」からギターやベースを奏で，ドラムを叩いていた．

「若者文化」の融解　　音楽や映像の再生装置を，一人が一台もつ．それが日本で当たり前になったのは，1990年代である．かつては，テレビドラマやJポップに誰もが見聞きしている作品が存在した．人気のテレビドラマを，自分はあまり関心がないのに，親や兄弟姉妹に付き合って観る．そういう機会が，「テレビは一家に一台」だった頃にはあった．これに対し，「一人一台」の現在では，各人が自分の興味のある番組だけに触れる．これでは，時代や世代が共有する作品は生まれにくい．確かに，仲間と話を合わせるために流行りのゲームをやってみる，という類のことは現在でもある．しかしそうしたゲームは，あくまで「仲間うちの流行り」にすぎず，「世代全体が体験するもの」とはいいがたい．

インターネットの普及も1990年代の出来事である．この結果，趣味を同じくする仲間が身近にいない場合，ウェブ上で見つけることが可能になった．誰もが好みのコンテンツだけに埋もれ，直接知らない人たちとその魅力を語りあう．こうなると，年齢の近さよりも趣味の共通性の方が人をつなげる鍵として強い．

すでに述べたとおり，ロックンロールのような若者文化を大人になった元若者は手離さない．サリーちゃん，仮面ライダー，ガンダムといった中年世代が過去に親しんだ作品の続編やリメイクも次々発表されている．それらを親子で見るケースも稀ではない．この面から見ても，世代や年齢で文化を語ることは難しい．

若年層の人口比率は，少子化のため低落しつつある．そのため，若者の動向が社会に与える影響力は相対的に弱まっている（近年の選挙で議席を伸ばすのは，高齢者向けの政策を掲げる政党ばかりである）．何重もの意味で，「若者文化」というカテゴリーの有効性は衰えた．若者たちの姿が明瞭に見えていた，1960年代のような時代は過ぎ去ったのである．

[助川幸逸郎]

12. ICT時代のスポーツとアミューズメント

12-1 ウィンブルドン現象はなぜ起こる？

ショパン国際ピアノコンクールの衝撃　ショパン国際ピアノコンクールは，5年に一度，ショパンの生まれ故郷であるポーランドのワルシャワで開催される．世界最高の権威を誇り，優勝者のリストには綺羅星のごとく大ピアニストの名前が並ぶ．M・アルゲリッチ，M・ポリーニ，C・ツィメルマン——．その伝統あるコンクールで異常事態が起こった．2005年の第15回で，6人の入賞者のうち優勝したR・ブレハッチを除く5人がアジア系（韓国人2人，日本人2人，中国人1人）だったのだ．第10回のダン・タイソン，第14回のユンディ・リと，すでに2人のアジア系優勝者を出していたものの，ヨーロッパで開かれた伝統あるピアノコンクールで非欧米人が上位を独占したことは世界に衝撃を与えた（この反動からか，第16回ではアジア人は1人も予選を突破できなかった）．

多様な「ウィンブルドン現象」とのその背景　ローカルな伝統を誇っていた芸能やスポーツで，外国人ばかりが活躍するようになる状況をウィンブルドン現象と呼ぶ（テニスのウィンブルドン大会を国際化したところ，地元イギリスから優勝者が出なくなったことに由来する）．ウィンブルドン現象は，現在様々な分野で起こっている．例えば近年の大相撲の優勝者は外国人力士ばかりである．アメリカや日本の女子プロゴルフ大会では，台湾系や韓国系の選手が活躍している．フィギュアスケートも今やアジア系の選手なしには成り立たない．外部の勢力を参入させ自由競争を行えば，多くの地元勢力が淘汰される．これは自然な成り行きであり，文化やスポーツだけでなく経済の領域でも起こりうる．イギリスでは1980年代，金融市場で大規模な規制緩和が行われた．その結果外国資本がロンドンに殺到し，イギリスを代表する銀行がいくつも買収されることになった．グローバル化の進行につれ，ウィンブルドン現象は様々な姿で立ち現れるのである．

双葉山と白鵬はどちらが強い？　経済学者には，自由競争によって成長がもたらされるとしてウィンブルドン現象を好意的に語る人が多い．確かに，外部勢力を締め出すことで「縮小再生産」ばかりが行われるようになったジャンルは衰退する．しかし門戸を外に開くことで，ゲームの質そのものが変わってしまったとしたらどうだろうか．金融ならばそれでかまわないかもしれないが，芸能や競技の場合，古くから受け継がれた技法がすべて失われてしまったとしたら，その分野は存続しているといえるだろうか．

最多優勝回数の記録を更新した横綱白鵬は,「品格を欠く」と時として批判される．投げられまいと抵抗する相手の頭を強引に抑えつけて土俵に這わせたり，すでに俵の外に出ている力士の胸を押したりして，勝利を確実にするためなりふりかまわずダメを押すためである．一部の相撲ファンはそこに「はしたなさ」を見出した．これに対し，昭和10年代の名横綱・双葉山の取組を残された映像で見ると，ダメを押す場面は一切ない．しかしそれは，品格があるからではない．双葉山に敗れた相手は，つっかえ棒を外されたよう地面に転がり俵を割る．双葉山が敗れる際も同様である．この時代の大相撲に「顔を真っ赤にして土俵際で粘る力士」は存在しないのである．

　昭和10年代の大相撲は，「自分の重心の移動によって相手の体勢を崩すこと」を焦点にしていた．現代の相撲のように，力によって相手を制する競技ではなかったのである．石につまずいて体勢の崩れた人間は，誰かが押さなくてもひとりでに転ぶ．双葉山には，ダメを押す必要がそもそもない．これに対し，力で戦う白鵬にとってダメを押すことは「確実に勝つこと」につながっている．双葉山時代の大相撲は，現代のそれと様相を異にする．双葉山と白鵬とどちらが強いかを問うことは，野球選手とサッカー選手を比べるのに近い．

「伝統」が失われる理由　　クラシック音楽も大相撲と状況は似ている．筆者の知人に，中年になってからピアノを習い始めた人がいる．その人は発表会で，A・シュナーベル（双葉山の時代に活躍したピアニスト）の録音を参考にベートーヴェンを弾いた．その人が習っている先生はこれを聴き,「テンポの取り方も歌わせ方も根本的に間違っている」と酷評した．このエピソードは，シュナーベルの時代と現代では，音楽を演奏するノウハウが別物になっていることを物語る．

　グローバル化が進み外部の勢力が参入すれば，その分野で勝ち抜く方法は変質する．「伝統」に価値がないからではない．新興勢力は昔ながらのやり方をなぞっている限り既存のチャンピオンに勝てない．そこで「勝負のポイント」をずらすことによって台頭の機会をつかもうとする．柔道が国際化によって変質していったプロセスは，新興勢力が何を試みるかを明瞭に教えてくれるだろう．

　現在，あらゆる分野において外部に門戸を広げることが求められている．この流れに逆らうことは難しい．だとすれば，昔ながらのやり方を保存する努力が一方でなされるべきだろう．双葉山の相撲やシュナーベルの演奏の意義を解明し，彼らのパフォーマンスを必要に応じて再現できるようにしておくといった営みに，われわれは目を向けなければならない．

[助川幸逸郎]

12. ICT時代のスポーツとアミューズメント

12-2 ギャンブルの是非

日本におけるギャンブル　現在の日本においては，賭博行為は原則として禁止されている．かといって全面的に禁止されているわけではなく，ダメなのは私人による賭博行為である．賭博自体は「公営ギャンブル」という形で，おおっぴらに行われている．しかも，私的賭博が禁じられているといっても，賭場を開くような管理行為でない場合は事実上黙認されている．マージャンやトランプなどによる，私人間の小規模な賭け行為は日常茶飯事である．このようなグレーな現状の象徴はパチンコである．パチンコは形式上ギャンブルではなく，玉を直接換金することはできないが，実際はギャンブルと目されている．また宝くじは非課税であり，まさに国家が支援するギャンブルといえる．このように，現在の日本ではギャンブルは実際には禁じられているどころか，大いに奨励すらされている．

許される愚行権なのか　ギャンブルが望ましい行為でないのはいうまでもなく，決して積極的に推進されるべきものではない．しかし，世の中には必要悪というものがある．すべて立派なことばかりで，遊びやゆとりのない社会は，抑圧的で住みづらい可能性が高い．小さな悪や無駄は，時として有益なこともあり，ギャンブルもこの手のものと考えることができる．それ自体は愚かなことであっても，許される権利の一つではないかということだ．

　この手の愚行権を考える場合は，それが他者に危害を加えない限りでという，他者危害（防止）原則の範囲内で許容される．ではギャンブルはどうだろうか．この場合，「他者」を通常の他の人という意味でとると，ギャンブルが直接他者危害原則を侵すとは思われない．しかし危害を加える他者は，必ずしも人間に限定される必要はないし，倫理的な適切性からいえばむしろ，限定されるべきではない．人間だけではなく，人間以外の存在者や環境も含められるべきである．こうなると，公営ギャンブルには問題があることがわかる．

公営ギャンブルの問題点　公営ギャンブル（公営競技）のうち，競馬は動物虐待である可能性が高い．競走馬は，優秀な成績を収めた一部を除いて，引退後に殺処分される．人間の欲望のために不幸な存在が生み出されていると考えることもでき，このような犠牲を無視していいのかどうかは疑問である．また，オートレースや競艇は動物虐待とは関係ないが，排気ガスや粉塵を巻き上げつつ行われる競技は，環境に優しくない．

こうなると，公営ギャンブルのうちで，とりあえず競輪のみは許容範囲だと思われる．公営ギャンブルを行うのならば，このような他者への危害の少ない種目が選ばれるべきである．加えて，日本では行われていないが，ドッグレースや闘鶏のような，あからさまな動物虐待は避けなければいけないだろう．

依存性の問題　こうなると，ギャンブルは競輪のような競技を通して行われる限り，許される愚行権のように思われるが，そう結論づけるのは拙速である．依存症の問題があるからだ．実は賭博行為を行っているときに，脳の状態は麻薬摂取時と類似した，異常な興奮状態にあるということが各種データから実証されている．明らかに賭博には依存性があり，ギャンブルに強く依存した場合は，そこから容易に抜け出せなくなる病的症状を呈するのである．しかも，こうしたギャンブル依存症患者の大多数が，形式的にはギャンブルではないパチンコ（やパチスロ）によって生み出されている．

公営ギャンブルは競技場に赴いたり，いかにも玄人風な人々が興じていたりして，素人が手を出すにはいくぶんハードルが高い．これに対してパチンコはどこの町にもある日常的な風景であり，簡単に参入することができる．この気軽さが落とし穴になるのである．わざわざ競技場に出かける機会をつくるのが難しい人でも，何かの帰りにふらりと立ち寄って，知らぬ間にはまってしまうということもありうる．

一度ギャンブル依存になると，どの依存症もそうであるように，理性的な計算ができなくなり，確率論を無視して掛け金をつぎ込み，雪だるま式に借金をつくってしまうことになる．こうなると，ギャンブルが他者危害原則を侵さないとはいえなくなってくる．ギャンブルにはまるまでは真面目な父や母，夫や妻であった人なのに，ギャンブルのおかげで家族崩壊ということになったら，実に深刻な他者危害であるといえよう．

禁止は無理でも縮減されるべきギャンブル　こうしてみると，ギャンブルは決して現在の日本のように大規模に行われるべきものではなく，むしろ縮減させていくべきものと考えられる．かといって，ただちに全面禁止するのは愚策である．ギャンブルをしたいという人々の欲望は根深いため，全面禁止は闇の勢力を伸張させるだけである．競輪のような公営ギャンブルは必要悪だろう．この点で重要なのは，パチンコの古物売買を隠れ蓑にした事実上の換金行為を禁止することだ．景品しか交換できなくなればパチンコ依存者は激減する．当然既得権益者からの抵抗は根強いだろうが，依存症の問題の方がはるかに重要である．　　　［田上孝一］

12. ICT時代のスポーツとアミューズメント

12-3 ディズニーランドは永遠か？

「ベッドタウン」の誕生と遊園地　小説家・田山花袋に，明治時代の東京の移り変わりを描いた『東京の三十年』というエッセイがある．そこには明治20年代末の渋谷の風景が書かれている．「渋谷の通を野に出ると，駒場に通ずる大きな路が楢林について曲っていて，向こうに野川のうねうねと田圃の中を流れているのが見え，その此方の下流には，水車がかかって頻りに動いているのが見えた」．まさしく「田舎」そのもので，当時の東京の市街はまだ狭い範囲に限られていた．

　大都市に通勤する労働者が住む街，いわゆる「ベッドタウン」が日本に形成され始めたのは大正時代半ばのことである．第一次世界大戦後の好景気の影響で，大衆消費社会の芽が生じた．すると会社に雇われて働くサラリーマンが急増し，彼らの住宅を確保することが社会の急務となった．

　私鉄と宅地開発とデパート，そして遊園地の四点セットが，このとき登場した．大都市郊外に住宅地を開発し，通勤の足となる私鉄を引く．始発駅にはデパートを開業し，私鉄の利用客に買い物をさせる．ただし，私鉄経営を黒字にするだけの通勤客が，新興住宅地にプールされるには年月がかかる．そこで，私鉄の沿線に遊園地をつくり，行楽客を運ぶことで収入の安定を図る．鍵になる四つの事業をすべて同じ資本が行えば，儲けのサイクルとして完璧である．東急，西武，小田急，阪神，阪急といった多くの資本が，この「四点セット経営」に乗り出した．遊園地はこうして，サラリーマンの誕生とともに広まった．

遊園地の衰退と東京ディズニーランド　二子玉川園，としま園，向ヶ丘遊園，宝塚ファミリーランド，甲子園阪神パーク等の「四点セット型」遊園地は，高度経済成長期に最盛期を迎えた．この時代，日本人の最大多数派が農民から都市で働くホワイトカラーに代わった．郊外のベッドタウンから通勤し，週末には家族連れで遊園地かデパートに行く．働く日本人はそろってそういう生活を送った．

　1973年のオイルショックによって，高度経済成長は終わり，景気は停滞することになった．これに伴い，遊園地の入場者数は落ち込んだ．1980年代半ば，経済はようやく回復し，バブル経済に向かう．だが，遊園地はかつての活気を取り戻せなかった．子どもにはテレビゲーム，若者にはディスコや高級ブランドショップといった具合に消費や娯楽は多様化した．休日を過ごすスポットとして，遊園地は数ある選択肢の一つにすぎなくなっていた．

1983 年，東京ディズニーランドが開業する．「四点セット型」遊園地の行きづまりが明らかになった時期のことで，当初は成功を危ぶむ声も強かった．結果として，バブル経済に赴こうとする日本人の心を，ディズニーランドはわしづかみにする．来場者に「日常」を忘れさせるよう，ディズニーランドは徹底して管理されている．入念な設計が行われた結果，園内のどこからも外部の普通の街並みは見えない．スタッフの教育は徹底しており，敷地のどこにもゴミが落ちていない状態が維持されている．この「非日常」性こそ，80 年代の日本人が何よりも求めたものだった．バブル時代の日本人は，急速に豊かさを手に入れたため，過剰な自己重要感に取りつかれていた．ポルシェに乗る，エルメスで買い物をする，パリに旅行して高級ホテルに泊まる，といった映画スターぐらいにしか許されなかった体験を，一般庶民も自らのものとするようになった．このことは，「セレブと同じことをやれているのだから，私も特別なのかも」という勘違いを生じさせる．勘違いした人々は，足元の現実を忘れ，特別な瞬間だけが自分本来の「日常」なのだと思おうとする．そういうメンタリティの中核を，ディズニーランドの「非日常」は射抜いたのだった．

「日本文化」としてのディズニーランド　　世紀が変わるのと前後して，「四点セット型」遊園地の閉園が続いた．先に名前を挙げた中で，現在も営業を続けているのはとしま園のみである．インターネットが発達し，映像や音楽の再生装置が一人に一台行き渡る時代が来たこともあって，娯楽の多様化はさらに進行した．遊園地より安価に楽しめる施設として，ショッピングモールが出現した影響も大きい．家族で過ごす週末のあり方が，「私鉄に乗って遊園地やデパート」から「クルマに乗ってショッピングモール」に移行した．にもかかわらず，東京ディズニーランドの輝きは失せない．ショッピングモールが提供するのは，「日常」につながる娯楽である．一方でディズニーランドは「非日常」を洗練させることで，他では代わりの効かないオンリーワンの地位を確立したのである．

　上海やパリどころか，アメリカの本家よりも，日本のディズニーランドは成功しているといわれる．「非日常」を提供するための努力を，東京ディズニーランドの従業員は，アルバイトですら怠らない（「非正規雇用者に過重な労働を強いている」という批判を，時に向けられるほどである）．「ディズニーランドは永遠に完成しない」というテーゼを掲げ，時代に合わせた修正も常に行っている．勤勉さ，接客マナーの丁寧さといった「日本人の特性」が変わらない限り，東京ディズニーランドは眩しい「非日常」を我々に提供し続けるだろう．　　　　［助川幸逸郎］

12. ICT時代のスポーツとアミューズメント

12-4 ボクシング廃止論

プロボクシング　ボクシング廃止論はスポーツ倫理学で盛んに論じられているテーマの一つである．ここでは，アマチュアボクシングは廃止する必要はないが，プロボクシングは場合によっては廃止することも含めて，大幅にルールを変更する必要があると論じてみよう．

格闘技のスポーツ化　ボクシングは格闘技である．格闘技はもともと戦争における殺人技術であるため，練習および試技にあっても，相手に強いダメージを与えようとする傾向がある．現在格闘技が広く行われているのは，格闘技がもともともっていたこの傾向を十分に飼い慣らしているからである．

柔道を例にとるとわかりやすい．柔道はかつて柔術であり，いかに効率的に相手にダメージを与えるかを目的にした体術だった．しかし現在の柔道では，相手にダメージを与えることは，決して目的にはなっていない．目的となるのは痛めつけることではなく，体さばきの上手さを競うことである．これは格闘技一般のルーツと大きく異なる変化である．しかし現在，ほとんどの格闘技は，柔道のようになっている．つまり格闘技はスポーツ化され，スポーツとして技の優劣が競われるようになっている．我々はこのような格闘技のスポーツ化は望ましいものであり，今後とも維持されるべきだと考えている．

ボクシングの異常性　この点を考えるとボクシングは異常である．特にプロボクシングは，相手をノックアウトもしくは戦闘不能にすることを目的に殴り合う競技である．ノックアウトは通常，脳震盪によってもたらされる．頭部を殴られることによって脳が揺れ，頭蓋骨内で急激に振動するため起こる．これを柔道に当てはめると，受身をとれないように投げたり，相手が戦闘不能になるまで絞めることになる．もしこんなことになったら死者が続出して，とてもスポーツとはいえないようなものになる．

つまり，現在ほとんどの格闘技で禁止されていることが，ルール化されて行われているのがプロボクシングなのである．殴り合うといってもグローブをはめているではないかと思うかもしれないが，プロボクシングの場合にグローブをはめるのは，相手に対するダメージを和らげるのが主目的ではなくて，むしろ自らの拳が壊れるのを防ぐためである．我々は格闘技のスポーツ化は望ましいことだと考える．したがって，プロボクシングは廃止の可能性も含めて，現在とは違った

形にルール改正がされてしかるべきである．

許容される自由なのか？　しかし，何も廃止までする必要はないのではないかという反論もあるだろう．確かにプロボクシングは深刻な社会的害悪ではなく，法律で禁止すべきとまではいえない．ここで述べているのは，あくまで可能ならば廃止する「べき」という，当為の問題である．格闘技をやりたい，自己の技で相手を打ち負かしたいという欲求まで否定する必要はない．しかしそうした欲求は，プロボクシング以外でも十分に叶えられるのではないだろうか．

アマチュアボクシングの可能性　このように，プロボクシングは望ましくない格闘技であり，廃止の可能性も考える必要がある．ではアマチュアも含めてボクシングそのものがなくなるべきだろうか．必ずしもそうとはいえない．

アマチュアボクシングは同じボクシングといっても，プロボクシングとは目的を異にした競技である．プロボクシングの目的は相手をノックアウトすることであるが，アマチュアボクシングの目的は，時間内に相手よりも多く有効打を稼ぐことにある．このため，アマチュアボクシングで争われるのは，純粋に体術の上手下手である．もちろんボクシングなので頭を殴り合うのであり，完全に安全とまではいえないが，プロよりも安全なのは間違いない．プロボクシングとは異なり，廃止を考える必要はないといえるだろう．

スポーツ観戦のあり方　ということで，アマチュアボクシングのような形にルール変更されれば，今後もプロボクシングが続いてもいいということになる．しかしこれでは興行的に非常に難しい．というのは，アマチュアボクシングは，目の肥えた観客以外には魅力が少ないからだ．これに対してプロボクシングは，劇的なKO劇のために素人にもわかりやすい．プロボクシングにはどうしてもノックアウトが必要であるが，それはスポーツの領域を逸脱しているのではないか．

プロスポーツの是非　こうなると，そもそもプロスポーツのあり方自体を考える必要が出てくる．プロスポーツの条件は何よりも素人が見て楽しめることにある．だからプロボクシングはKOを中心に行われるほかないが，これはスポーツ本来のあり方からは望ましくはない．確かにプロスポーツそのものをなくすべきというのは空想的すぎるが，だからといって現行の論理のまま発展すべきだというのもおかしいだろう．ボクシングをやりたいという欲求は認められていいが，相手をノックアウトしたいという欲望は容認しかねるものだろう．以上から現行のプロボクシングは廃止の可能性も含めて，他の格闘技同様の安全なスポーツになるようにルール改正される必要があると考えられる．

［田上孝一］

第3部　アカデミック・ライティングの実践
——問題例と解答例

　第3部では，第2部の文章を元にして練習問題を作成し，それに対する解答例となる文章を提示してある．執筆者には基本的に，賛成/反対を組み合わせて論理を展開する構造で執筆してもらった．第1部で解説したYes/No型，そしてYes（No）/But型の論法である．

　これらの解答例は基礎編と応用編の2段構造になっており，それぞれ20問，計40問の解答例がある．まずは基礎編として第2部の文章の1つを読んだ上で答える問題を作った．これに対して，その文章で主張されているテーマについて賛成か反対かで意見を述べる解答例を提示したわけだが，ほとんどの例がYes/No型といった基本的な構造を用いている．応用編は，一段階目の基礎編の1つとペアになっている．つまり基礎編の文章を踏まえた上で，別の第2部の文章を1つ読み，そこで主張されているテーマについて賛否を述べる，という形になっているのだ．この応用編の狙いは1つのテーマを他のテーマと結び付け，様々な問題を複合的に様々な角度から分析し論じるという能力を身に付けることにある．論理パターンはYes（No）/But型や分析・推論型などより複雑なものが多く使われている．

　執筆者はそれぞれの専門領域で優れた業績を持つ研究者である．しかし，だからと言って，これらの例が完璧な解答だとは思わないでもらいたい．そもそもどんなに優れた論文であっても欠点が全くないということはあり得ないし，何より立場が違えば評価も変わることがあり得るからである．また，問題によってはあえて執筆者の専門領域を外してお願いしたケースもある．現在正しいとされている学説を提示するのではなく，別の領域からみたらどのような分析になるかを実際に示すためである．決して唯一無二の正解を求めるのでなく自分なりの解答を探ってほしい．そのために解答例はその欠点も含めて参考にするという態度が望ましいだろう．

【問1】「1-1　クニと国家の違い」を読み，サッカーや野球など日本代表チームへの熱狂的な応援をナショナリズムとして非難する声があることに対して，思うところを述べよ．

＜解答例＞

　W杯などの国際大会で多くの人々が熱狂的に自国のチームを応援するのを見て，第二次世界大戦の時のナショナリズムの盛り上がりを連想し不安に感じる人がいることは理解出来る．しかしスポーツ競技と殺し合いは違うものであり，それを混同することは行き過ぎではないだろうか．よって，スポーツのナショナルチームに対する応援をナショナリズムとして批判するのには反対だ．

　戦争で多くの若者が戦場に駆り立てられたこととナショナリズムに深い関係があるのは事実である．徴兵された兵士だけではなく，沖縄の地上戦や大都市空襲で多くの人々が「お国のために」といった理由で，生命を落とすこととなった．当時は戦争反対を口にすることは出来なかった．戦争に非協力的な人間は「非国民」と呼ばれ，社会から排除されたり，場合によっては処刑されることもあった．この場合，ナショナリズムは人々の思想の自由を奪い，場合によっては死に追いやったことになる．となれば，ナショナリズムに警戒する人々が出てくるのは当然だろう．

　しかしスポーツ競技は決して殺し合いではない．例えばサッカーのW杯時にサポーターが自国のチームの活躍に熱狂したとしても，それが実際の戦争に繋がるにはまだいくつもの段階が必要だ．何より，日本国内のスポーツ大会で選手に一人も知り合いがなくてもついつい自分の県のチームを応援してしまう，などといった感情はごく自然なものだろ

う．それにスポーツの大会に関心のない人にまで応援を強制することはありえないし，対戦国のチームを応援する自由さえ保証されていると言える．そのような状況では，犯罪行為を行わない限り自国のチームを懸命に応援する行為に問題あるとは言えない．

　以上から，スポーツの応援に見られるナショナリズムを必要以上に問題視する必要はないと考える．ただし，フーリガンのように暴徒化するサポーターもおり，それについてはまた別の考察が必要だろう．

＜解説＞

　Yes/No型の論理パターンで執筆した．

　イントロ部分は，Yes「先の大戦におけるナショナリズムを連想させる以上過剰な応援を不安視するのは当然だ」に対して，No「実際の戦闘行為とスポーツ競技は質の違うものであり心配する必要はない」という論理構造を提示している．

　第2段落では例として戦時下のナショナリズムが戦死や思想弾圧を生んだことを挙げているのに対し，第3段落ではスポーツ競技には戦死者がいない上に思想弾圧もないことを挙げた．

2　死を強要するナショナリズム：思想弾圧
3　同じ地域の住人に親近感を覚えること：対戦国のチームを応援することすらできる

　以上のように，第2段落と第3段落における論点がそれぞれ対応関係にあることによって明快な構造となっている．

　結論では主張を確認した上で，フーリガンのような犯罪に手を染めるものたちの問題といった，この小論文では考察しきれなかった論点を挙げて今後の課題としている．

［黒木朋興］

【問2】問1に対し，さらに「1-3 国籍は一つしかあり得ないのか？」あるいは「10-4 多文化教育」を参考にし，別の観点から答えよ．

<解答例>

国際的なスポーツ大会で人々が熱狂的に自国の代表を応援するのを見て，第二次世界大戦の時のようなナショナリズムが復活するのではないかと思う人もいるだろう．しかし現在では複数の国籍や文化を持つものもおり，スポーツの国際大会は多様な文化が現れる機会にもなっている．大会を単なるナショナリズムだけではなく多文化主義のお祭りとして捉えることもできるのだ．

かつて一国家一民族が叫ばれていた時代には，国同士の争いには緊張が走った．ナチスがオリンピックでの自国選手の活躍を露骨に国威掲揚に利用したことを思い出しておこう．ここで称えられた「国家」からは，その「民族」に相応しくないとされたユダヤ人や障害者などが排除された．この時代，一つの国家に複数の文化が存在することは好まれず，異質なものは弾圧の対象となることもあった．となれば，たとえスポーツ競技だとしても，ナショナリズムに警戒する人が出てきてしまうのも無理からぬ話だろう．

しかし現在では複数の国籍を持つことや一国内に多様な文化があることが好意的に見られるようになってきており，そのことはスポーツにも反映している．例えばフランスW杯時のフランス代表のカランブー選手はニューカレドニア出身でしかも独立主義者であった．その彼がフランス代表として活躍する理由は，自分がメディアから取材を受けることにより世界中の人にニューカレドニアの独立問題を知ってもらうことが目的だったという．この場合，代表の活躍はナショナリズムとそれに対抗する動きを同時に後押ししていることになる．

ナショナリズムが唯一の文化の押し付けとして働くならば確かに問題だろう．しかし代表選手の活躍は，多様なる文化が共存していることの象徴として評価することも可能なのだ．ただし，一国内に多様な文化を認めるかどうかは現在でも国ごとに違っており，そのような国ごとの差については今後の課題として残る．

<解説>

Yes/But 型を使用している．

このパターンでは，賛成か反対かという二項対立ではなく1つの主張の妥当性を認めた上で，それとは違ったレベルにある観点を導入し，論点を別次元にずらしながら論じる必要がある．

ここではナショナリズムの発揚は一貫して批判の対象となっている．ただし「唯一の文化への同調圧力として働くならば」という限定つきであることに注意したい．ということはこの限定がない場合は，必ずしもナショナリズムは批判の対象にならないということになる．

そのケースとしてここでは「1-3 国籍は一つしかあり得ないのか？」で扱われている二重国籍者の話題から発し，多文化主義を取り上げた．ここではサッカーを扱ったが，別に野球やラグビーなど他の競技でも良いだろう．ただし説得力を持たせるためにはそれなりの知識が必要となる．この論理構造を使いこなすには論理展開能力だけでなく雑多な知識が求められることが理解できるだろう．

[黒木朋興]

【問3】「2-3 国民経済とグローバル経済」を読み，TPPのような関税撤廃の流れに賛成か反対かを述べよ．

＜解答例＞

国家間での関税を廃止し，自由貿易を推進することは，経済の効率性や優位にある産業にとってのコスト削減といった点から大きな利点がある．しかし，一方で，優位性の固定化や，競争の激化などにともなう経済の安定性といった観点では問題も指摘されている．現在，グローバリゼーションの名の下に進んでいる大規模な関税撤廃の流れには賛成できない．

優位に立つ国家にとって利益が大きいということは，弱い立場の国家にとっての損失が大きいことを意味する．つまり，弱い立場にある国家はルールの上から，一方的な負け試合を強いられることになるのである．また，関税撤廃を決定した時点では有利であったはずの条件が崩れることも考えられる．例えば気候の変動などによってそれまで安定して生産・供給できていた農産物が壊滅的な状況に陥るという事態も考えられる．利益を追求する観点からすれば有利であることも，リスクを勘案すれば容易に賛成するのは危険なのである．

また，関税が撤廃され同一の基準で競争が行われるということは，それまでにあったはずの個別の価値観が，国際基準のもとに統一されるということも意味する．例えば品質管理の基準を取り上げても，どこからが危険でどこまでが安全か，との区分はそれぞれの地域によって異なる．具体的には「かつおぶし」はヨーロッパの基準では安全とはみなされず，「牛肉」の危険部位の判定はアメリカと日本で異なっている．自由貿易が推進され続ければ，いずれは基準が変更または消滅するか，ある基準に適合するように製品の性質が変化，または，製品そのものが消滅する，といった事態になるだろう．貿易でやりとりされる商品の価値は，なにも経済市場での貨幣価値のみではないはずである．

以上のことから，関税の撤廃とそれにともなう自由貿易の推進には慎重な態度をとるべきであると考える．利益として目につく部分だけでなく，その反面にあるはずのリスクや問題点を冷静に考える必要がある．

＜解説＞

Yes/No型である．

イントロで「経済の効率性」「優位にある産業の立場」から利点（Yes）を挙げ，続いて「優位性の固定化」「競争による経済の不安定」から反対の立場（No）を述べた．

第2段落は主にイントロでYesの根拠となっていた部分を反転させる内容となっている．効率性や優位性が一方的なものであること，また，場合によっては優位が崩れて転落するリスクを扱った．

第3段落では「国際基準」がもたらす弊害を具体例とともに挙げている．イントロでは触れられていない話題ではあるが，この段落の最後にあるように，自由貿易，グローバリゼーションといった問題には経済以外の観点も深く関係する．

これらの話題をまとめ，結論を再び述べたのが最終段落である．

Yes/Noを反転させれば，おそらく逆の主張を述べることができるだろう．場合によっては同じ例を用いることも可能である．

［千金楽健］

【問4】問3を参照しつつ，「9-3　地域経済圏の自立」を読んで，「所得税を国税から地方税にする」という提言に賛成か反対かを述べよ．

＜解答例＞

地域によって気候風土や社会構造に違いがあるので地域間に所得格差がある．したがって現行の国税である所得税を地方税とすれば地域間で税収に不公平を生む，との議論がある．しかし，そのような不公平は現状を見据えた立法や政策によって解消できるので，私は所得税の地方税化に賛成である．

たとえば，2014年度の県民経済計算（内閣府，平成27年6月3日）によると，都道府県別の一人当たり所得は，最高が東京都の442万円に対して最低は沖縄県の204万円だ．したがって，所得税を地方税とすれば，沖縄県の税収は東京都の半分以下になる．そのような格差を是正するため，国は地方自治体毎に金額の異なる地方交付税を交付してきた．

しかし，その交付金額は近年減少傾向にある．そこで一つの方法として，河川の流域諸地域間で採用されてきたデカップリングを提案したい．戦後の農政は，日本でも欧米でもカップリング政策であった．つまり，生産を上げることによって，あるいは農産物価格を上げることによって，農家の所得が上がり幸せになるというカップリングである．ところが，実際は所得も連動して下がる事態が懸念されだした．国は，自然環境を守るという考え方に基づいて，農家に直接所得補償をした．しかし，それでは追いつかない．カップリングを止めて，生産が下がっても，価格が下がっても，所得が下がらないようにすれば，農業は維持できる．つまり，自治体間で連携し税金を所得に直接つぎ込むのである．そのためには，所得税を国税から地方税にするのが得策である．

自治体はすでに水源税など環境税やそのほか幾つかの徴税権は獲得している．あるいはまた，新宿区と伊那市がエコライトの考えから相互に連携して行ったカーボンオフセットによる税収格差の解消策も有力である．税収の自治体間調整といった議論をも含めて，私は，地方自治体が個人所得税など基本的な徴税権をもつようになること，すなわち所得税の地方税化に賛成である．

＜解説＞

No/Yes型の論理パターンである．

イントロ部分で，所得税の地方税化を地域間の格差拡大を理由にNoとする一方，立法や政策での公平確保をYesの根拠として提示している．

第2段落では地方交付金の例をNoの根拠として出している．従来はそれなりに意味を持っていた交付金は，国が地方公共団体に代わって一括徴収している地方税という見方も成立していた．

第3段落では，その地方交付金が全体に減少傾向を示している点に注目することで，時代の転換を見据えることを重視している．しかも，デカップリングを例に税収の流れを示すベクトルを反転させるという提言をなしている．地方自立の軍資金確保のようでもある．

最後に，現実に採用されてきた新税――水源税などの環境税，および循環型社会を促進する政策――カーボンオフセットを事例として結論を導いている．現実有効性はともあれ，近未来を切り拓く構想を果敢に提示することは，大いに意味がある．

［石塚正英］

【問5】「3-1　終身雇用と日本の社会」を読み，景気が悪いときにも企業は終身雇用を維持すべきか否か述べよ．

＜解答例＞

　終身雇用を制度として取り入れている企業が景気の悪化に伴ってその制度を維持できなくなることがある．雇用されている人々の生活を保障するために，仮に景気が悪化しても終身雇用を維持すべきであるとの見方はあるが，そのことによって企業そのものが崩壊してしまえば企業全体の雇用が維持できなくなる．よって，状況によっては制度を放棄することも認められるべきであると考える．

　高度経済成長期を中心に，終身雇用制度は企業，労働者の双方に安定をもたらすものとして機能してきた．それが法制度によらない慣行によるものであったとしても，終身雇用を前提として勤務してきた人々が業績悪化を理由に解雇されるということはフェアではない．また，景気の悪化やそれにともなう企業の業績不振が単なる人件費削減の口実とされるという問題や，企業の経営責任を労働者側が一方的に負担する形になる，といった問題点が考えられる．

　しかし，仮に一切の人員整理，または解雇を実施せず，そのまま企業全体の業績が悪化した場合はどうなるだろうか．景気の状況によれば経営努力の程度に関わらず，企業が倒産に至ることはあり得る．終身雇用の制度が約束され，それが確実に履行されていたとしても，企業そのものが消滅してしまえば前提から崩れてしまう．もっとも，企業が利益追求のために一方的な解雇を行うような事態は厳重に非難されてしかるべきである．ここで問題にしているのはあくまでも，企業そのものの存亡に関わる場合であることは強調しておきたい．

　これらのことから，景気の悪化に伴って企業が終身雇用の制度を打ちきることは容認されるべきであると考える．ただし，一度約束されたものが容易に反故にされるような事態は避けられなければならない．制度の運用に際しては被雇用者が一方的な犠牲にならぬように配慮する必要がある．

＜解説＞

Yes/No型である．

　まず「景気が悪いときにも終身雇用を維持すべきか否か」との問いに対し，「生活を保障するため」に維持すべき（Yes）を挙げた上で，「全体の雇用を維持するためには」「放棄も認められる」（No/維持すべきでない）との見解を示している．

　第2段落では，「終身雇用」が「慣行」であることを確認した上で，企業・労働者の双方にとって安定をもたらした制度であったことを述べている．これは「雇用を維持すべき」の根拠となる説明である．

　第3段落は，第2段落を受けて，その「制度の維持」によって共倒れになる危険性を指摘することで，「雇用を維持すべき」という主張そのものの逆転を図っている．ただし，段落末尾に留保事項を付け加えてある．主張の根拠があくまでも「企業のため」ではなく，「企業によって雇用される全体」を守るという点にあるからである．

　最終段落はほぼ全体の反復になっている．

　ここで扱った論拠を逆転させることができれば，反対の主張をすることも可能である．

［千金楽健］

【問6】問5を参照し，また「3-4 少子高齢化と家族問題」を読んで，終身雇用が維持できないのは本当に不幸なことなのかについて少子化とジェンダーの観点から賛否を述べよ．

<解答例>

終身雇用が維持できなくなるということは，不景気な状況での企業全体の保全という点からすれば止むを得ない部分がある．また，就業形態の多様化や雇用の流動化を図るという面からは，むしろ終身雇用が廃止されることを是とする考え方もある．しかし，少子化とジェンダーという観点に絞った場合，終身雇用が維持できなくなることは不幸であると言わざるを得ない．

男女雇用機会均等法や男女共同参画社会基本法によって就業の面からはある程度の改善がみられたとはいえ，子育てに代表される性別役割分業は，社会全体からみて不均衡なままである．職場においては，産休，育休がいまだに不利に働く傾向が見られる．元の職場に復帰することを困難にする慣習や企業風土が根強く残っているためである．特に，男性が育児休暇を十分に確保することは現状ではかなり困難である．これは終身雇用の制度に加え，それを運営する際の意識の変化が伴わなければ解決は困難であろう．

また，仮に男女の片方が出産，育児によって一時的に職場を離れたとしても，もう一方の雇用が確保されつづけていればある程度不安を取り除くことができる．育児には多額の費用が必要となる．予想される出費に対して雇用の不安が重なれば，出産，育児に対する心理的な抵抗感が増し，結果的に少子化へとつながってしまう．これは未婚，晩婚化の問題も同様である．雇用の不安定による収入への不安は結婚という選択を遠ざけることになりかねない．独身のまま現在の職を続けるという選択は，単に自発的なものである以上に，制度によって余儀なくされたものであるかもしれないのである．

以上のことから，終身雇用の制度が維持できなくなることは，少子化，ジェンダーの観点からすれば不幸なことであると結論づけることができる．ただしこれは働き方の自由や労働市場の流動化という面とは対立する．是か非かという極端な二分法ではない解決策が必要となるだろう．

<解説>

Yes/No型である．

まずイントロで「企業の保全」「就業形態の多様化」といった「終身雇用の維持を容認する」（Yes/不幸ではない）立場に対して，「少子化，ジェンダーに絞った場合」に限定して「不幸」（No）であると結論付けている．

第2段落ではジェンダーの観点から性別役割分業の話題，関連して，職場での産休，育休が現状では不備であることを雇用の問題と繋げている．制度のみならず，その運用にあたる意識が問題に大きく関わるためである．

第3段落は，終身雇用が維持される場合とされない場合に働き手によってどのような選択がなされるかを仮定している．特に，将来の出費と雇用の安定の問題はこの論題の中心である．

これらをまとめ，イントロと同様の結論をまとめた上で，最後に留保事項を付け加えたのが最終段落である．終身雇用が不幸でないパターンを考えるヒントとしたい．

[千金楽健]

【問7】「4-1　領海・公海と海洋資源」を読み，世界の海洋資源を守るために日本は率先して漁獲制限を行うべきであるという意見に賛成か反対かを述べよ．

＜解答例＞

　日本は率先して漁獲制限を行うべきである．先ず海洋資源を考える際，それが再生可能かどうかが問題になる．海産物は生物であり，再生可能である．再生不可能な資源は極力使用量を削減するのが望ましいが，再生可能資源の場合は再生産が不可能にならない範囲での使用が可能である．

　ならば再生可能資源である漁獲量を制限する必要がないのではないか．確かに人類の総人口が少ない段階ならばそうだった．どんなに獲っても尽きることなく，生殖により絶えず再生産された．しかし今や人類全体の消費量は，有力な海産物を絶滅に追い込むほどに拡大した．特にクロマグロやニホンウナギのような，日本人が好む高級食材は，絶滅の危機に瀕している．この意味で，日本人が旧来の食習慣を改めて，野放図な海産物消費を抑制しようと努めることは，資源保護という観点からのみならず，他国に対する道義的責任を果たすという点からも，重要だろう．

　しかし，いくら日本が漁獲を制限しても，世界中の人々が無制限に魚を採り続けていたら意味がないという反論もあろう．確かに日本だけの取り組みには限界があるが，だからといってやらなくてよいという話にはならない．海産物の一大消費国である日本が消費量を制限することは，海洋資源全体に有益な効果を与える可能性が高い．それに，魚食を強く愛好する国民である日本人が敢えて魚食を制限しようとすることは，世界に向けて強く資源保護の大義をアピールすることになる．

　海洋資源は本来誰のものでもない共有財産であり，海には本来国境などない．人間が一方的に線引きした境界線に沿って，自国の資源だからとほしいままに捕獲することは，自然に対する越権行為である．日本が資源保護のために率先して漁獲を制限することは，人類の未来に対する意義深い布石として，長く歴史に刻まれるだろう快挙といえよう．

＜解説＞

Yes/But 型である．

　最初に漁獲制限への賛意を明言し，基本論点として資源の再生可能性を提起する．海洋資源は再生可能というのが議論の出発点になる．

　しかし第2段落で，この基本観点から漁獲制限が不必要だという反論が出てくることを示す．再生されるのならば制限する必要がないのではないかという疑問である．これに対して，人口増と需要増が，再生のペースを上回ってしまっている現実でもって，疑問を反駁する．

　第3段落では，さらなる疑問を提起して，論旨を鍛えようと試みる．日本一国が努力しても意味がないのではないかという論点である．これに対して，確かに日本の努力だけでは問題は解決しないが，世界に対する大きなアピールになるという反論を提起する．

　最後にそもそも海洋資源とは何なのかという本質的な議論で締めくくる．

　自説を明確に提起し，考えられる反論を限られたスペース内で吟味する．これにより説得力のある議論となる．　　　　　［田上孝一］

【問8】問7を参照し，さらに「2-1 国境と領土のもつ意味」，「2-3 国民経済とグローバル経済」を読んで海洋資源の輸出入に対する関税を撤廃することへの賛否を述べよ．

＜解答例＞

　海洋資源の輸出入の関税を撤廃することには反対である．関税を撤廃するということは，貿易を完全に自由化することであり，貿易財の売買を自由主義的な市場経済の原理に委ねることである．全ての輸入財に関税をかけるべきかどうかは大いに議論の余地があるが，海産物の関税撤廃は，短期的には大きなメリットをもたらすが，長期的には壊滅的な結果に帰着する公算が高いからである．

　確かに海洋資源の輸出入を撤廃することには大きなメリットがある．輸入財の価格が大幅に低下するため，消費が拡大するのは確実である．消費が拡大すれば産業は活性化し，失業率も低下する．新たな投資も促進されて，結果的にGNPは上昇し，国富は増大する．消費者にとっても常に美味しい海産物を低価格で味わうことができる．関税撤廃により関連領域の産業が活性化し，ひいては国民経済自体が向上する．そして国民は消費者としてよりよい商品を得ることができる．一挙両得以上の好結果が期待できる．この点で，関税を撤廃すべきという説には十分な理がある．

　しかし，問題はそれが海洋資源である点にある．魚介類は生物であり，生殖によって再生産される再生可能資源である．したがって天変地異によって地球環境自体が大変動を起こさない限り，原理的には何時までも使い続けることができる．だが増大した地球人口は，主要な海産物を乱獲によって絶滅の危機に追いやっている．このような現状にあって関税を撤廃するということは，市場競争の原理のままに経済活動を行うことである．結果として，資源枯渇という破局は必至である．

　安くて美味しい魚介類を食べたいという欲求は理解できるが，自由競争の追及は，魚食文化そのものを破壊する．そのため，海産物の関税を撤廃して自由競争の論理に任せてはならない．関税障壁により消費者は不利になるが，資源保護のための必要なコストだと考える必要がある．

＜解説＞

　No/But型である．

　論証パターンとしてはYes/But型と同じだが，今回はまず明確に反対意見を自説として提示している．

　最初に関税を撤廃するということが何を意味するのかを明確にする．それにより，関税撤廃の危険が浮き彫りになる．

　第2段落では，しかし関税撤廃によって得られるだろうメリットを列記する．あえて自説に不利な論点を提示する．これは小論文作成上の有効なテクニックである．相手を一方的に論駁するのではなく，相手に理があることを認めることによって，むしろそれを反駁する自説の説得力を高めるのである．

　第3段落で関税撤廃の決定的な理由である，競争原理による乱獲と，乱獲による資源枯渇を提起する．メリットを上回る決定的なデメリットの提示である．

　結論として，消費者意識の変革という新たな挑戦課題を提起し，全体を引き締める．

　自由競争と資源枯渇という結び付きが連想できるかどうかが，ポイントになる．

[田上孝一]

【問9】「4-2 捕鯨問題と伝統文化」を読んで捕鯨を禁止するか，伝統を守るべきか意見を述べよ．

<解答例>
　一般的に言って，伝統は守るべきものではあるが，捕鯨は禁止すべきだし，捕鯨というのは伝統文化であっても存続するのが望ましくない文化である．世界の主潮は捕鯨禁止である．この流れに逆らって捕鯨を続けるには強力な理由が必要だが，そのような理由はないと考えられるからである．

　先ず，もし鯨肉によってしか必要な栄養素を得ることのできない人々がいるのなら，捕鯨は許される．しかし現在の日本にそのような人々はいない．鯨以外のものを食べることができるし，捕鯨以外の職業を選択できるからである．また，鯨の資源量が豊富で，捕鯨が深刻なダメージを与えないのならば，捕鯨は許されるかもしれない．しかし資源が回復しているのは一部の鯨種であり，それも商業捕鯨が本格的に再開されたら直ちに危機的なレベルを迎える程度の量でしかない．このように，他に食べるものが沢山あるにもかかわらず，生物種としての鯨の存続を脅かす捕鯨は禁止されるべきである．

　これに対して，捕鯨は日本の伝統文化だという反論があろう．しかし伝統であることは，直ちにそれが必ず守られるべきだという理由にはならない．切腹は日本の伝統であるが，だからといって切腹を続けるべきだという話にはならない．それに，そもそも捕鯨が伝統なのかどうかという疑問がある．現在主流の捕鯨はノルウェー式という大型船による遠洋漁業である．無論これが日本の伝統捕鯨であるはずはない．捕鯨の再開が意図しているのは，沿岸の小規模捕鯨ではなく，ノルウェー式捕鯨である．とはいえ，日本人が鯨肉を非常に好むのならば，話が違ってくる．だが実際には消費量は極小であり，鯨肉は全く一般的ではない．

　このように，積極的な理由がないにもかかわらず捕鯨にこだわることは，世界から孤立を招き，日本の国益にもならない．捕鯨は禁止すべきである．なお，鯨は哺乳類であり，哺乳類は苦痛を感じるのではないかという論点も重要な禁止理由になると付言しておく．

<解説>
　No/Yes型である．

　捕鯨禁止に賛成かどうかという形で問われているので，賛成な場合はYes，反対はNoと考える．最初に伝統は一般的には守るべきなので，捕鯨も守るべきではないかという反対意見を示すが，しかしそれは支持できず，捕鯨禁止に賛成であると結論する．

　第2段落ではあえて自説に不利な条件を想定し，それを否定することで自説を強化する．捕鯨というのが必要不可欠なものではないことが，捕鯨禁止論の大前提であることを明確にする．

　第3段落でも自説に対する反論を吟味する．伝統だからといって，必ずしも守るべきとは限らないことを，具体例を挙げて説明した．具体例は切腹に限らず，拷問や女性差別など，いくつも挙げることができる．そしてここではこれに加えて，実は捕鯨は伝統ではないのではないかという提起を行う．

　最後に哺乳類と苦痛という，動物倫理的な問題を提起して，捕鯨問題の奥深さを示唆する．捕鯨に関するある程度の予備知識が必要な問題だろう．

[田上孝一]

【問10】問9を参照し，さらに「4-1 領海・公海と海洋資源」を読んで自国の伝統文化と地球環境が対立する場合どちらを優先させるべきかについて述べよ．

＜解答例＞

　捕鯨に限らず，伝統文化と地球環境問題が対立した場合は，地球環境問題のほうを優先すべきである．環境問題と対立するようになった時点で，その伝統はもう伝統にふさわしくないものに変質していると考えられるからである．

　そもそも伝統とは，その有効性が長い年月をかけて経験的に実証されて存続してきたものである．わが国の経済体制は長い年月の間に大きく変動してきたが，数百年にわたって存続しているような老舗もある．老舗として存続しえたのは，経営方針の賢明さという面もあるのは確かだろうが，何よりもその扱っている商品が時代を超える普遍的な魅力があるからである．政治や経済が変わり，人々の嗜好が大きく様変わりしつつも，変わらず支持されるような商品を提供するがために，老舗として残れるのである．つまり伝統の伝統たるゆえんは，それが持続可能なことにある．

　捕鯨に関していえば，現在の一般的方法であるノルウェー式は決して伝統ではないが，沿岸のコククジラ漁は確かに伝統である．しかし長年の乱獲によってもはやコククジラは回遊せず，漁は不可能になった．持続不可能になることによって消滅したのである．このような伝統の消滅は，捕鯨に限ったことではなく，漁業全体にいえることである．かつての漁業は産業全体の規模と対応して小規模であり，獲る必要のある量は少なく，技術的な限界もあって少量しか獲ることはできなかった．これが伝統的な漁業である．しかし産業規模拡大と技術革新両面からの要請により，大型船によるトロール漁で根こそぎにするというようなことが常態化した．こうして今や，伝統的な漁業のみならず，漁業という伝統そのものが危機に瀕している．

　ここからいえることは，伝統とは守るべきものではなくて，新たに創り続けるべきものだということである．地球環境問題と対立する持続不可能な文化はもはや伝統にふさわしくない．それは新たに変えてゆくべきものである．

＜解説＞

　Yes/But型である．

　まず自己の主張を展開し，後に自己の主張に対して考えられる反論を吟味し，自説を強化するという形になっている．

　本論の特徴は，与えられた設問に対して，そもそも伝統とは何かという「そもそも論」で議論を構成しているところにある．最初に環境問題と対立するような伝統は，そもそも伝統というにふさわしくないのではないかという結論を提起し，これを吟味しようとする．

　第2段落で伝統の本質を明確にする．伝統とは単に長く続いているのではなくて，その本質において永続的な要素を秘めているのが伝統ではないかという提起である．

　第3段落では具体例として，伝統的な捕鯨が乱獲によって消滅したこと，そして乱獲による伝統の消滅は捕鯨に限らず，現代の漁業そのものが抱えている危機なのだということを示す．

　結論として，環境と対立せず，持続可能な文化こそが伝統にふさわしいと，伝統そのもののあるべき姿を提起する．　　　［田上孝一］

【問11】「4-3 イノベーションとこれからの農業」を読んで，科学技術の知見を駆使して，他の何よりも生産効率を優先させる農業のあり方が適切かどうか述べよ．

＜解答例＞

農業は産業であり，自然を改造して人間に都合のよい作物を集中的に作り出そうという技術である．従って，農業に科学的知見を駆使して生産効率を追及するのは農業の本質上当然のことであり，競争を旨とする資本主義にあっては是も非もなく追求されざるを得ないものである．しかし，他の何よりも生産効率を追求するというのならば，これは反対する必要がある．

最も素朴な農業のあり方は，大地に種をまいて水をやり，自然の理に任せて作物を成長させようというものである．いわば完全無農薬農法である．しかし当然このような方法では大量の収穫は期待できず，人類は常に様々な工夫を試みて，収穫増を追求してきた．作物がどういう原理で成長し，何が成長を促進するかは後になって科学的に解明されるようになるが，科学的な知識が乏しかった段階でも，経験的な方法によって収穫増を追及していた．堆肥が代表であり，なぜそれによって作物の成長が促進されるのかというメカニズムは分からないままに，経験的な手法を体系化していた．

やがて科学が発展し，窒素固定をはじめとする成長のメカニズムが分かってきた．それに応じて効率的な農薬が開発され，農業生産力が飛躍的に増大した．さらに遺伝子工学が農業に導入され，作物そのものの遺伝子レベルでの品種改良が進み，これに農薬のテクノロジーが組み合わされ，伝統的農業ではありえない驚異的な収穫増を実現した．増大する地球人口を養いうる農業が実現したのである．

しかしこうした現代農法は，農薬を大量に使用して，トウモロコシのような単一品種を大規模に生産するような方法が主であり，長期的な地力低下の危険をはらんだものである．また，長期的なリスク計算を無視して，安全に違いないという予断の上で，遺伝子組み換え品種が導入されている．ここには持続可能性や健康よりも生産効率を追求する現代農業の病理がある．このような成長至上主義には反対せざるを得ない．

＜解説＞

Yes/No型である．

まず農業が産業であり，産業である限り生産効率を追求するのは当然であると一旦賛意を示した上で，しかし他の何よりもという形で効率を追求する，効率至上主義的なものであってはならないという立論形式をとる．

第2段落では，人類は経験知を動員してできる限りの収穫増に努めていたという事実を，堆肥の広範な使用という実例で示した．

第3段落では，科学の発展により作物の成長のメカニズムが解明されて，飛躍的な収穫増が実現したことを示した．これに加えて，遺伝子工学によって，伝統的農業とは断絶した現代農業が確立したという事実を示した．

しかし，こうした科学技術主導の現代農業が，それゆえの危険をはらんでいることを最終段落で議論する．単一品種の大量生産による地力低下，遺伝子組み換え食品の長期的リスク等，現代農業が抱える問題点を具体的に明示して，最初の結論，生産効率至上主義的な農業は反対であるという論点を確認する．

［田上孝一］

【問12】問11を参照し，さらに「4-4 グリーンエコノミー」を読んで，環境に優しい農法と経済発展が相反するかどうか論ぜよ．

＜解答例＞

環境に優しい農法と経済発展は相反しない．ただし，それには条件がある．先ず，我々の社会は資本主義であり，あくなき利潤追求社会である．資本主義である限り，そこで営まれる農業は，生産性至上主義に傾斜しがちである．

生産至上主義的な農業にあっては，法律の上限までリスクが無視される．法で禁じられない限り，あらゆる手法を用いて生産性が追及される．合法の範囲で最も強力な農薬が用いられ，遺伝子組み換えによる品種改良も，合法的にではあるが，徹底的に追及される．こうした農業にあっては，環境への配慮は二義的な，外部問題となる．長期的な土地の保全は元より，永遠に土地を使い続けられるような，持続可能な農法は視野の外に置かれる．

当然このような農法を支持することができるはずもなく，環境に優しい農法が追求される必要がある．しかし当然それは化学的な農業よりも生産性は落ちる．そうなると，結局は絵空事で，現実的な経済性はないと思われるかもしれない．ところが一概にそうとも言えない．確かに化学的な農業は有機的な自然農法よりも高収穫であるが，しかし有機農業の方も様々な工夫により，かなりの程度の生産性を確保できることが分かってきたからである．むしろ長期的な土地利用という点を視野に入れると，経済的な効率性という面からも有機農法に可能性があるという意見も出てきている．

とはいえ，やはり生産効率では完全有機農業は遺伝子組み換え品種に太刀打ちはできない．そこで必要になるのは，農産物の消費総量を抑えることのできる食生活の転換である．例えば牛肉生産は，トウモロコシをはじめとする大量の飼料が使われ，非常に効率が悪い．これに対して肉食を減らした野菜と穀物主体の食生活では，動物の飼料を減らせるため，少ない作物でより多くのカロリーと栄養が摂取できる．こうして食文化自体が変化すれば，環境に優しい農法と経済発展が相反することはなくなるだろう．

＜解説＞

No/But型である．

相反するかどうかと問われて相反しないと答えているためNoであり，しかしそれには様々な条件があるという論旨なのでButである．

最初に我々の社会が資本主義であり，資本主義が利潤追求社会であるという前提を確認し，資本主義では農業は利潤追求主義に傾きがちであると提起する．

第2段落では，利潤追求主義的農業にあっては生産性向上のみが追及され，環境への配慮は二の次になり，結果として農業の持続可能性が損なわれると指摘する．

第3段落では，しかしこうした環境に配慮しない農業は支持できないと反論する．その際にも，環境に優しい自然農法は経済的合理性に欠けるのではないかとの反論を想定し，これを反駁することによって自説を強化する．実は経済的効率性という面からも有機農法は有望であると主張する．

最終段落でもなお反論を想定し，自説を吟味する．そして最終的には食文化そのものの見直しの必要性を今後の課題として提起する．

［田上孝一］

【問13】「5-3 イノベーションと人文・社会科学」を読んで，文系の学問は本当に大学に必要ないかについて述べよ．

<解答例>

　文学や哲学など人間の精神的な豊かさを追い求めるための研究も重要ではあるが，衣食を足りて礼節を知るという諺にもあるように，大学では文系より物質的な豊かさをもたらす理系の学問を優先させるべきであるという意見がある．対して，文系の研究がイノベーションを起こす鍵になりうることを指摘したい．

　文学や哲学の勉強など役に立たないという声は根強い．文学部卒では就職にも不利だし，そもそも古典が読めたり名作が分析できたところで一般企業の業務には関係ない．確かに精神的な豊かさも大事ではあるが，会社で求められるのは売り上げを伸ばすことなのだ．そんなことに貴重な大学での勉学の時間を費やすより，ワードやエクセルでの表計算をマスターするなど，社会のニーズに合わせた職業教育の方が重要ではないか．学術研究は一部の優秀な人間に任せておけば良いのだ．文系不要論とはだいたい以上のように要約できるだろう．

　しかし文系の学問は本当に不要だろうか．例えばソニーのウォークマンはかつて世界を席巻したが，今やアップルの iPod に取って代わられている．両者の差は音質などのハード面ではなくソフト面にあるだろう．アップルの製品は音楽を聴くためだけのものではない．ネットに接続してメールや SNS もできるし，地図情報を始め様々な検索もできる．つまり iPod は生活必需品として人々の日常に入り込んでいるのだ．アップルはまず端末を生活のどこに置くかという問いから着想し，それに基づいて製品開発を行ったのだろう．ここには携帯端末のある生活をどうデザインするかという発想がある．その開発にはソフト面を革新すること＝イノベートが欠かせない．そのようなデザインの設計に関するノウハウを貯蔵しているのが文系の学問なのである．

　以上から文系の学問がイノベーションに重要であることがわかった．今後は開発のために理系と文系の知をいかに繋げていくかという議論が必要だろう．

<解説>

　No/Yes 型にも見えるが，Yes/But 型に分類できるだろう．

　イントロ部分では物質的な豊かさをもたらす理系と精神的な豊かさをもたらす文系の対比が提示されている．ここで精神的な豊かさも必要だから文系は必要だ，という主張を展開すれば No/Yes 型ということになる．対して，ここでは文系の学問であっても物質的な豊かさに貢献し得ることを指摘し，理系＝物資的／文系＝精神的という二項対立は成り立たないとしている点で Yes/But 型と言うことができるだろう．

　第2段落では文系の中でも特に「役に立たない」とされる文学や哲学への非難の声として，一般的に考えられる声を挙げてみた．それに対し，第3段落ではアップルの例を出すことによって，イノベーションには文系の学問も重要であることを指摘し，紋切り型なものの見方を否定している．

　結論ではそのようなイノベーション実現のために理系と文系の接続という問題を課題として挙げた．

[黒木朋興]

【問14】問13を参照し，また「6-1　ポストグーテンベルク時代の情報リテラシー」あるいは「6-4　知的所有権」を読んで，さらに大学における文系の学問の必要性について論ぜよ．

<解答例>
　文学や哲学などに代表される文系の学術研究も重要だろうが，社会のニーズを考えれば利益を生み出す理系の研究を最優先に考えるべきだという意見がある．しかし著作権や特許など知的所有権の問題を考えれば，文系の学問を軽視できないように思う．

　特許などの知的所有権の問題は現在企業経営にとって極めて重要な問題になっている．アップルとサムスンの間での訴訟からもわかるように，新しい技術を開発しその特許を保持していれば企業には莫大な金が流れ込む．かつては製品を作りその売り上げで利益を出すというビジネスモデルが主流であった．対して，他社の製品に自分の会社の特許を持つ技術が使用されていれば自社以外の製品が売れても莫大な売り上げが入ってくることになるし，また優れた特許を多数保持している企業には多額の投資マネーが流入することになる．だからこそ企業は技術開発に力を入れるのである．

　しかしこのような技術開発は理系だけの問題なのだろうか．訴訟ともなればその技術の開発に関わったエンジニアもさることながら，法律家がいなければ対応できないのは当然だろう．また知的所有権が電子回路などの他にもデザインや音楽・物語のコンテンツといったソフト面にも及ぶことを考えれば，問われているのは理系か文系かということではなく，総合的な知であることがわかる．そもそも求められているのは，単に優れた性能を持つ製品というわけではなく，使いやすい製品だろう．そのためには実際にそれを使用する人々からアンケートを取りそれを取りまとめ，エンジニアと相談しながら製品開発を行うというプロセスが必要となる．このような能力を育むことにこそ，文系の学問の意義がある．

　文系は利益を生み出すことに役立たないという見解は，知的所有権をキーワードに考えた場合必ずしも正しくないことがわかった．もちろん企業のためだけではない学問の存在意義についても考え続けなければならない．

<解説>
　Yes/But 型である．

　問13と同じように利益を出していくためには，理系だけではなく文系の学問も必要だというのが全体の主張となっている．理系か文系かというような紋切り型の二項対立を無効にしようという点で Yes/But 型である．この主張を知的所有権をキーワードに論述した．

　第2段落ではアップルとサムスンの訴訟の例から始まり，1)現在の企業は単に製品を売るだけではなく，特許を保持していることによって利益を得ていること，2)優れた特許を多く保有していると投資マネーを集めやすいこと，の2つの要素を解説した．第3段落では，1)知的所有権に関わる問題は文系にも大いに関係のあること，2)その開発には文理の協力が必要であること，を述べた．

　ただし，この論点の欠点は学問の価値が利益が上げられるかどうかで決まってしまうかのような印象を与えることだ．よって課題として利益とは関係のない学問の価値について考えることを挙げた．

[黒木朋興]

【問15】「5-4 疑似科学と代替療法」を読み，整体や認可されていない漢方薬などの民間医療は規制されるべきか述べよ．

＜解答例＞

　認可されていない民間医療は，規制されるべきなのだろうか．確かに，民間医療は概ね，経験則に基づいた医療であり，治療効果が一定ではない．エビデンスを積み上げて確立された医療行為とは異なり，信頼性が低い．また，反対に，行き過ぎると健康被害を招くものも確認されている．その意味で，民間医療は危険を伴うものであり，規制されるべきであるという意見が出るのは頷ける．だが，民間医療は一概に規制されるべきではないのではないだろうか．民間医療にも，患者からのニーズがあると考えるからである．

　病院で一番多い不満は，待ち時間のわりに診察時間が短いということだろう．民間医療では，多くの場合，予約制であり，待ち時間はほとんどない．丁寧な問診の後に，マッサージや針灸などの治療をじっくり受けられる．さらに，治療の間には，世間話や痛みについての不安などを相談することも可能である．アフターケアも手厚い．時間をかけて丁寧に対応してもらえることが人気の秘訣であろう．患者の満足度も高く，痛みや体力低下に対する不安感を取り除くことができる．特に，膝の痛みなど，対処療法しかできないような症状で，整体や針灸を希望する患者も多いという事実が，これを裏付けている．

　しかし，民間医療は保険がきかない場合が多い．そのため，医療費が高額になってしまう．医療機関で治療を受ければ，患者は保険が効くため，3割負担などで医療行為が受けられる．金額を取るか，不安解消のための手厚いケアを取るかは，患者の選択にかかっていると言える．

　民間医療が規制されると，患者にとっては選択肢が減ってしまう．病気の患者が求めるものは，病名の把握と治るための治療だけではないのである．体調の悪化に伴う不安や気分の落ち込みを解消したくて，助けを求める場合もある．様々な患者のニーズに答えられる場を確保するためにも，民間医療を一概に規制することには反対である．

＜解説＞

　Yes/No型である．

　「民間医療が規制されるべき」(Yes)，「規制されるべきではない」(No)の2つの立場を対立させている．結論は，「規制されるべきではない」(No)の立場である．

　第1段落では，「民間医療が危険を伴うものである」という点を挙げ，規制されるべき(Yes)という立場に理解を示した．第2段落では，規制されるべきではない(No)という立場の根拠として，「待ち時間が長い割に診察時間が短いという病院への不満」とそれを解消する「民間医療の利点」を挙げた．すなわち，民間医療は患者ひとりひとりに対する手厚いケアが売りである．

　第3段落では，「民間医療の弱点」として，「保険適応外の治療にかかる高額費用」を挙げている．最後の第4段落では，以上をまとめて，「患者の様々なニーズに応えられるよう選択肢を残す必要性」を訴え，民間医療が一概に規制されるべきであるという意見を牽制し，結論とした．

［明石雅子］

【問16】千葉県市川市の胡録神社のお祭りで配られる笹団子の笹を煎じて飲むと風邪をひかないと言われている。問15を参照しつつ、「9-1 土着文化の生き残り方」を読んで、この風習を迷信として子どもに教えることの是非を論ぜよ。

<解答例>

「胡録神社のお祭りで配られる笹だんごの笹を煎じて飲むと風邪をひかない」ということに、科学的な根拠はない。しかし、私は子どもにこの風習を、最初から迷信として教えることには賛成できかねる。

毎年7月14日に催される胡録神社の祭礼は、200年以上の歴史がある。主催しているのは、地域の自治会である。「笹だんご」は、境内で大切に栽培された笹に、地域の方の手作業で、小さくちぎった紅白の餅がつけられたものである。笹はトラック一台分、つける餅は75キロにも及ぶ。この笹だんごを求めて、毎年大勢の人が訪れる。出店する露店の数も200店舗以上で、長年大切に受け継がれてきた、地域最大の祭りなのである。

「笹だんご」は、参拝者に無料で配られる。つまり、今年も無事に祭りを開催できたことを参拝者同士で喜び合うためのツールなのである。「笹だんごの笹を煎じて飲むと風邪をひかない」ということが迷信だからと言って、「笹だんご」をいただかないで帰るのは、祭りの楽しみを半分損したようなものだ。実際に効くか、効かないかよりも、「笹だんご」が祭りの一部であることの方が重要なのではないか。

しかしながら、家に帰った子どもが、笹を煎じて飲みたいと言い出したら、話は別かもしれない。ただ、笹だんごの笹を煎じて飲んで、病気になったり、熱病が悪化したりするというような実害はないのだろう。そうでなければ、200年も同じ風習が続くはずもない。そう考えて、煎じて飲ませた後、風邪をひいたら、今度こそ真実を告げる必要が出てくるかもしれない。様々なケースが考えられるが、子どもには、まず祭りを楽しむことを体感してもらいたい。文化が科学的真実だけで成り立っているわけではないことを体得する良い機会とも思われる。

<解説>

厳密ではないが、Yes/No型である。

「迷信として子供に教える」(Yes)立場と、「迷信として子供に教えない」(No)立場を対立させた。結論は、「最初から、迷信として子供に教える必要はない」と若干ニュアンスを付けたNoである。

第1段落では、Noの立場を表明した。第2段落では、祭りの説明を加えた。「胡録神社の祭礼」が200年も続く歴史の古いものであること、「笹だんご」が「参拝者へ無料配布される」ことを情報として提供した。ここから、第3段落では、「笹だんご」の意味を考察している。「笹だんご」の笹が効くのか効かないのかが問題ではなく、祭りの一部であることを強調した。第4段落では、子どもからの追及を想定した。

最後は、祭りに参加することで、子どもに教えたいことについて考察し、締めくくった。科学的根拠に基づいて白黒はっきりさせることを教えたいわけではない場合もある。科学と非科学は互いを排除しないことで、文化を形作っているのである。

[明石雅子]

【問17】「6-3　ネット上の匿名性の諸問題」を読み，小中学生や高校生に対してLINEなどのネットコミュニケーションを禁止する，という規則を設けることに賛成か反対かを論ぜよ．

〈解答例〉

　近年，いわゆるネットいじめが深刻な社会問題となり，ネットはいじめの温床とまでいわれている．ネットコミュニケーションを禁止すべきだとする声もあるが，しかし，ネットいじめはあくまでも学級でのいじめの延長にある．したがって，ネット利用それ自体を禁止したとしても何ら解決にはならず反対である．

　生徒たちにとって，一番不安な時間とは何か．それは，一番くつろげるはずの入浴の時間だという．なぜならば，携帯を手にとって，誰かとつながっていることが確認できない，あるいは嫌がらせの書き込みがあるかもしれない，あるいはまた「既読無視」をされているかもしれないからだ．かつてのいじめは，ひとたび学級を離れて家庭に戻るならばそこでいじめを受けるということはなかった．だが，現在は，LINEなどのSNSアプリの進化によりいじめは家庭に戻ったとしても教師や親の目が届かない所で延々と続く．いわばフルタイムの緊張状態に生徒たちはおかれ，時として自ら命を絶つ事件も起こっている．ネットはいじめの温床として禁止すべきだという声も少なくない．

　しかし，ネットという情報技術の発展それ自体が，人をして急にいじめをさせるのだろうか．否，実際のところ学級でのいじめの構造を温存したままネットではいじめが行われているという．したがって，ネットいじめとはあくまでもいじめの一手段であり，学級でのいじめの延長上にある．ネットがいじめの温床なのではなく，現実の学級こそが温床なのだ．ゆえに，ネットの利用自体を禁止したとしても解決にはならず，むしろ学級で起きている「助けて」のサインをいかに敏感に感じ取れるかが重要だ．

　以上の理由から，ネットコミュニケーションの禁止には反対である．昨今のいじめは被害者と加害者が容易に入れ替わりやすい．被害者のみならず加害者の不安や孤独といった「助けて」のサインにいかに寄り添えるかということが大きな課題となるだろう．

〈解説〉

　Yes/No型の論理パターンである．

　イントロで，ネットいじめの深刻化をひきあいにYesの根拠とする一方，しかしそれが学級の延長上で行われており，ネットの利用禁止自体には意味がないことをNoの根拠として提示している．

　第2段落では，かつてのいじめと対比し，現在のいじめが情報技術の進展により，学校空間を離れてなお生徒たちを追いつめている状況を示し禁止の声が上がる根拠としている．

　第3段落では，情報技術の進展によって突如としていじめが始まるわけではなく，むしろ学級でのいじめの構造を温存したままにネット空間でもいじめが行われている点に注目する．ネットの利用を禁止するよりもむしろ，現実の学校生活において生徒たちの「助けて」のサインに気付くことが重要であると主張している．

　最後に，昨今のいじめは被害者と加害者が入れ替わりやすい点を指摘し，被害者同様，加害者の「助けて」のサインにも気付くことが肝要である点を課題として提示している．

［米田祐介］

【問18】問17に対し，「6-2　検索エンジンと情報操作」を参考にして別の観点から答えよ．

<解答例>

若年層に対して，ネットでのコミュニケーションを禁止する規則を設けるという案がある．トラブルの手段を規制することで問題の発生を未然に防ぐという発想であろうが，単純に手段を制限することで状況が改善されるとは考えられない．禁止規則の制定には反対である．

まず，トラブルを理由としてある対象を規制する場合，トラブルが対象に由来するものであるのか，他に原因が求められるものであるかの識別が必要である．規制により防ぐことができるのは，規制の対象が直接的に原因となっている場合に限られる．「ネットいじめ」はそのシステムが登場するまでは発生のしようのなかった問題である．しかし「いじめ」という問題は，ネットの利用を規制したとしても消滅する保証はない．むしろ，目につく部分を規制することで本質が見過ごされ，別の方向で悪化することも考えられる．

状況をネット上の問題に絞ったとしても，たとえば規制をかいくぐる技術に対処することは現実的に不可能である．悪意を持った利用者が攻撃を意図して技術を高めた場合，現在把握されている以上に深刻な事態が生ずることは容易に想像がつく．たとえば，ネット上には，検索結果を有利にするための各種の手法が用いられている．有利にする方法があるということは，検索を困難にすることも可能である．問題を隠蔽し，トラブルを不可視化された場合，はたしてどれだけの対応ができるだろうか．

新出のトラブルに際した場合，有効な手段は規制ではない．問題がそこに生じ得ることを周知し，技術的に対処法を身につける方向に進むべきであろう．ここでいう技術とはシステム的なものに限らない．言語の表現，読解の技術もそこには含まれる．書き込まれる表現がどのような意味を持ち得るか，あるいは，どのような誤解を含み得るかを吟味する技術を持っていれば，ネット上にあらわれる書き込みの類に対して冷静に対処することができるようになるはずである．

<解説>

Yes/No型である．

イントロでは「規制」(Yes)の根拠として「トラブルを未然に防止する」点を挙げ，続いてその根拠が不安定であることを示した上で「禁止規則」への「反対」(No)を述べた．

第2段落は，「規制の対象」と「問題」がどのような関係にあるかを説明している．規制を行っても，問題の原因が別にあれば，結果として問題が解決しない，との主張である．

第3段落は，「ネット上の検索」を例として，規制をかいくぐる技術は必ず生まれること，規制によって「悪意を持った利用者」の技術を助長してしまう可能性を挙げている．

最終段落はイントロの繰り返しに近いが，2つの段落の説明を元に，具体的な提言を含んでいる．

賛否を問う問題は扱いやすいが，参照する例や話題によっては話題は複雑になる．例の組み立て方の練習を行ってほしい．

[千金楽健]

【問19】「6-4 知的所有権」を読んで、2005年に田嶋・T・安恵が同人誌に『ドラえもん』の独自の「最終話」を発表した行為は正しいのかどうか自分の見解を述べよ。

＜解答例＞

　田嶋・T・安恵による同人誌上への『ドラえもん』「最終話」発表に関して、その行為が正しいか否か、という問題がある。事件そのものが著作権者からの申し立てによって謝罪ならびに撤回という結果に至ったため、一見すると行為は正しくなかったように考えられる。しかし、その全てが正しくなかったとまで断定することはできない。

　マンガ作品にとって、キャラクターの絵柄はその作品や作者と結びつく重要な要素である。この件では特に、絵柄の類似と、作品世界の設定が真作と紛らわしく誤解を与える可能性がある、という点が問題視された。実際にそのように誤認したという例があったとすれば、原作者または著作権管理者の立場上、収入などの利益の面を除外したとしても、作品の同一性保持の観点から、認められるものではない。また、この「最終話」が大規模に流布され、影響力が大きかったことも同様に問題とされた。

　一方で、先行する作品に対して独自の続編を創作すること、あるいは、パロディなどの手法を用いて他者の作品に対して見解を示す、といったことは歴史的にも広く行われてきたことである。仮にそうしたある種の模倣を含んだ創作活動を包括的に禁止したとすれば、作品創作という行為そのものが大幅に縮小することになりかねない。単に萎縮するということに限らず、各種の作品は先行する作品に少なからぬ影響を受けるのが当然だから

であり、影響を全て排除することなどできようはずがないからである。

　田嶋の「最終回」は真作であることを騙ったものではなく、当初から模作であることが示されていた。皮肉なことに、その完成度の高さから、著作権のうち、同一性保持権に抵触してしまったのである。したがって、田嶋の「最終回」が正しくないとするならば、模作を創作し、発表したという行為ではなく、発表形式の配慮不足と中身の絵柄のあまりの類似という点のみに絞られるべきであると考えられる。

＜解説＞

　Yes/But型である。

　実際の事件の経緯を元に「正しくない」（Yes）と結論を述べた上で、「全てが正しくないわけではない」（But）の条項を付け加えている。この内容が続く段落で説明される。

　第2段落は「正しくない」の根拠に当たる説明である。知的所有権の観点から、権利を侵害したと見なされる部分がどこであるかをまとめ、イントロのYesを補強している。

　第3段落は、「独自の続編を創作する」という点に絞り、Butにあたる内容を説明している。件の「最終回」について、権利の侵害に当たらない部分を指摘した。

　2つの段落で挙げたYes/Butを繋ぎ、「正しくない」部分が発表形式と絵柄に限られるものであると主張したのが最終段落である。

　このような部分否定になる論題は取り扱いがやや難しい。ただし、練習としては、複雑な事情を取り除いて、Yes/Noのパターンで論を組み立てることも可能である。

［千金楽健］

【問20】「6-1 ポストグーテンベルク時代の情報リテラシー」を読んで，ネットという媒体の発展によって問19で取り上げたような知的所有権の問題に変化があるかどうか論ぜよ．

＜解答例＞

「ポストグーテンベルク時代」を迎えた現在では，情報伝達の量と速度とがそれ以前とは比較にならない規模で増大している．ネットを介した各種の作品のやりとりが盛んになれば，知的所有権に関する考え方や対処法にも新しい観点が必要となる．しかし，その変化はあくまでも一部に限られ，著作権に代表される権利そのものへの見方が大幅に変わるとは考えにくい．

映像作品や音楽作品の「海賊版」が流通することはネット社会の到来以前から頻繁に見られた現象である．もちろん，複製を繰り返しても劣化しないデジタルデータの性質，ネットによる伝達の即時性やほぼ無限定ともいえる広大な拡散範囲といった点は，それまでとは比較にならない．しかし，「海賊版」が作られ，流布するということが知的所有権の侵害である，という点は規模に関わらず同一である．この種の権利侵害を防止する手段はあくまでも防止技術の確立に依存するものであり，知的所有権の整備にあるのではない．

パロディや類似作品を創作する方法はコンピュータ技術の発達によって高度化し，また，だれしもがその作品を発表する機会と手段を持ち得ることとなった．しかし，問題の核心は，ある作品が知的所有権を侵害しているか否か，または，どこからどこまでの作品が許容され，どこからが許容されないか，という境界線の設定にある．こうした境界線をめぐる問題は，デジタルメディアの発達に限らず，作品の創作，発表，受容という形態がある限り，どこでも起こり得る．判断の妥当性がどこに由来し，どの部分がどのように良いか悪いかの判断は，あくまでも関わる人間の知識と判断，時には感性に関わることである．

以上のことから，ネットの発達に伴って知的所有権に関する問題は周知の範囲が拡大し，新技術に伴う対策などは常に起こり得るであろうが，根幹は大きな影響を受けるものではない，と考える．

＜解説＞

Yes/No型である．

イントロでは「ポストグーテンベルク」というキーワードを元に，それ以前と以降の変化を簡単に述べ，「知的所有権に新しい観点が必要」（Yes）という主張と「大幅に変わるとは考えにくい」（No）を挙げた．

第2段落は「海賊版」を例に，知的所有権の侵害が以前から行われていたものであることを示した．規模などの点では「ネット」の影響は大きいが，その点はあくまでも技術の問題であって，知的所有権の根幹とは関わりがない，という主張である．

第3段落は，知的所有権の判断が「人間の知識と判断」または「感性」によって線引きされるものであることを主張している．

これらをまとめてイントロの主張を繰り返したものが最終段落である．

この論題は例の組み立て方によって，逆の主張を述べることができるはずである．

［千金楽健］

【問21】「7-1 憲法を変えてはいけないのか」を読み，集団的自衛権が閣議決定のみで合憲と決定されたことは憲法の精神に反するか否か述べよ．

＜解答例＞
　内閣は国民の生命・安全への責務があるから，必要があれば閣議決定で集団的自衛権を合憲とすることは可能だという意見がある．しかし，これまで政府は一貫してそれを違憲と説明してきた．一政権の恣意的な解釈による変更は憲法の精神に反すると考える．
　国家は人権保障のための主権を持ち，それを維持する権利として自衛権を与えられている．そう考えれば，あらゆる国家には必然的に自衛権が認められる．また現在の国際情勢を考えれば，一国のみで自国の主権を維持することは極めて困難なため，集団的自衛権を容認する必要がある，というのが賛成派の主張であろう．
　しかし閣議決定は，内閣の統一見解を表明する手段の一つに過ぎない．そもそも憲法の精神，立憲主義は，法による権力の制限を意味する．なぜ法が権力を制限できるかというと，法はあらかじめ作られ，明示され，共有されるからである．権力暴走の原因は権力の恣意的な行使であり，権力者の好き放題にさせないために明示されたルールで縛り，逸脱を監視するのが法の支配である．政府は一貫して集団的自衛権は憲法違反であると説明してきた．それは政府の「公約」であり，日本ではその考え方が慣習法として定着し，その前提で様々な法律や政策が作られ，機能してきた．しかし昨日まで違憲と表明してきた事柄を，突然合憲と言い換えることは，今までの政府の政策を否定し，法の支配すら否定する行為である．もしこれが許されるなら，次の内閣が「やはりあれは違憲だった」と変更することも認められ，政策への信頼や法的安定性は完全に失われてしまう．
　憲法の精神とは権力の恣意性を排除するための法の支配を意味する．政府が国民に示した約束も一つの「法」であり，それを自ら破るような今回の閣議決定は，権力の恣意的な行使に他ならない．ゆえにこのような閣議決定は明らかに憲法の精神に反し，政府による危険な行為といえるのである．

＜解説＞
　Yes/No 型の論理パターンが該当する．
　閣議決定という明記されない手続きによって憲法の内容を変えることの是非を論述した．冒頭で閣議決定で集団的自衛権を合憲とすることは正しいという意見（Yes）を紹介し，それでは過去の政府見解との整合性がなくなる（No）としてその反論を簡潔に提示した．
　第2段落では賛成意見の根拠をより詳細に展開し，典型的な主張として，昨今の世界情勢においては集団的自衛権が緊急に必要であるという考え方を紹介した．
　第3段落では反対意見の立場から，世界情勢という抽象的な根拠だけで憲法解釈を変更することの論理的矛盾を指摘する．また人が政策に従うのは，それがあらかじめ決められたルールに基づいて作り出され，それ以外の恣意的方法で変更されないという信用社会の構造を根拠としているからであるとして，権力の暴走を防ぐ法の支配をおろそかにしないという考え方に沿って論理を展開した．
　最後に，過去の政策との首尾一貫性や，国民に対する説明責任を果たさない政府の行為は，憲法の精神に反するだけではなく，危険な独裁的行為であることを補足して完結させた．

［松村比奈子］

【問22】問21を参照し、さらに「2-4 軍隊は何か守るのか？」を読み、憲法9条改正に賛成か反対かを論ぜよ。

＜解答例＞

　自民党の憲法改正案は、現在の複雑な国際情勢を考えれば武力行使の容認は正しいという考えに基づく。しかし日本国憲法の三原則は、国民主権・基本的人権の尊重・平和主義であり、そのような改正は平和主義のみならず立憲主義の否定につながると考える。

　現在の日本国憲法第9条は、第1項で戦争と武力の行使の放棄を、第2項で戦力の不保持と交戦権の否認を定める。自衛隊は、政府によれば戦力には当たらず合憲とされる。しかし安倍首相は2013年にテレビの番組インタビューで、「われわれは9条を改正し、その（自衛隊の）存在と役割を明記していく。これがむしろ正しい姿だろう」と述べた。自民党憲法改正案では、戦争の放棄という文言は削除され、国防軍の創設と自衛権の明記が盛り込まれた。2014年、安倍内閣は閣議決定により集団的自衛権を認めたが、その理由について、安倍首相は「日本を取り巻く安全保障環境の大きな変化を踏まえて」と5月の記者会見で説明した。今まで自衛権は日本が直接不正な侵略行為を受けた場合に限るとしてきたが、安全保障環境の悪化のために、集団的自衛権を認めなければならなくなったという。

　しかし、それはおかしい。日本は戦後70年間、一度も自衛権に基づく武力行使をしていない。北朝鮮に日本人が拉致され、拘束されていることが明らかになってもなお、政府は自衛権を発動してはいない。個別的自衛権さえ発動の必要がないのに、なぜ集団的自衛権が必要なのか。9条に自衛権や国防軍が明記されていないために、あるべきはずの日本の安全が失われた事実はどこにあるのか。

　安倍首相は2014年、今まで政府が違憲としてきた事柄を合憲と言い換えた。その首相が国防軍の指揮を持つと改正案はいう。権力を握る者が恣意的に行使しないよう歯止めをかける手段が、自民党の改正案にはない。立憲主義の本質に照らせば、憲法9条を改正することはむしろ権力の暴走を進めるものでしかない。

＜解説＞

　Yes／No型の論理パターンが該当する。

　平成24年に作成された、自民党改正案を具体的な題材として、武力行使の賛否を論述した。イントロ部分では、国際情勢の変化による武力行使の容認は正しいという賛成意見（Yes）を紹介し、そのような改正は、平和主義のみならず立憲主義の否定につながる（No）とする反論をあわせて簡潔に提示した。

　第2段落では賛成意見（Yes）の根拠をより詳細に展開し、現政権の見解を参考に上げて、世界情勢を根拠とした集団的自衛権に基づく武力行使の必要性を紹介した。

　第3段落では、武力行使の必要性を理解するための世界情勢が具体的に提示されていない問題点を指摘する。同時に、従来の平和主義が過去の日本の安全を脅かした事実の不存在も明示し、反対意見は性急であるとして、Noの根拠を明確にした。

　最後に、過去の政策との矛盾や、国民に対する説明責任を果たさない内閣に軍隊の指揮権を与えれば、日本の安全推進どころか権力の暴走につながる大きな危険性があることを補足して反対意見を完結させた。

[松村比奈子]

【問23】「7-2 近代人にとっての民主主義と人権」を読み，キリスト教に基盤を持たない日本が民主化に成功したか否かについて述べよ．

<解答例>

　民主主義は西洋のキリスト教とその成果である近代思想に由来するものである．日本はキリスト教を基盤として持っていないため，日本の民主化は成功していないとする主張がある．しかし，現在の日本の現状をみると，民主化が成功していない，という主張には無理があると言わざるをえない．

　たしかに，民主主義の根底となる個人の平等や自由，またはその行動規範などはキリスト教と宗教改革以降の歴史的な流れに由来するものである．しかし，民主主義と同様，資本主義もまたキリスト教，特に宗教改革以降の倫理観や行動規範によるものであるならば，「キリスト教の基盤を持たないゆえに民主化は成功していない」と同様に，「資本主義も成功していない」ということになってしまうだろう．基盤がどこにあり，どこから派生したものであるかという歴史的な文脈を理解することは必要であるが，それは根源と現在の事実とを対比することとは別の問題である．

　日本の民主主義が西洋のものとは異なるという指摘には一定の説得力がある．特に個人の権利や行動規範に関して，日本では不完全と言える面がある．これは明治以降，繰り返し議論されてきたことでもある．しかしその分，日本では政策が政教分離の問題や，宗教に由来する行動規範，道徳，といった諸問題に晒されることはほぼ無い．宗教的な基盤から切り離されたことで，根源にまつわる難問を回避することができた，と見なすことができるのである．つまり，日本においては，西洋で展開されたキリスト教を基盤としたものとは別の形態での，言うなれば日本式の民主化が達成された，と見るべきなのではなかろうか．

　ゆえに，日本での民主化は成功していると考えるべきである．民主化の理想像がどこにあるにせよ，それは常に試行錯誤を繰り返して考えつづけるべきものである．西洋における民主化がどのようなものであるか，何が不足であるか，根源を参照することは有用であろう．

<解説>

　No/Yes型である．

　民主主義がキリスト教に由来する点を確認した上で「民主化が成功していない」（No）と「成功していないという主張には無理がある」（Yes）を並べている．

　第2段落は，「成功していない」という主張の根拠である「日本がキリスト教の基盤を持たない」点を取り上げながら，その論理に従えば「日本は資本主義ではない」が導出されることを示し，論理的な矛盾を突いた．

　第3段落は，「日本式の民主主義」という観点を挙げている．キリスト教に直接関係しない日本の社会では，西洋諸国が悩まされる問題が必然的に回避されるという主張である．

　最終段落では，主張を再度述べた上で，西洋における民主化とその根源を考えることの有用性を述べて全体をまとめた．

　第2段落がやや論理的なトリックに見えるかもしれないが，論理の筋を追うことも論題を考える上では必要である．これらを参考に，逆の主張を試みてほしい．

［千金楽健］

【問24】問23を参照し、また「2-2 二大政党制と多党制」を読み、二大政党制でも多党制でもなく自民党の政権が長く続く日本で本当に人権が守れるのか否かについて述べよ．

<解答例>
　長期にわたって単一の政党が政権を維持し続ける場合，その施策に不利益，または，少なくとも重要でないと見なされた案件が軽視されることが起こり得る．政策決定のプロセスを考えれば一党体制下では人権が守られないのではないか，という懸念は理解できる．しかしそのために人権が守られない，とまで言うことはできないだろう．

　日本の場合で言えば，自民党による政権が長期にわたって続き，実質的には一党体制と呼べる状況である．こうした状況では，多数派を形成する与党に対する批判の有効性が損なわれる．人権に関わる意見が，少数派であるために取り上げられないまま審議されるという可能性は十分に考えられる．しかし，あまりに無理のある施策が実施されれば，政権交代が起こる可能性は十分にあり得る．実際に，政権が否定され，交代した例はある．

　人権を保障するためには法制度の整備や国家や地方自治体の行政の力が不可欠となる．制度の不備を指摘すること，保障の不完全さを指摘することは容易だが，その原因を一党体制に帰するのは無責任ではなかろうか．日本の場合，一党支配は制度として定められているわけではなく，あくまでも投票による結果であることを忘れてはならない．また，日本の状況を考えると，二大政党制が社会的な背景を持たないということは，選挙の結果が政党そのものよりも，そこに属する候補者個人に対する興味が大きく関連するということでもある．これは同時に，一つの政党の内部に複数の意見が含みこまれることを意味する．

　理想の上では，常に政権の交代が考えられる二大政党制，あるいは多党制といった状況が望ましい．しかし，現状でそうでないのならば，どの人権がどのように守られるべきであるか，まずそれを具体的に提言することが第一である．その上で，どの候補者を選ぶかを考えれば，現実的には一党体制であるとはいっても，十分に意図を達成することができるはずである．

<解説>
　Yes/No 型である．

　イントロではまず「一党体制下では人権が守られないという懸念」に対し「政策決定のプロセス」から Yes を述べ，続いて「守られないとは言い切れない」と No を示した．

　第2段落は，主に Yes を支える根拠を述べている．少数派の意見がいかに通りにくいかがその例である．その上で，現実に「政権が否定された」ことも取り上げ，No の主張に繋げる準備をしている．

　第3段落は，日本の政治状況を参考に，「一党支配は制度として定められているのではない」という点，また，選挙では「候補者個人に対する興味」が重視される現状を踏まえ，「一つの政党の内部に複数の意見が含まれる」可能性を示唆している．

　最終段落はこれらをまとめ「一党体制」でも，一定の条件が満たされれば人権は守られ得る，との結論を述べている．　　　　［千金楽健］

【問25】「8-1 遺伝子操作とエンハンスメント」を読んで，遺伝子組み換えによるエンハンスメントに対して賛成か反対かを論ぜよ．

<解答例>

　遺伝子組み換えによるエンハンスメントには反対である．人間が科学技術によってよりよい未来を追及するのは分かるし，反対もしないが，遺伝子組み換えによるエンハンスメントはやりすぎだと考えるからである．

　先ず，エンハンスというのは拡張することであり，本来備わった能力を遺憾なく発揮するように努めることである．この意味で，勉強することも体も鍛えることもエンハンスメントである．勉強することにより知力が，体を鍛えることにより体力が向上する．これは悪いことではなくて，むしろいいことである．それ以上に，エンハンスメントそれ自体は追求されるべき善だと言える．というのは，人間は自らの持つ能力を十全に発揮できた時に，幸せになれると思われるからである．

　では遺伝子組み換えによるエンハンスメントも許されるのではないか．確かにもし安全にできるというのならば，許されるかもしれない．しかしそうすると，今度は歯止めが利かなくなってくる．テクノロジーの進歩により，人間が到達できる限界がどんどん更新されてゆく．知能指数も筋力も，現行の人類の平均値の数倍になるかもしれない．それどころか，肉体を完全に改造して，天使のごとく体に翼を生えさせ，空を自由に飛ぶというようなことも可能になるかもしれない．この未来では，現在の我々のような人間の方が少数になっているかもしれない．

　しかしこれが望ましい未来なのか，大いに疑問である．自己を向上させ，能力の限界を追求するのは人間にふさわしい生き方ではあるが，自然の進化過程ではありえないような怪物に変化するのは，やはり醜悪なのではないか．技術発展は望ましいが，人間的な美を損なうようになってはいけないのではないか．遺伝子をいじらずに自然のままにしておくというのは，人間が人間らしい美質を保つための前提条件ではないか．遺伝子組み換えによるエンハンスメントには反対すべきではないだろうか．

<解説>

　No/But 型である．

　反対ではあるが，一方的に反対なのではなく，賛成意見にも理があるが，それでもなお反対だという論理構成である．科学技術を生活に役立てたいというのはもっともだが，この場合はやりすぎだという論旨である．

　第2段落ではエンハンスそれ自体は悪いことではなくむしろいいことであり，人間は自己の持てる能力を十全に発揮してこそ幸福になれると提起する．

　第3段落では，ならば遺伝子組み換えによるエンハンスメントも許されるのではないかという反論を提起する．これに対して，もし許されれば歯止めが利かなくなり，異常な世界が展開されるのではないかという疑念を提示する．

　最終段落では，以上の議論を受けて，バランスのある結論を提起しようと試みる．一方でエンハンスメントそれ自体は望ましいが，他方で遺伝子組み換えのような，生物進化の過程を飛び越えるような不自然なレベルでのエンハンスメントの追求は行き過ぎではないかという結論である．

[田上孝一]

【問26】問25を参照し,さらに「8-2　優生学と人間」を読んで,優生学の観点から論ぜよ.

＜解答例＞

　エンハンスメントの問題に関連して,『ガタカ』というSF映画の話がある.知力,体力の面で遺伝子操作がどの程度介入するかによって,人の優劣が生まれる前から決定されている世界である.それは子ども自身が努力する前から,その子どもの親の財産や権力によって,生まれながらにして決定されてしまう前近代的身分制度に等しい.

　あるいは近代教育制度が求めたように,出身背景を問わず画一的に優れた国民をつくりだすことも可能かもしれない.家族単位ではなく,国家が学者や兵士に適した人間をつくりだす.財産や私的な権力に左右されず,必要な数だけ必要な人間を生み出す.それは国家が全体計画によって行う分,誰もが全体社会の中で役割分担するのみで,優劣などは意識しないような社会が訪れることもあるかもしれない.しかし思想信条まで出生前に遺伝子操作によって統制できるわけではないため,このような改造は結局,個人にとって強制となる.そしてそのとき,「8-2　優生学と人間」にあるように,国家が劣った人間を排除して優れた人間を求めた優生学の歴史を振り返らざるを得なくなる.

　たとえば,格差の再生産を国家が是正するためにエンハンスメントに補助金を出し,いわば社会福祉の一種としてそれが行われるならば,エンハンスメントは家族や個人の選択の範囲内で一般化するであろう.その時は国家が強制するのではなく,社会が全体的にエンハンスメントを「自由選択」することになる.優生学の発想が公的な福祉資金の費用対効果の思想でもあったように,エンハンスメントされた人間は様々な障害や病気に対する医療コストの削減と連動するかもしれない.そうすれば,エンハンスメントを望まない人の医療体制はないがしろにされてしまう.

　以上のことから総合し,私は遺伝子組み換えエンハンスメントについて反対の立場をとりたい.それは格差,国家的統制,費用削減の論理によって個人の生命を犠牲にしかねないからである.

＜解説＞

　分析・推論型である.

　エンハンスメントの問題の中でも社会のあり方についての未来予想について,優生学の歴史を当てはめて分析や推論を進めた上で,大きな懸念から最終的にNoを示した.

　第1段落では映画『ガタカ』について絞り込んで紹介した.自由主義的な社会の経済格差や,権力の格差がエンハンスメントによって身分のように固定しないかということである.

　第2段落ではその全く逆の方向ながら,やはりエンハンスメントが個人の自由を国家統制という形で奪うのではないかと批判した.

　第3段落は第1と第2の選択肢の間をとるようでいながら,これもまた個人の生命にとって危機となり得る国家体制とエンハンスメントとの関係を述べた.それはやはり優生学における国家による生命コストの配分という発想に基づいている.

　第4段落において,上記の分析を総合した結論を述べている.導入から結論を述べるのもよいが,ここではエンハンスメントによる第1と第2の社会のあり方,加えて第3の可能性から,いずれにも危険性があることを考察した上で,シンプルに結論をまとめるのが適当だと思われる.

［楠　秀樹］

【問27】「8-4 障害児の出生調整」を読んで，出生前診断で障害のあることがわかった胎児を人工中絶してしまうことについて賛否を述べよ．

＜解答例＞
　私は出生前診断によって障害のある胎児を人工中絶することに賛成する．たしかに人工中絶によって失われる生命に対して躊躇がないわけではない．しかしこのような医療技術が存在するということは，今すでにこの世に生きる人間にとって必要であるという一つの帰結であろう．たしかにこれから生を受ける存在にとっては不公平かもしれないが，私は今生きている人間の選択を優先させたい．
　古来より人類は自分の望み通りの子をもうける方法を考えてきた．今ある技術は人間の歴史的営みの一部に過ぎないと捉えることができよう．現在の新型出生前診断においては99％という確率でダウン症などの遺伝病が検知できると言うではないか．しかも妊婦に負担をかけず，考える時間も十分にある．経済的負担にも関わってくる．また晩婚化と高齢出産がここに関わっていると課題文にもある．我々の社会の進歩は，結婚と出産の時期を遅らせたものの，それを技術で補うことでうまく機能するのである．
　しかしこのことは出生前診断によって障害児である場合に人工中絶が必至であると言いたいわけではない．実際には課題文にもあるように，障害が判明した場合に中絶する人がほとんどであった．しかし54人に1人が悩んだ末とはいえ産むのであれば，検査はあくまで検査であり，その結果によって「知ること」が尊重されるべきだというのが私の立場である．自分の妊娠と出産に対する不安，その後の生活に対する不安を解消するというのは中絶という選択肢においてばかりでなく，障害児の生命を受け容れる生活の用意のためにも必要なのではないだろうか．
　したがって技術の存在が障害児の存在を否定するという課題文における主張も理解できるものの，技術そのものを差別と決めつけ，否定することは，無条件に障害児の中絶を選択させる優生学同様，産む主体である女性の自己決定を損なうことになるため，私は出生前診断や中絶の存在そのものは肯定する．

＜解説＞
　Yes/But型である．
　課題文そのものは新型出生前診断を含めた出生前診断による障害者自身の人権の問題からアプローチしていることがわかる．しかしこれに対して産む女性の側からの声，彼女たちの自己決定はやはり尊重されるべきではないかというのがここでの趣旨である．もちろん，はたして「自己決定」と言えるのかというのはさらに議論すべき点ではあるが，少なくとも「知る権利」として技術そのものの存在を肯定してもよいのではないかというYesである．
　「しかし/But」，課題文そのものの障害児の中絶が「当然」，「必至」となるという懸念そのものには首肯しており，技術に対する楽観と言われるかもしれないものの，1つの権利や原則として言えるところではないかというのがこの議論である．
[楠　秀樹]

【問28】問27に対し、さらに「3-2　貧困と社会保障」を参考にして、別の観点から答えよ.

<解答例>

「8-4　障害児の出生調整」にあるように、新型出生前診断においてダウン症はその対象とされている。ダウン症が知的障害を持ちつつ長生きする可能性がその原因としてあげられている。すなわちこれは生活の面倒をみる期間の長さ、生活費の問題であり、親の自己負担や国の社会保障負担の大きさを一回の中絶コストによって解消しようという作為を問題視しているのである。

かつてナチス・ドイツは、知的障害者たちを認知症高齢者とともにガス室で殺害した。それまでにナチスは、たとえば人種政治月報に広告を載せている。知的障害者の後見をする健康で美しいドイツ人青年のイラストとともに、「このような遺伝病者を養うために、国民同胞は生涯60,000マルクの費用を支払っているのである」と書いてある。いわゆる優生学的な見地というより、ここでナチスは福祉コストの配分として、障害者の存在を許容するかどうか国民に問いかけているのである。

時は移って2008年、オーストラリアに移住しようとした医師がいた。そのころ同国では医師が不足していた。しかし医師の子息がダウン症であることから、政府は医師移住のメリットとダウン症障害者の福祉コストを計算したうえで移住を拒否した（後に認めるが）。またイギリスで母体血清マーカーテストという出生前診断を広めたハワード・カックルも、ダウン症の生活コストと中絶のコストとを計算したうえでその医療技術を世に提唱した。ちなみにこの技術によって二分脊椎症の子どもが激減したが、その障害を支える医療体制も崩れてきている。

「産んでも育てる経済的余裕はない」という言葉を聞く。国家福祉と社会体制があってこそ妊婦は障害者と生きるかどうかをじっくり選択できるのである。今の不十分な社会保障体制にあって、我々は自己責任や家族負担を強いられ、結局は中絶によって福祉コスト削減を誘導されているのではないかと疑わしくなる。その意味で私は出生前診断に基づく中絶について否定的である。

<解説>

分析・推論型である。

ここでは分析において具体的な例をいくつか挙げている。ただし単に出生前診断の問題ではなく、8-4中の福祉コストに関わる部分を指摘した上で、3-2の社会保障と貧困の問題に触れている。ただし「貧困」というほどではないが、社会保障や福祉をキーワードとした。その上で優生学の話にも関わるが、ここではナチスの例と近年の海外の動向を例として、そもそも福祉の充実や社会的な理解に基づいて障害児を支える社会があっていいはずなのに、新型出生前診断の技術と親や家庭の自己負担の視点によって「自己決定」という名の強制が生じているのではないかと結論付け、Noを導いた。

したがっていわゆる起承転結というより、導入から例示を重ね、自己決定の問題を、その自己が位置付けられている社会構造の問題としてとらえ返して結論に至っている。

[楠　秀樹]

【問29】「9-3 地域経済圏の自立」を参考にし、経済や文化の地域自立を実現するために、政治の中央集権は解消されなければならない、という意見に賛成か反対かを論ぜよ。

<解答例>

これまで地方について「三割自治」などと称されてきた政治の中央集権には反対であり、解消されるべきと考える。ただし、中央にぶらさがるような地方分権の概念をも同時に解消する必要がある。「中央」「地方」概念にかえて「市民主権」「地域主権」を提起する必要がある。

中央集権のメリット、それは何よりもまず国家的プロジェクトのような大規模な事業や政策における上意下達の指揮系統に示される。それは近代化を実現するのに最適な体制だった。しかし、その体制はシステムやメソッドの画一化をもたらし、社会発展の多様化を目指す現代にはデメリットともなっている。中央一極集中のもたらす弊害は、例えば原発エネルギーに現れている。

ところで、「地方」に類する語として「郷土」がある。「地方」は近代的な行政区「地方自治体」の意味合いを含むが、「郷土」は前近代の共同体や中世の郷村制を想起させる。また、「地方」（部分）には「中央」（全体）が対として存在するが「郷土」には「異郷」以外に明確な対概念はない。その上で私たちは、今後は中央を前提にした地方分権でなく、地方から中央へと主権概念を再構成する方向、いわゆる地域主権を提起する必要がある。いまや、文化の領域において、中央を前提にした地方分権でなく、地方から中央へと主権概念を再構成する方向、いわゆる地域主権を提起する新世紀に入っている。

地方自治体が中央政府について改革を推進し、国政を中央集権・官僚主導体制から市民主導に切り替える。市民と議会・行政のコンセンサスの必要性から地方政治を考えていくこと、また、トップダウン（官僚主導）方式の政治からボトムアップ（市民主導）方式の政治への転換をめざしていくこと、その行動はまさしく主権の地域への移譲を意味する。市民主権、あるいは地域主権の確立である。その意味で、私は中央集権には反対である。

<解説>

Yes/But型の論理パターンである。

イントロ部分で、中央集権＝近代化を弊害とみてYesの根拠とする一方、地方の概念にも批判のメスを入れるという対応をButの根拠として提示している。

第2段落では、中央集権を上意下達の指揮系統やシステムやメソッドの画一化とリンクさせて批判している。「三割自治」や「陳情」の言葉どおり、中央（国政）に対して地方政治は従属的だった。

第3段落では、「中央」と「地方」の対概念を解体し、あらたに市民主権、地域主権を提案している。地方から中央へと主権概念を再構成する方向、いわゆる地域主権を提起することになる。

最後に、その市民主権・地域主権を基盤にトップダウン（官僚主導）方式の政治からボトムアップ（市民主導）方式の政治への転換を目指していくことを主張している。本解答例は、いまや中央行政府への参加型民主主義でなく、地域コミュニティでの存在型民主主義（存在それ自体が権利基盤）が求められていると主張しているのである。　　［石塚正英］

【問30】問29および「9-4 地域メディアの役割」を参考にし，経済や文化の地域自立を実現するために，メディアの中央集権は解消されるだろう，という見通しに賛成か反対かを論ぜよ．

<解答例>
　新聞やテレビなどは全国レベルでの情報共有に資しているので，そうしたメディアの中央集権は解消されてはならない，という反対意見がある．しかし私は，IT時代のこんにち，情報共有は中央・地方という垂直方向でなく地域間という水平方向での連結こそ必要条件であるとの認識から，設問に示された意見に賛成する．

　1871年，日本で最初の日刊紙『横浜毎日新聞』が創刊された．翌年には『東京日日新聞』『郵便報知新聞』『峡中新聞（のちの山梨日日新聞）』が創刊された．そして1874年に『読売新聞』が創刊され，1879年に『大阪朝日新聞』が発刊された．その動きは全国新聞の出現を促し，全国紙は，世論形成，国民意識（ナショナリズム）の形成に多大な影響を及ぼすこととなった．その意味で，たしかにメディアの中央集権化は歴史的な役割をもっている．

　しかし，中央集権化は，別の文脈では地方の切り捨てを促進した．埼玉県立図書館の事例をみると，次のようである．1922年に創立された同館は，戦後になって移動図書館を運営し，施設を浦和市（現さいたま市）から熊谷市，川越市，久喜市へと拡大した．県立図書館の県内諸地域への分散であり，好ましいことであった．しかし，21世紀に至って，川越，浦和がサービスを停止し，図書館は再び中央集権化した．地域は時代の要請によって切り捨てられたのである．

　さて，今はユビキタス・コンピューティング，クラウド・コンピューティングの時代である．図書館業務に限らず種々のメディアは，中央を介することなく地域間ネットワークを構築できる．またSNSをもちいて中央と地域との双方向コミュニケーションが可能となっている．よって，私は，メディアの中央集権は解消されるだろうと推測する．

<解説>
　No/Yes型の論理パターンである．
　イントロ部分で，新聞やテレビは全国レベルでの情報共有に資している点をNoの根拠とする一方，ITを介した地域間での情報共有をYesの根拠として提示している．
　第2段落では，メディアの中央集権化は，国民国家の確立，国民意識の形成という近代的・歴史的な役割を持っている点を指摘している．ちなみに，大手メディアは任意組織として記者クラブをつくり，公的機関に対する情報公開の場を確保してきた．
　第3段落では，中央集権化したメディアは，国民国家形成とは別の文脈では地方の切り捨てを促進した点に関して，図書館業務を事例に指摘している．また，上記の記者クラブにしても，公的機関の情報発信源となる可能性があるので地域には要注意といえる．
　最後に，コンピュータリゼーションが進行する21世紀にあって，箱モノ（ストック）としての図書館に対して，電子媒体（フロー）としての図書館が意義を獲得しつつあることを述べている．中央集権至上はもはやアナクロニズムだということである． ［石塚正英］

【問31】「10-2 ボランティアと奉仕の違い」を参考にし、公教育においてボランティア活動を義務化することが正しいかどうか論ぜよ。

<解答例>

ボランティア活動とはそもそも自発的な営みであり義務化には反対である。ただし、それがボランティア学習として、ボランティア精神を涵養するきっかけとなるならば肯定し得る。

1995年の阪神・淡路大震災の復興ボランティアの活躍により、この年は「ボランティア元年」と称され、ボランティア活動の教育的意義が叫ばれるようになった。だが、ボランティア活動が公教育において義務化されるならば、そこには強制力が働き奉仕活動となんらかわらないだろう。それがたんに暑さ寒さに耐えながら宿泊して草刈りなどの作業をする経験であるならば、戦前の勤労奉仕につながる懸念すらある。市民社会の構成員として自発的に社会参画し、社会を批判的に捉え自らが課題を探っていくボランティア活動の理念とはおよそかけ離れたものとなるだろう。

しかし、何かしら社会に関わり貢献したいと考えていても、そのきっかけがなかなかみつからない生徒たちも多数いるだろう。あくまでもきっかけづくりとしての学び、すなわちボランティア学習として構成されるならば有益であると考える。そこでは、やりっぱなしの奉仕活動とは異なり、事前の動機づけの時間、事後の振り返りの時間などを重視し、生徒の気づきや興味・関心を最大限取り上げて進める必要がある。このような条件が整備されるならば、体験を通じて自らの可能性や社会的課題の発見につながり、ひいてはボランティア精神をもって市民社会を形成する一員の育成につながると考える。ボランティア活動の柱となる自発性とは活動を始める要件ではなく、学びの結果として育まれる可能性もあるのだ。

以上のように、ボランティア活動の義務化には反対だが、それがボランティア学習として構成される条件が整うならば肯定し得る。だが、それは教員が一方的に教えるものとなってしまっては本末転倒である。課題として、生徒自らの問題意識を引き出す教員の力量が問われることになるだろう。

<解説>

No/But 型の論理パターンである。

イントロでボランティアが自発性に基づくものであることを根拠に義務化に反対する一方（No）、他方でそれがボランティア「学習」としてきっかけづくりになるならば許容し得るとして But の根拠を提示している。

第2段落では、ボランティア活動が義務化となれば、奉仕活動ないし戦前の勤労奉仕に繋がる危険性があるとして批判し、本来のボランティアの理念とはかけ離れている点を示している。

第3段落では、「しかし」と続け、それが事前・事後のフォローアップがあるならば、ボランティア学習として認められ、市民社会を形成する人間の育成にとって有意義である点を示し、この限りにおいて義務化は「きっかけづくり」として許容し得るとする。

最後に、論述の主張点を簡潔にまとめた上で、ボランティア学習として構成するならば、教員が一方的に教えた場合にはそれが本末転倒となる点に留意し、課題を示している。

［米田祐介］

【問32】問31を参照しつつ,「11-3 モードとノルムのモダニティ」を読んで,奉仕としてのボランティア活動を美しい行為として賞賛することが正しいかどうか述べよ.

<解答例>

ボランティアの名の下に奉仕を強制される活動を美しいと讃えることは正しくないが,自発的になされるボランティア活動に崇高さを見出し賞賛することは間違いではないと思う.

伝統や権力などによって定められたノルム＝規範を忠実に再現することに美があるのならば,義務化されたボランティア活動に勤しむ人々の姿を美しいと感じることは十分にあり得ることだろう.与えられた目標にできるだけ近づくことが求められる点において,人々が熱心に奉仕活動を行う様子はまさに美しいとみなすことができる.しかし本来なら参加者が自発的に行うことによって見出されるべき活動の意義が,他人から与えられることは矛盾以外の何物でもない.何より,このような美しさは権力者に悪用される可能性もあることを指摘しておきたい.例えば,戦死を過剰に美化する戦争映画が挙げられるだろう.

対して,もしボランティア活動がそれぞれの参加者の自発的な意志によってなされるのならば,そこで見出されるのは美ではなく崇高ということになるだろう.人々がボランティアを通して何を目指し,そこでの活動にどういう意義を見出すのかについては,それぞれの人次第ということになる.もちろん経験者の活動を参考にすることもあるだろう.また,それぞれの現場で尊重すべき目的が大枠で掲げられていることも事実だろう.しかし,自分がどの程度活動にコミットするかは個人の判断に委ねられており,尊敬できる仲間がいたとしても,その人と同じように振舞わなくてはいけないわけではない.ある程度の基準を参考に自分なりの活動の仕方を求めていくという点において,ボランティア活動のあり方は崇高という言葉で積極的に形容できるように思う.

以上,ボランティアにおいて讃えるべきは美ではなく崇高という側面であると考えられる.ただし,崇高がプロパガンダに利用される可能性がないとも言えず,そういった例についても考察していきたい.

<解説>

No/But型である.

イントロで,奉仕としてのボランティア活動を美しいと賛美することを否定する一方(No),強制ではないボランティア活動には崇高と呼べる一面があることを示すことによって別の視点を導入するというBut型の展開を試みた.

第2段落ではあらかじめ定められた規範に従うという美のあり方と,他人によって目標や活動意義を与えられるという奉仕としてのボランティアのあり方の類似関係を示し,それがプロパガンダに利用される可能性を指摘し,正しくないとした.

第3段落では個人が先人のやり方を参考にしつつも自分で活動の意味を探っていくことが許されているボランティア活動の自発的な側面に着目し,崇高との類似関係を示した.

11-3の美と崇高の議論を理解していないとこのような議論は少し難しいだろう.戦意発揚を目的としたプロパガンダ映画を観たことがあれば,その例を出して議論を展開してみるのも面白いと思う.

[黒木朋興]

【問33】「10-3 奨学金と学生ローン」を読んで，支援機構の事業が本当に修学が困難な若者の支援となっているか論ぜよ．

<解答例>

　日本の奨学金制度には確かに問題はあるが，支援機構の事業のおかげで大学進学を果たせる人がいるのも事実であり，修学が困難な若者の支援となっている側面は無視することはできないという見方もある．しかし機構を利用せざるを得ない貧しい若者が資金を借りたことでさらなる苦境に陥る事態も発生していることにこそ注目すべきだろう．

　機構からお金を借りることによって進学の可能性が開けた人がいるのは確かだろう．確かに日本の学費は世界の中でも高額な部類に入るのも事実だろうし，奨学金とは名ばかりで給付型ではなく貸与であるという現実は厳しいと言わざるを得ない．しかし，他の恵まれた国をうらやんでも仕方ないだろう．国ごとに文化がありそれに基づく事情がある以上，単に他の国々と比較する行為にそれほど意味があるとは思えない．何より，日本の場合，機構のおかげで高等教育を受けられる人がたくさんいるというのは事実であり，若者の支援になっていないとは言えないのではないか．機構を擁護する意見を要約すればこんなところだろう．

　だが，機構の事業が恵まれない若者をさらに追い詰めているのは紛れもない事実だろう．まず現在では利子付きの貸与が圧倒的に多数であることに注意したい．つまり利用者はお金を借りるためにお金を払わなければならないということである．となれば，借金の必要がない裕福な家庭の子供はこれらのお金を払わなくても良いということであり，貧しい家庭の子弟にさらなる経済的負担を強いる仕組みだと言える．また卒業後に満足な職が得られず苦しんでいる人に対して年に最大で5％の延滞金を課したり，どうしても返せなくて困っている人に対して裁判に訴え強引に取り立てるなど，弱者をさらに追い込む行為を繰り返している．

　以上から，機構が恵まれない若者の支援を行っているとは言い難い．これからの課題としては，日本にどのような奨学金制度が必要かについて考えてみたい．

<解説>

　Yes/No 型の論理パターンである．

　イントロ部分は，Yes「機構の事業のおかげで進学が可能になった人がいる以上，修学支援だと言える」に対して，No「困っている若者が機構に関わったがためにさらに苦境に陥る事態も発生しており，修学支援として機能しているとは言えない」という論理構造を提示している．

　第2段落は，確かに機構には問題点も多いが，その事業の恩恵を受けている人が一定数いる以上，修学が困難な若者の支援をするという役目は果たしているという主張を提示している．現にこれは機構の立場でもあるだろう．

　対して，第3段落では実際に機構の運営によって苦しめられている若者の例を出して反論している．1) 貧しいものが大学で学ぶためには富裕層以上にお金がかかる，2) 無慈悲な取り立てによって貧困層を追い詰めている，の2つである．

　1つの主張に対して，複数の例を出し反論するというスタイルになっている．

［黒木朋興］

【問34】問33を参照し，さらに「10-1 公教育はいかにあるべきか」を読んで，支援機構が財政投融資を原資とすることが正しいかどうか論ぜよ．

＜解答例＞

　日本学生支援機構が提供する奨学金は，財政投融資が財源である．このため，日本の奨学金は，全額返済が前提の「貸付型」が主流となり，返済義務のない無償の奨学金がごくわずかしかない．こうした現況は，日本社会にとって深刻な問題といえる．

　財政投融資を奨学金の財源にすることには，たしかにメリットもある．税収を基盤にした場合，政府の財務状況の悪化にともない，奨学金事業を縮小する事態になりかねない．財政投融資から資金を得ることで，多くの学生に安定的に奨学金を提供できる．今後，格差の拡大が見こまれる中，奨学金が必要な学生の増加が予想される．このとき，予算を柔軟に増やすことも，一般会計より財政投融資に依拠する方がやりやすい．奨学金の利率も，財政投融資を元手にすれば，民間から資金提供をうけるより低く抑えることもできる．

　だが，財政投融資から奨学金を引き出すことにはデメリットも大きい．財政投融資はあくまで「金の貸し出し」である．これを財源とするかぎり，受けとった奨学金を全額返済する「貸付型」のものしか，学生支援機構は提供することができない．このため，返済義務をともなわない奨学金を受けられるルートがごく限られてしまう．貧困家庭に生まれた若者が，教育によって天分を開花させ成功者となる．そういう例が増えることは，国民全体の学習意欲を向上させ，社会に活力をあたえる．「人材発掘」という観点からも，そのほうが望ましいはずだ．教育による階級上昇の機会を増やすことは，すべての階層にとって善である．

　貸与型の奨学金は，貧困層にとって救済とならない．富裕層の子どもは，そもそも奨学金を必要としない．保護者の援助のない学生だけが，大学卒業時点で数百万円の「返済義務＝借金」を背負わされる．この事態を防ぐには，無償の奨学金が必要だが，それは財政投融資を基盤としていては果たせない．日本の奨学金事業は，財源から見なおしをせまられている．

＜解説＞

　今回は，Yes/No型の構成を採用した．

　最初に，財政投融資を奨学金の原資とするメリット（＝奨学金を受けられる学生の枠を安定的に，広範囲のものにすることができること）を挙げた．現状に対しYesと言える要因を並べたわけである．つづいて，無償型奨学金をさらに増やしていく必要性と，財政投融資を基盤にしていてはそれが不可能なことを訴えた．現状にNoを言う理由を述べたことになる．そして，結論がNoであることを強調して全体を締めくくった

　保護者に援助を受けられない学生も，基本的人権として，「十分に資質に見合った教育」を受ける権利をもつ．それを保証するのが，本来の奨学金の役割だ．基本的人権を守るのに，財政投融資（＝最終的には回収する予定の貸付金）を使うのがそもそも筋違いといえる．しかし，そのことに議論の焦点を絞ると，Yes/But型にするのも，Yes/No型にするのも難しい．そこで今回のような論理構成を採った．

[助川幸逸郎]

【問35】「11-3 モードとノルムのモダニティ」を読み，学校の制服を着崩す行為が適切かどうか論ぜよ．

<解答例>
女子のミニスカや埴輪スタイル，男子の腰パンなど，制服を着崩している学生は多い．私自身もかつては，下校時にスカートを折り上げ，第一ボタンを外していた．ただし，着崩している意識はなかった．かっこいいと思っていたのである．しかし制服を脱いでみると，感じ方が変わってきた．制服は，学生の自己表現の手段になり得るものではないと思うようになったのである．

そもそも制服とは，学校のシンボルであり，学生の身分を保証し，団結精神を高めるものである．入学した時点で，学生は学校のルールを受け入れたとみなされる．制服がある学校を選んだのなら，制服を着なければならない．問題は，その着方である．制服は着ていればいいものであり，着方は個人の自由なのだろうか．

衣服は，着ている人自身を表す．着ているもので所属先が，その着方で，着用している本人の印象が相手に伝わる．例えば，医師が暑いからといって白衣の前をはだけて，聴診器をだらしなくぶら下げて，靴の踵を潰して履いていたら，その医者を信用できるだろうか．また診てもらいたいと思うだろうか．同様に，決められた通りの制服の着方を守っていない学生は，反抗的で近寄りがたいイメージを抱かれる可能性がある．反対に，正しく制服を着ているだけで，誠実さや，きちんとした印象を与えることができる．

思春期にあたる中高生時代は，自己主張欲求が高まる時期でもある．みんなと同じになるのは嫌，ダサいと感じてしまう．そこで，制服の着方で個性を出そうとする．しかし，制服は，第一に学校の象徴である．そのため，学生の自己表現欲求に答えることができない．個人的にアレンジすることを許容しない服なのである．反対に制服は，正しく着用することで，着ている人の社会的信頼が高められる．制服だけでなく，普段の服装に関しても，自分の思うカッコよさが，他人にどのような印象を与えるのかを考えてみる必要があるだろう．

<解説>
Yes/No 型である．
「制服を着崩してもいい」（Yes），「制服を着崩してはいけない」（No），の2つの立場を対立させている．結論は，「制服を着崩してはいけない」（No）である．

第1段落では，「制服を着崩すことがカッコいい」と思う，思春期の学生の意識を取り上げた上で，一歩引いた視点に立ち，「制服が自己表現手段となり得るのか」という問いを立てた．

第2段落では，「制服の定義」を述べた．その上で，「着方の自由は許容されるのか」という問いを立て直している．第1段落の問いの言い換えである．

第3段落では，制服から視野を広げ，「衣服のもつ印象作用」について取り上げている．例えに医師を挙げた．服の着方で他人にどのような印象を与えるのかを問題にしている．

第4段落では，以上をまとめつつ，制服が「自己表現手段とはならない」ことを結論付けた．衣服が第一印象を左右することから，制服のみならず，普段の服装にも意識を向けることを促している．

[明石雅子]

【問36】問35を参照し，さらに「11-2 ファストファッションがもたらしたもの」を読んで，学校の制服をファストファッションにすることに賛成かどうか論ぜよ．

＜解答例＞

ファストファッションが隆盛する中，制服という制度自体，古臭いものになりつつあるのかもしれない．ひとつのものを大切にするより，常に新しいものを身に着けたいという声もあるだろう．しかし，学校の制服をファストファッションにすることには，反対である．なぜなら，制服に求められている機能と，ファストファッションが目指しているものが，一致しないと思うからである．

まず，デザインの問題がある．ファストファッションは，高級ブランドの最新流行デザインを真似て，同シーズン内に量産する．これは技術革新の賜物だが，同時にデザイナーを育てない仕組みでもある．流行を牽引するのではなく，追いかけるしかない．学校の象徴である制服には，最新流行とは無関係の，確固たるコンセプトが必要である．創立当初から，100年以上同じデザインの学校もある．それでも，ダサい，古いという評価にはならない．その学校らしさが制服で表現され，定着しているからである．ファストファッションのデザイナーには100年もつデザインを考案することは求められていない．

次に，ファストファッションは服飾教育の機会を奪うことが問題である．制服には，服を大切に扱うことを教育する機能がある．制服は，冠婚葬祭に出られる一張羅である．3年間着用し続けるには，毎日ケアしなければならない．脱ぎっぱなしで放置せず，ハンガーにかけてアイロンを当てる習慣が，おのずと身に着くのである．制服は，服を長持ちさせる方法を学ぶ，最高の機会だと言える．低価格で耐久性が低く，傷んだら買い替えることを前提に作られたファストファッションの服では，このような教育はできない．

ここまで，デザインと服飾教育の観点から，学校の制服とファストファッションが相いれないものであることを論じてきた．制服は，卒業と同時に着られなくなるものである．だからこそ，おのずと愛着も沸き，大切に扱いたいと思うものなのではないだろうか．

＜解説＞

Yes/No型である．

「制服をファストファッションにすることに賛成」(Yes)する立場と「制服をファストファッションにするのは反対」(No)という立場を対立させた．結論は「制服をファストファッションにするのは反対」(No)である．

第1段落では，Yesの意見を述べた上で，「ファストファッションと制服の機能は相いれない」というNoの意見で本論が展開することを予告した．第2段落以降は，Noの意見を2つの観点から論じている．

第2段落では，学校側からの見解として「デザイン」の点から，第3段落では，学生に与える影響として「服飾教育」の点から論じている．制服は，普遍的なデザインと，長期の着用に耐え得る耐久性が求められる．どちらも，ファストファッションにはない特徴だと考えられる．

最終段落では，以上をまとめた上で，制服が学生にとっては，「3年間しか着られない特別な意味をもつ服である」という点を加えた．

[明石雅子]

【問37】「12-1 ウィンブルドン現象はなぜ起こる？」を読み，柔道やスキーなどの国際大会において日本人が活躍すると，欧米人からの提案によってルール改変がしばしば行われるが，これが日本人差別に当たるか否か述べよ．

＜解答例＞

　オリンピックなどの国際大会を機に，スポーツのルールが改変されることがある．スキーのジャンプ，柔道や水泳など，多くの種目が思い当たるだろう．日本人選手がメダルを獲得した直後に改変されることもあるため，差別と感じるかもしれない．しかしルール改変は，日本人差別を目的としているのだろうか．スキージャンプを例に考察したい．

　ジャンプは，長野五輪で日本が4個のメダルを獲得した直後，主にウェアとスキー板の長さに関する規定が変更された．以前より，ウェアはより体にぴったりなものに，スキー板はより短いものが適用された．これらの変更は，小柄で体重が軽く，揚力を使って飛距離を伸ばす日本人選手にとって，確かに不利なルール改正である．実際，それ以来日本人選手のメダル獲得数は低迷した．

　しかし，このルール改正によって不利益を被ったのは，小柄な選手全員である．日本人選手だけではない．さらに言えば，日本人選手の中で，スキー板の長さ規定改変の影響を受けたのは，わずか数名だった．むしろ，ジャンプの成績が低迷した理由は，新たなルールに即応できなかったことにある．ウェア開発の遅れや，トレーニングメニューの変更の遅れをルール改変のせいにするのはスポーツマンシップに反するのではないか．

　ルールには従わねばならない．確かに生まれ持った体格によって，有利不利はあるだろう．しかし，トレーニングを重ねれば，大抵はクリアできるはずである．実際，13-14年のシーズンから，日本のジャンプの成績は回復しつつある．また風の条件による加点や，スタート位置による得点など，より公平性を上げるようなルール改変も行われている．以上より，ルール改変は日本人差別を目的に行われているわけではないと考える．差別されているという被害者意識を持ちながらプレーしている選手はいないだろう．我々も，ルールに則り正々堂々戦う選手の姿に，勇気をもらうのである．

＜解説＞

Yes/No型である．

　ルール改正は「日本人差別に当たる」(Yes)と「日本人差別には当たらない」(No)を対立させている．結論は「日本人差別には当たらない」(No)である．

　第1段落ではまず，「ルール改変が日本人差別を目的としているのか」という問いを提示した．以下の段落は，スキージャンプを例にとり，ルール改変に関する考察が述べられている．

　第2段落では，ジャンプ種目のルール改変の動きを簡単にまとめた．第3段落では，第2段落で述べたルール改変による影響を挙げた．特に，「スキー板の長さ規定によって影響を受けた選手が少なかったこと」，むしろ，成績低迷の理由が「新ルールへの対応の遅れにあったこと」を強調している．

　第4段落では，「新ルールへの対応が整うにしたがって，日本の成績が好調になっていること」，「より公平性を保つようなルール改変も行われていること」を述べ，「ルール改変が日本人差別を目的としているわけではない」という結論を引き出した．

[明石雅子]

【問38】問37を参照しつつ,「12-4 ボクシング廃止論」を読んで,スポーツがプロによって担われることが望ましいことなのかどうか述べよ.

<解答例>

子供に将来の夢を尋ねると,サッカー選手,野球選手になりたいという答えが返ってくる.彼らがイメージするのは,テレビで見るプロ選手の華々しい活躍だろう.もちろんプロ選手になる人はほんのひと握りだが,人が身体能力を高め競い合う姿は,勇気や夢,希望を与えるものである.これは,スポーツがプロだけに担われたものでなく,すべての人に開かれた文化であるからではないだろうか.

スポーツは,体を動かすという人間の根源的な欲求に応えるとともに,連帯感や達成感などの精神的充足をもたらす.また応援している人も,選手のプレーに感動や勇気をもらう.この感覚は,プレーヤーの身分に関わらない.例えば息子がプレーする姿を見れば,親なら誰でも,勝てば大喜び,負ければ一緒になって涙する.息子がプロになるかどうかは,そこでは問題にはならない.

このようなスポーツによる充足感は,世界共通であり,人種や国を超えられるものでもある.また,ワールドカップやオリンピックなどの国際大会は,平和の象徴でもある.国を超えて交流を持ち,世界の人々との相互の理解や認識を一層深めることができる.さらにスポーツは科学技術や経済の発展にも寄与する.より記録を伸ばせるウエアの開発や,計測技術の向上は,前者の発展に寄与するし,地域のスポーツ施設の充実は,経済効果を生む.

ここまで,スポーツは老若男女問わず誰でも楽しめるものであると同時に,社会性を身に着けることができ,さらに科学技術や経済の発展にも寄与するものであることを述べてきた.プロによってのみ担われているわけではないからこそ,スポーツは発展してきたのである.ただし,生死の境が競技の勝敗と密接に結び付くボクシングなどは,危険性を管理する必要があり,今まで述べてきたことに完全には当てはまらないことを付け加えておく.

<解説>

Yes/No型である.

スポーツが「プロによって担われることが望ましい」(Yes)と「プロではない人にも開かれている」(No)の立場を対立させている.

第1段落では,「スポーツが文化である」という議論の出発点を提示した.プレーヤー以外にも,観戦したり,キャッチボールをしたりすることで,老若男女問わずスポーツに関わることができる.

第2段落では,スポーツが「人間の根源的な欲求に応えるもの」であることと,スポーツに関わることで得られる「精神的充足」について述べている.

第3段落では,第2段落で述べた「精神的充足」が人種や国を超えた人類共通のものであることを述べた.さらに,「科学技術の向上と経済発展」にも寄与することを加えた.

第4段落では,以上をまとめるとともに,12-4のテーマであるボクシングについても触れた.ただし,ボクシングが公共的なスポーツには当てはまらないことを暗に述べている.

[明石雅子]

【問39】「12-3 ディズニーランドは永遠か?」を読み、アルバイトに「やりがい搾取（好きな仕事をしているという理由で待遇が悪いこと）」を押し付けることによって夢を提供しているとも批判されている、ディズニーランドの方針は正しいか否か述べよ。

<解答例>

ディズニーの「キャスト」の労働は苛酷であるが、「やりがい」があるから「搾取」ではないという意見がある。だが、「キャスト」の大半は労働経験の少ない若者である。そのことを考えると、たとえ当人に自覚はなくても、そこにはあきらかに「搾取」があるといえる。

大半の「仕事」は無味乾燥であり、やっている意義などほとんど実感できない。その点、「キャスト」はちがう。ミッキーマウスのような「キャラクター」と一緒に「夢の国」を支える「出演者」。「キャスト」という呼称には、そういう意味あいがこめられている。「キャラクター」たちとパレードをすれば、自分の気持ちも高揚する。迷子の世話にだって、「他人の役に立つ喜び」はある。「夢の国」をつくる一員となり、「やりがい」を感じられるのだから、「待遇」が悪くても「悲惨」とはいえない。そういう考えかたもとりあえず成り立つ。

しかし、「キャスト」の約9割を占める非正規雇用のアルバイトは、学生か大学卒業まもない若者である。「やりがい」と「待遇」がどこで折りあうか、見極めるだけの労働経験がない彼らを、ディズニーは常識外の「待遇」で働かせる。時給がもともと安いのに、客足の伸びない日には、終日の予定で出勤した人間を3時間で帰したりする（この場合、賃金は3時間分しか支払わない）。アトラクションで踊るダンスなど、勤務に必要なスキルを訓練する時間は無給である。これらの「待遇」が不当であることを、当人が承知して働いているのなら議論の余地もある。「キャスト」の大半は、常識外の「待遇」をうけていることを、経験の不足から十分自覚していない。ディズニーは、若者の無知につけこんでいるのである。

「やりがい」で報われているから「待遇」はさほどでなくてもよい。そういう考えかたは、「待遇」についてしっかり弁えている人間のみに適用すべきである。不当な「待遇」をその自覚なしに押しつけられている「キャスト」は、「搾取」を受けているという他はない。

<解説>

Yes/No型の構成とした。

問題は「「キャスト」に対するディズニーの方針が正しいかどうか」である。第1段落では、「ディズニーのしていることは搾取に当たる＝正しくない」という本論の立場を明示した。

続く第2段落で、「キャスト」の仕事が例外的に「やりがい」があることを述べた。「キャスト」に対するディズニーの扱いを、不当と見なさない意見を提示した（つまり、ディズニーの方針にYesを言った）わけである。

第3段落で、「『キャスト』の『待遇』が過酷であること」、「ディズニーは、『キャスト』の無知につけこんで『不当な待遇』を強いていること」を示した。これらが、ディズニーにNoという論拠となる。

最後の段落で、その自覚もなしに「不当な労働」を強いられている「キャスト」が、「搾取」されているという「結論」をもう一度強調した。

[助川幸逸郎]

【問40】テレビ番組の制作や雑誌の編集には，低賃金で長時間労働をこなす下請けのプロダクションの社員がいる．問39を参照しつつ，「3-3　福祉国家と雇用の流動性」を読んで，彼らは好きな仕事をできているから幸せだと言えるか，賛否を述べよ．

＜解答例＞

　放送局や出版社から実務を請け負う制作会社の労働環境は厳しい．そこで働く人々に対し，「好きなことを仕事にできたのだから，仕事はきつくても幸せだ」という人がいる．しかし，転職市場が未発達な日本において，そういう意見は正しいとは言いがたい．

　たしかに，制作会社の社員は，多くの人々の憧れである「創造の現場で働くこと」を実現している．実務を請け負う制作会社は，委託元の放送局や出版社に比べ収入は約半分で，労働拘束時間も長い．それでも，「制作実務」にたずさわることに喜びを感じ，効率など度外視して「ものづくり」に没入する人は珍しくない．実質，広告主や上司の意向を現場に伝えるだけが仕事の「放送局のプロデューサー」より，時に彼らは幸せに見える．

　ただし，無理なスケジュールで仕事をやれる体力はいつまでもつづかない．中年を過ぎれば，子どもの教育費などで出費もかさむ．健康や収入の問題から，多くの人が四十歳前後で制作会社にいられなくなる．このとき，転職市場が未発達なわが国で，仕事内容や収入の点で納得のいく「次の仕事」は容易に見つからない．「待遇」よりも「好きかどうか」を優先させた結果，「待遇」でも「好きかどうか」でも納得のいかない職場に，人生の後半は追いやられる．そうしたおそれと背中合わせに，制作会社の社員は働いている．

　「健康状態」や「必要な収入」が年齢とともにどのように変化するか．それには個人差があり，予測は容易でない．二十代でおこなった「働きかたの選択」に，生涯，縛られるのは不条理である．にもかかわらず，現代の日本では「職業上のやりなおし」が難しい．スポーツ選手やライトノベル作家など，それぞれ事情は違っても，ある段階で「転身」が視野に入って来る職種は多い．そういう仕事に従事する人々に，充実した「次の選択肢」が提供される．そういう世の中になるまでは，「好きなことをやれて幸せ」という論理は成り立たない．

＜解説＞

　今回の構成にはYes/But型を用いた．

　制作会社で働く人は，仕事がきつくて給料が安くとも，現状に納得しているかもしれない．「待遇」よりも「好きかどうか」を優先させ，「いい人生」を送っていると思っているかもしれない．そのことを導入部に続く第2段落で述べ，Yesの部分を構成した．

　しかし，現実に筆者のまわりを見ても，中年を過ぎると制作会社を辞めていく人が多い．ある仕事に就くと，かなりの確率で「転身」を迫られる可能性があり，その場合，窮状におちいるのが目に見えている．だとすればその仕事に従事する人は，たとえ満足を感じながら働いていても幸福とはいえないだろう．そのことを，3-3に指摘のあった「セカンドキャリア形成の困難」と結び付け，Butの部分を構成してみた．

　本文でも述べたとおり，スポーツ選手など，ある年齢で「転身」を強いられる職業は多い．「転職環境」の改善は，日本の緊急課題であろう．

[助川幸逸郎]

参 考 文 献

1-1 クニと国家の違い──国家の中で国民はどう生きるか
B・アンダーソン（白石　隆・白石さや訳），『想像の共同体─ナショナリズムの起源と流行』（増補版），NTT 出版，1997
田中　浩，『国家と個人─市民革命から現代まで』（増補），岩波書店，2008
西川長夫，『国民国家論の射程─あるいは〈国民〉という怪物について』柏書房，1998

1-2 レイシズムとは人種主義か人種差別か？
アドルフ・ヒトラー（平野一郎・将積　茂訳），『わが闘争』((上)，(下)，角川文庫)，角川書店，1973
C・ローリング・ブレイス（瀬口典子訳）・瀬口典子，「ヒトの多様性と同一性─『人種』は生物学的に有効な概念ではない」（竹沢泰子編『人種概念の普遍性を問う』），人文書院，2005
レオン・ポリアコフ（アーリア主義研究会訳），『アーリア神話─ヨーロッパにおける人種主義と民族主義の源泉』，法政大学出版局，1985

1-3 国籍は一つしかあり得ないのか？
Marc Morjé Howard, "Variation in Dual Citizenship Policies in the Countries of the EU", International Migration Review, 39(3), 697-720, 2005
〈参考ウェブページ〉
帰化申請大阪.com，「カンボジアに帰化した猫ひろしが日本国籍に戻るには？」: http://www.j-kika.com/nekohiroshi-kika.html（2016 年 2 月 19 日確認）

1-4 多文化主義・多言語主義の現在
大場　淳，「ボローニャ・プロセスへの対応（LMD 対応）の活動とプログラム評価」（大場　淳編，『フランスの大学評価』（高等教育研究叢書 104）），36-50，広島大学高等教育研究開発センター，2009
John Trim, Brian North, Daniel Coste（吉島　茂訳・編）『外国語教育 II ─外国語の学習，教授，評価のためのヨーロッパ共通参照枠─』，25-29，朝日出版社，2004

2-1 国家と領土のもつ意味
金子利喜男，『世界の領土・境界紛争と国際裁判 民族国家の割拠から世界連邦へ向かって』，明石書店，2009
菊池良生，『戦うハプスブルク家─近代の序章としての三十年戦争』（講談社現代新書），講談社，1995
松永正義，「やや遠回りに尖閣問題を考える」，HQ，第 35 巻，30-33，2012

2-2 二大政党制と多党制
岩崎正洋，『比較政治学入門』，勁草書房，2015
加茂利男・大西　仁・石田　徹・伊藤恭彦，『現代政治学』（第 4 版），有斐閣，2012

2-3 国民経済とグローバル経済
岩井克人，『二十一世紀の資本主義論』（ちくま学芸文庫），筑摩書房，2006
ジョセフ・E・スティグリッツ（藪下史郎・藤井清美共訳），『スティグリッツ教授の経済教室─グローバル経済のトピックスを読み解く』，ダイヤモンド社，2007

高橋伸彰,『グローバル化と日本の課題』,岩波書店,2005

2-4 軍隊は何か守るのか？
浅井基文,『集団的自衛権と日本国憲法』(集英社新書),集英社,2002
マイケル・サンデル (鬼澤 忍訳),『これからの「正義」の話をしよう』(ハヤカワ・ノンフィクション文庫),早川書房,2011
富井幸雄,「アメリカ合衆国大統領と憲法―最高司令官と執行権の長―」,法学会雑誌,50(2),127-168,2010 (http://www.repository.lib.tmu.ac.jp/dspace/bitstream/10748/3899/1/20006-50(2)-003.pdf,2016年2月19日確認)

〈参考ウェブページ〉
ウィキペディア,「軍隊」:http://ja.wikipedia.org/wiki/%E8%BB%8D%E9%9A%8A (2016年2月19日確認)
毎日新聞,「自衛隊:首相「わが軍」発言 菅長官「国際法上は軍隊」 野党は反発」(2015年03月26日 東京朝刊):http://mainichi.jp/shimen/news/20150326ddm005010062000c.html (2016年2月19日確認)
陸上自衛隊,「災害派遣のしくみ」:http://www.mod.go.jp/gsdf/about/dro/ (2016年2月19日確認)

3-1 終身雇用と日本の社会
ジェームズ・アベグレン,『日本の経営』(新版),ダイヤモンド社,2004
野村正實,『日本的雇用慣行―全体像構築の試み』,ミネルヴァ書房,2007
濱口桂一郎,『新しい労働社会』,岩波書店,2009

3-2 貧困と社会保障
一番ケ瀬康子編,『新・社会福祉とは何か』(第3版),ミネルヴァ書房,2009
岡田忠克編,『図表で読み解く社会福祉入門』,ミネルヴァ書房,2012
〈参考ウェブページ〉
日本弁護士連合会,「今,ニッポンの生活保護制度はどうなっているの？―生活保護のことをきちんと知って,ただしく使おう」:
http://www.nichibenren.or.jp/library/ja/publication/booklet/data/seikatuhogo_qa.pdf (2016年2月19日確認)

3-3 福祉国家と雇用の流動性
大内伸哉,『雇用はなぜ壊れたのか 会社の論理 vs. 労働者の論理』(ちくま新書),筑摩書房,2009
富永健一,『社会変動の中の福祉国家―家族の失敗と新しい国家の機能』(中公新書),中央公論新社,2001
宮本太郎,『福祉政治―日本の生活保障とデモクラシー』(有斐閣 Insight),有斐閣,2008

3-4 少子高齢化と家族問題――ジェンダーの視点を中心に
金子 勇,『少子化する高齢化社会』,日本放送出版協会,2006
袖井孝子,『高齢者は社会的弱者なのか―今こそ求められる「老いのプラン」』,ミネルヴァ書房,2009
辻 由希,『家族主義福祉レジームの再編とジェンダー政治』,ミネルヴァ書房,2012
日本性教育協会編,『「若者の性」白書―第7回 青少年の性行動全国調査報告』,小学館,2013
広井良典,『持続可能な福祉社会』(ちくま新書),筑摩書房,2006

富士谷あつ子・伊藤公雄編著,『超少子高齢社会からの脱却―家族・社会・文化とジェンダー政策』, 明石書店, 2009
山井和則,『世界の高齢者福祉』(岩波新書), 岩波書店, 1991

4-1　領海・公海と海洋資源
小松正之,『これから食えなくなる魚』(幻冬舎新書), 幻冬舎, 2007
近藤　勲,『日本沿岸捕鯨の興亡』, 山洋社, 2001
鯖田豊之,『肉食の思想―ヨーロッパ精神の再発見』(中公新書), 中央公論社, 1966

4-2　捕鯨問題と伝統文化
川端裕人,『イルカと泳ぎ, イルカを食べる』, 筑摩書房, 2010
日本鯨類研究所,『捕鯨と世論』, 日本鯨類研究所, 1994

4-3　イノベーションとこれからの農業
椎名重明,『農学の思想―マルクスとリービヒ』, 東京大学出版会, 1976
コリン・タッジ（竹内久美子訳）,『農業は人類の原罪である』, 新潮社, 2002

4-4　グリーンエコノミー
フランツ・アルト（村上　敦訳）,『エコロジーだけが経済を救う』, 洋泉社, 2003
吉田文和,『グリーン・エコノミー』(中公新書), 中央公論新社, 2011

5-1　核技術
バーナード・L・コーエン（近藤駿介訳）,『私はなぜ原子力を選択するか　21世紀への最良の選択』, ERC出版, 1994
山崎正勝,『日本の核開発：1939-1955―原爆から原子力へ』, 績文堂出版, 2011

5-2　脳科学と未来社会
上田昌文・渡部麻衣子編,『エンハンスメント論争―身体・精神の増強と先端科学技術』, 社会評論社, 2008
レイ・カーツワイル（井上　健監訳, 小野木明恵・野中香方子・福田　実共訳）,『ポスト・ヒューマン誕生―コンピュータが人類の知性を超える時』, NHK出版, 2007
〈参考ウェブページ〉
HITACHI,「集団の幸福感に相関する「組織活性度」を計測できる新ウェアラブルセンサを開発　集団の幸福感の向上により組織生産性の向上に貢献」:
　　http://www.hitachi.co.jp/New/cnews/month/2015/02/0209.html（2016年2月19日確認）
Biz/Zine,「ベルリンでは「都市の幸福度」の可視化が, もう始まっている　特別鼎談：チクセントミハイ博士×入山章栄氏×佐宗邦威氏中編」: http://bizzine.jp/article/detail/638?p=3（2016年2月19日確認）

5-3　イノベーションと人文・社会科学
石塚正英,「環境の凝固結晶としての人間身体」, 理想, 691, 173-185, 2013
黒木朋興,「世界大学ランキングの諸問題とこれからの大学評価」（日本科学者会議 科学・技術政策委員会編,『3・11後の産業・エネルギー政策と学術・科学技術政策』）, 74-135, 八朔社, 2012

原山優子,『あなたは理系女子？　YUKO教授がつぶやく超「理系女子」論』, 言視舎, 2014.

5-4　疑似科学と代替療法
伊勢田哲治,『疑似科学と科学の哲学』, 名古屋大学出版会, 2003
平岡　厚,「現代日本におけるオカルト・疑似科学の動向と問題点」(西田照見・田上孝一編『現代文明の哲学的考察』), 社会評論社, 2010

6-1　ポストグーテンベルク時代の情報リテラシー
ウィルソン・ブライアン・キイ (鈴木　晶・入江良平訳),『メディア・レイプ』, リブロポート, 1991
佐藤卓己,『メディア社会—現代を読み解く視点』(岩波新書), 岩波書店, 2006
菅谷明子,『メディア・リテラシー論—世界の現場から』(岩波新書), 岩波書店, 2002
鈴木謙介,『暴走するインターネット—ネット社会に何が起きているか』, イーストプレス, 2002
富田英典・南田勝也・辻　泉編,『デジタルメディア・トレーニング—情報化時代の社会学的思考法』(有斐閣選書), 有斐閣, 2007
マーシャル・マクルーハン (森　常治訳),『グーテンベルクの銀河系—活字人間の形成』, みすず書房, 1986
吉見俊哉,『メディア時代の文化社会学』, 新曜社, 1994

6-2　検索エンジンと情報操作
河井大志,『SEO対策　検索上位サイトの法則52』, ソーテック, 2013

6-3　ネット上の匿名性の諸問題——ネットいじめ
荻上チキ,『ネットいじめ—ウェブ社会と終わりなき「キャラ戦争」』, PHP研究所, 2008
原　清治・山内乾史,『ネットいじめはなぜ「痛い」のか』, ミネルヴァ書房, 2011
渡辺真由子,『ネットいじめの真実』, ミネルヴァ書房, 2008

6-4　知的所有権
山田奨治,『日本の著作権はなぜこんなに厳しいのか』, 人文書院, 2011
〈参考ウェブページ〉
DIAMOND online,「ニュースで学ぶ知的財産権戦略入門 東京理科大学専門職大学院MIP（知的財産戦略専攻）,なぜアップルとサムスンは訴訟闘争を続けるのか？」: http://diamond.jp/articles/-/39889 (2016年2月19日確認)

7-1　憲法を変えてはいけないのか
小室直樹,『痛快！憲法学』集英社インターナショナル, 2001
小室直樹,『日本人のための憲法原論』, 集英社インターナショナル, 2006
高乗正臣・奥村文男編,『プラクティス法学実践教室Ⅱ［第3版］《憲法編》』, 成文堂, 2010

7-2　近代人にとっての民主主義と人権
マックス・ヴェーバー (大塚久雄訳),『プロテスタンティズムの倫理と資本主義の精神』(岩波文庫), 岩波書店, 1989
小室直樹,『悪の民主主義—民主主義原論—』, 青春出版社, 1997

小室直樹,『痛快！憲法学』,集英社インターナショナル,2001
小室直樹,『日本人のための憲法原論』,集英社インターナショナル,2006
マイケル・サンデル（鬼澤　忍訳）,『これからの「正義」の話をしよう』（ハヤカワ・ノンフィクション文庫）,早川書房,2011
ジョン・ロック（加藤　節訳）,『完訳 統治二論』（岩波文庫）,岩波書店,2010
〈参考ウェブページ〉
コトバンク,「ブリタニカ国際大百科事典 小項目事典の解説,「民主主義」」：
https://kotobank.jp/word/%E6%B0%91%E4%B8%BB%E4%B8%BB%E7%BE%A9-140069（2016年2月19日確認）

7-3　ジェンダーと不平等

ジョーン・スコット（荻野美穂訳）,『ジェンダーと歴史学』（平凡社ライブラリー）,平凡社,2004
千田有紀,『ヒューマニティーズ　女性学　男性学』,岩波書店,2009
中西祐子,「Unit8 職場慣行」（千田有紀・中西祐子・青山　薫,『ジェンダー論をつかむ』）,67-79,有斐閣,2013
牟田和恵編,『ジェンダー・スタディーズ—女性学・男性学を学ぶ』,大阪大学出版会,2009

7-4　セクシャル・マイノリティと社会

石川大我,『ボクの彼氏はどこにいる？』（講談社文庫）,講談社,2009
風間　孝・河口和也,『同性愛と異性愛』,岩波書店,2010
加藤秀一,「セクシュアル・マイノリティ」（宇都宮京子編,『よくわかる社会学』第2版）,126-127,ミネルヴァ書房,2009
千田有紀,「Unit2 ジェンダーをとらえなおす」（千田有紀・中西祐子・青山　薫,『ジェンダー論をつかむ』）,14-20,有斐閣,2013
ケリー・ヒューゲル（上田勢子訳）,『LGBTQってなに？—セクシュアル・マイノリティのためのハンドブック』,明石書店,2011
毎日新聞「境界を生きる取材班」,『境界を生きる—性と生のはざまで』,毎日新聞社,2013
〈参考ウェブページ〉
遠藤まめた,「セクシュアル・マイノリティ／LGBT 基礎知識編」：http://synodos.jp/faq/346
　（2016年2月19日確認）
特定非営利活動法人 Re：Bit ホームページ：http://rebitlgbt.org/（2016年2月19日確認）

8-1　遺伝子操作とエンハンスメント

ローリー・B・アンドルーズ（望月弘子訳）,『ヒト・クローン無法地帯—生殖医療がビジネスになった日』,紀伊國屋書店,2000
マイケル・J・サンデル（林　芳紀・伊吹友秀訳）,『完全な人間を目指さなくてもよい理由—遺伝子操作とエンハンスメントの倫理—』,ナカニシヤ出版,2010
スティーヴン・ホーキング（佐藤勝彦訳）,『ホーキング,未来を語る』,アーティストハウス,2001

8-2　優生学と人間

上田昌文・渡部麻衣子編,『エンハンスメント論争—身体・精神の増強と先端科学技術』,社会評論社,2008
楠　秀樹,「生命のセキュリティ」（春日清隆・楠　秀樹・牧野修也編『〈社会のセキュリティ〉は何を守る

のか──消失する社会 / 個人』),学文社,2011
マイケル・J・サンデル(林　芳紀・伊吹友秀訳)『完全な人間を目指さなくてもよい理由──遺伝子操作とエンハンスメントの倫理』,ナカニシヤ出版,2010
米本昌平・松原洋子・橳島次郎・市野川容孝,『優生学と人間社会──生命科学の世紀はどこへ向かうのか』(講談社現代新書),講談社,2000

〈参考ウェブページ〉
日本経済新聞,「新出生前診断　染色体異常,確定者の97％が中絶──開始後1年間,病院グループ集計」(2014/6/27 20：49)：
http://www.nikkei.com/article/DGXNASDG2703S_X20C14A6CC1000/ (2016年2月19日確認)

8-3　精神衛生の転換
楠　秀樹,「生命のセキュリティ」(春日清隆・楠　秀樹・牧野修也編,『〈社会のセキュリティ〉は何を守るのか──消失する社会 / 個人』,学文社,2011
ミシェル・フーコー(田村　俶訳),『監獄の誕生──監視と処罰』,新潮社,1977
米本昌平・松原洋子・橳島次郎・市野川容孝,『優生学と人間社会──生命科学の世紀はどこへ向かうのか』(講談社現代新書),講談社,2000

〈参考ウェブページ〉
全国精神医療労働組合協議会ホームページ：http://www.seirokyo.com/index.html (2016年2月19日確認)

8-4　障害児の出生調整──「新型出生前診断」
金井淑子・竹内聖一編,『ケアの始まる場所──哲学・倫理学・社会学・教育学からの11章』,ナカニシヤ出版,2015
香山リカ,『新型出生前診断と「命の選択」』,祥伝社,2013
坂井律子,『いのちを選ぶ社会　出生前診断のいま』,NHK出版,2013

9-1　土着文化の生き残り方
小松和彦,『いざなぎ流の研究　歴史のなかのいざなぎ流太夫』,角川学芸出版,2011

〈参考ウェブページ〉
和歌山県農林水産部水産局資源管理課,「イルカ漁等に関する和歌山県の見解」：
http://www.pref.wakayama.lg.jp/prefg/071500/iruka/ (2016年2月19日確認)

9-2　ショッピングモールの浸透と消費社会
東　浩紀・北田暁大,『東京から考える──格差・郊外・ナショナリズム』,日本放送出版協会,2007
渋谷　望,『魂の労働──ネオリベラリズムの権力論』,青土社,2003
西澤晃彦・渋谷　望,『社会学をつかむ』,有斐閣,2008
ジグムント・バウマン(森田典正訳),『リキッド・モダニティ──液状化する社会』,大月書店,2001

9-3　地域経済圏の自立──地域による独自課税
石塚正英,「北陸新幹線に関する取組みについて──郷土文化を活用した交流人口拡大」,東京電機大学総合文化研究第13号,2015
石塚正英,「北陸新幹線と〔駅の駅〕生活文化」,新潟日報・上越かわらばん第534号,2013年1月13日付

NPO法人頸城野郷土資料室編,『「裏日本」文化ルネッサンス』,社会評論社,2011

9-4　地方メディアの役割──新潟県西部地域を事例に
牛山佳菜,『地域メディア・エコロジー論』,芙蓉書房,2013
河井孝仁・遊橋裕泰編著,『地域メディアが地域を変える』,日本経済評論社,2009
菅谷　実編著,『地域メディア力』,中央経済社,2014

10-1　公教育はいかにあるべきか
橋本健二,『階級・ジェンダー・再生産─現代資本主義の存続メカニズム』,東信堂,2003
本田由紀,『若者と仕事─「学校経由の就職を超えて」』,東京大学出版会,2005
本田由紀,『教育の職業的意義─若者,学校,社会をつなぐ』,筑摩書房,2009
マイケル・ヤング（窪田鎮夫・山元卯一郎訳）,『メリトクラシー』（至誠堂選書）,至誠堂,1982
ニクラス・ルーマン（村上淳一訳）,『社会の教育システム』,東京大学出版会,2004

10-2　ボランティアと奉仕の違い
長沼　豊,『市民教育とは何か─ボランティア学習がひらく』,ひつじ書房,2003
長沼　豊,『学校ボランティアコーディネーション─ボランティアコーディネーター必携』,筒井書房,2009
長沼　豊,『人が集まるボランティア組織をどうつくるのか─「双方向の学び」を活かしたマネジメント』,ミネルヴァ書房,2014

10-3　奨学金と学生ローン
奨学金問題対策全国会議編,『日本の奨学金はこれでいいのか！─奨学金という名の貧困ビジネス』,あけび書房,2013
〈参考ウェブページ〉
武庫川女子大学教育研究所,「大学・短期大学・女子大学数と18歳人口の推移」：
　http://www.mukogawa-u.ac.jp/~kyoken/data/02.pdf（2016年2月19日確認）

10-4　多文化教育
天野真登,「アメリカにおける多文化教育に関する研究」,生活科・総合的学習研究,9,113-120,2011
中村（笹本）雅子,「アメリカ合衆国における公教育における人種主義と多文化教育」,日本の教育史学：教育史学会紀要,56,125-130,2013
野田文香,「アメリカ 米国教育協議会（ACE）による国際化評価」（米澤彰純編,『各大学や第三者機関による大学の国際化に関する評価に係る調査研究報告書』）,111-123,東北大学,2008
　（http://ir.library.tohoku.ac.jp/re/bitstream/10097/40188/1/TM-10-09-0001.pdf,2016年2月19日確認）
〈参考映画〉
ローラン・カンテ監督,『パリ20区,僕たちのクラス』,2008

11-1　フォーディズムと前衛芸術
川北　稔編,『知の教科書 ウォーラーステイン』（講談社選書メチエ）,講談社,2001
助川幸逸郎,『謎の村上春樹』,プレジデント社,2013
水野和夫・萱野稔人,『超マクロ展望 世界経済の真実』（集英社新書）,集英社,2010

11-2　ファストファッションがもたらしたもの
石田真一，「ファッションブランドにおけるグローバル化」（平井達也・田上孝一・助川幸逸郎・黒木朋興編，『グローバリゼーション再審』），時潮社，2012
エリザベス・L・クライン（鈴木素子訳），『ファストファッション　クローゼットの中の憂鬱』，春秋社，2014
米澤　泉，『「女子」の誕生』，勁草書房，2014

11-3　モードとノルムのモダニティ
黒木朋興，「黄昏の文学教育，レトリック教育の可能性／テクスト論を越えて」（助川幸逸郎・相沢毅彦編，『可能性としてのリテラシー教育—21世紀の〈国語〉の授業に向けて』），113-139，ひつじ書房，2011
佐々木健一，『美学辞典』，163-165，東京大学出版会，1995
モリエール，「才女気取り」（鈴木力衛編『世界古典文学全集　第47巻　モリエール』），15-32，筑摩書房，1965

11-4　若者文化はどこへ行く？
助川幸逸郎，『謎の村上春樹』，プレジデント社，2013
広田寛治，『ロック・クロニクル 1952〜2002—現代史のなかのロックンロール』，河出書房新社，2003
若林幹夫・三浦　展・山田昌弘・小田光雄・内田隆三，『「郊外」と現代社会』，青弓社，2001

12-1　ウィンブルドン現象はなぜおこる？
高木　剛，『オーガニック革命』（集英社新書），集英社，2010
吉原真里，『「アジア人」はいかにしてクラシック音楽家になったのか？』，アルテスパブリッシング，2013
「「輪島」×「北の湖」初対談」，週刊新潮，2015年1月22日号，新潮社，2015

12-2　ギャンブルの是非
田上孝一，『フシギなくらい見えてくる！　本当にわかる倫理学』，日本実業出版社，2010
帚木蓬生，『やめられない—ギャンブル地獄からの生還』，集英社，2010

12-3　ディズニーランドは永遠か？
円堂都司昭，『ディズニーの隣の風景』，原書房，2013
白戸　健・青井なつき，『なぜ，子どもたちは遊園地に行かなくなったのか？』（創成社新書），創成社，2008
竹村民郎，『大正文化　帝国のユートピア』，三元社，2004
橋爪真也，『日本の遊園地』（講談社現代新書），講談社，2000

12-4　ボクシング廃止論
児玉　聡，「ボクシング存廃論」，生命・環境・科学技術倫理研究VI，345-358，2001
　　（http://plaza.umin.ac.jp/kodama/appliedethics/boxing.html，2016年2月19日確認）
カシア・ボディ（稲垣正浩監訳，松浪　稔・月嶋紘之訳），『ボクシングの文化史』，東洋書林，2011

キーワード

あ 行

アメリカ教育協議会　10-4
遺伝子組み換え　8-1, 問 25, 26
インターネット　11-4
エスニック・スタディーズ禁止の法案　10-4
エラスムス・ムンドゥス　1-4
エンハンス　8-1, 問 25, 26

か 行

階級の再生産　10-1, 問 34
海産物の大量消費　4-1, 問 7, 8
海洋資源保護　4-1, 問 7, 8, 10
格差　11-2, 問 4, 26, 34
学習指導要領　10-2
格闘技のスポーツ化　12-4
核抑止力　5-1
学校裏サイト　6-3, 問 17
環境税　9-3, 問 4
環境は経済の本質　4-4, 問 4, 8, 12
慣習法　7-1, 問 21
帰化　1-3
疑似科学　5-4, 問 15
ギャンブル依存　12-2
教育の職業的意義　10-1, 問 13, 34
空間の均質化　9-2
愚行権　12-2
グリーンエコノミー　4-4, 問 12
グローバリゼーション　2-3, 12-1, 問 3
ケア　3-4, 問 15, 36
検索エンジン最適化　6-2, 問 18
公営ギャンブル　12-2
公海上の漁業　4-1, 問 10
高等教育改善基金　10-4
国民　1-1, 問 1, 3, 4, 7, 8, 21, 22, 26, 28, 30, 34
国民経済　2-3, 問 3, 8
国民国家　1-1, 1-3, 問 70
国連の社会権規約 13 条　10-3
国家　1-1, 問 1, 2, 3, 4, 21, 24, 25, 26, 28, 29, 30, 40

国家の三要素　2-1
雇用
　　完全——　3-3
　　終身——　3-1, 問 5, 6
　　正規——　3-1
　　非正規——　3-1, 問 39
雇用の流動性　3-3, 10-1, 問 6, 40

さ 行

サイボーグ　5-2
サブ・インター・ローカル　9-3
サブカルチャー　11-4
産業　5-1, 問 3, 8, 10, 11
自衛権
　　個別的——　2-4, 問 22
　　集団的——　2-4, 問 21, 22
ジェンダー　3-4, 7-3, 問 6
ジェンダー・バイアス　3-4
自殺　8-3
自然エネルギー　4-4
シビリアン・コントロール　2-4
資本主義　7-2, 問 11, 12, 23
社会契約説　7-1
社会保障　3-2, 問 28
シャルリー・エブド襲撃事件　10-4
宗教改革　7-2, 問 23
受益者負担　10-3
出生前診断　8-2, 問 27, 28
少子高齢化社会　3-4, 問 6
消費社会　9-2
ショッピングモール　12-3
新型出生前診断　8-4, 問 27, 28
人権　7-4, 問 21, 22, 23, 24, 27, 34
人工知能　5-2
人種　1-2, 問 28, 38
新自由主義　2-3
人種差別　1-2
新人類　8-1

新聞
　　市民—— 9-4, 問 30
　　ローカル—— 9-4
ステファヌ・マラルメ　11-3
ステレオタイプ　6-1
生活保護　3-2
精神医学　8-3
精神衛生　8-3
政党　2-2, 問 24
性別職務分離　7-3, 問 6
セクシュアル・マイノリティ　7-4
前衛芸術　11-1, 11-3
総合科学技術・イノベーション会議　5-3
総合的な学習の時間　10-2

た 行

対抗文化　11-4
第二次産業革命　11-1
ダウン症　8-4, 問 27, 28
多党制　2-2, 問 24
断種　8-2
地域主権　9-3, 問 29
地域メディア　9-4, 問 30
地球環境　11-2, 問 4, 8, 10, 12
伝統　4-2, 12-1, 問 9, 10, 11, 32
当事者　9-1
東洋医学　5-4

な 行

二重国籍　1-3, 問 2
二大政党制　2-2, 問 24
日本学生支援機構（旧日本育英会）　10-3, 問 34
日本ダウン症協会　8-4
ネットいじめ　6-3, 問 17, 18
脳科学　5-2
農業
　　これからの——　4-3, 問 11, 12
　　自然破壊としての——　4-3, 問 11, 12
　　収奪しない——　4-3, 問 11, 12
ノックアウト　12-4
ノーマライゼーション　8-3

は 行

排除　6-2, 問 1, 2, 16, 19, 21, 26

パートナーシップ　7-4
必要性　9-1, 問 12, 14, 15, 21, 22, 29, 34
美と崇高　11-3, 問 32
非日常　12-3
平等　7-2, 問 23
貧困　3-2, 9-2, 問 28, 33, 34
ファストファッション　11-2, 問 36
フォードシステム　11-1
福祉国家　3-3, 問 40
不自然であることが自然　8-1, 問 25
プラシーボ効果　5-4
プロスポーツ　12-4
文化　6-4, 問 2, 8, 9, 10, 12, 16, 29, 30, 33, 38
分散エネルギーシステム　4-4
ベッドタウン　12-3
捕鯨
　　沿岸——　4-2, 問 10, 11
　　商業——　4-2, 問 9
　　調査——　4-2, 問 10, 11
ポジティブ・アクション　7-3
ボランティア学習　10-2, 問 31, 32
ボローニャ宣言　1-4

ま 行

民主主義　7-1, 問 23, 29
民族　1-2, 問 2
メディア・リテラシー　6-1, 問 14, 20

や 行

優生学　8-2, 問 26, 27, 28
ヨーロッパ言語共通参照枠　1-4

ら 行

利益　6-4, 問 3, 5, 14, 19, 24, 37
領土　2-1, 問 8
領有権　2-1
労働の自己目的化　7-2
ローカル　12-1

数字／欧文

2 ちゃんねる　6-3
DPI 女性障害者ネットワーク　8-4, 問 27, 28
LINE　6-3, 問 17
LMD 制度　1-4

編著者略歴

石塚正英（いしづか まさひで）

1949 年 新潟県に生まれる
現　在　東京電機大学理工学部教授
　　　　博士（文学）

黒木朋興（くろき ともおき）

1969 年 埼玉県に生まれる
現　在　東京電機大学理工学部非常勤講師
　　　　博士（文学）

日本語表現力
アカデミック・ライティングのための基礎トレーニング　　定価はカバーに表示

2016 年 3 月 25 日　初版第 1 刷

　　　　編著者　石　塚　正　英
　　　　　　　　黒　木　朋　興
　　　　発行者　朝　倉　誠　造
　　　　発行所　株式会社　朝　倉　書　店
　　　　　　　　東京都新宿区新小川町 6-29
　　　　　　　　郵便番号　162-8707
　　　　　　　　電　話　03（3260）0141
　　　　　　　　FAX　03（3260）0180
　　　　　　　　http://www.asakura.co.jp

〈検印省略〉

© 2016〈無断複写・転載を禁ず〉　　　　教文堂・渡辺製本

ISBN 978-4-254-51049-2　C 3081　　Printed in Japan

JCOPY　＜(社)出版者著作権管理機構 委託出版物＞

本書の無断複写は著作権法上での例外を除き禁じられています．複写される場合は，そのつど事前に，(社)出版者著作権管理機構（電話 03-3513-6969，FAX 03-3513-6979，e-mail: info@jcopy.or.jp）の許諾を得てください．

石塚正英編著
技術者倫理を考える
―持続可能な社会をめざして―
20158-1　C3050　　　A5判 192頁 本体2650円

現代の高度に発達した技術や製品を保証する基準や条件の一つに、近年重要性を増している倫理性がある。技術者倫理を「エネルギー」「環境と安全」「心身と感性」「社会と法」の4分野に分け、現場の事例をもとにわかりやすく解説した。

高橋麻奈著
入門テクニカルライティング
10195-9　C3040　　　A5判 176頁 本体2600円

「理科系」の文章はどう書けばいいのか？ベストセラー・ライターがそのテクニックをやさしく伝授〔内容〕テクニカルライティングに挑戦／「モノ」を解説する／文章を構成する／自分の技術をまとめる／読者の技術を意識する／イラスト／推敲／他

前神奈川大 桜井邦朋著
アカデミック・ライティング
―日本文・英文による論文をいかに書くか―
10213-0　C3040　　　B5判 144頁 本体2800円

半世紀余りにわたる研究生活の中で、英語文および日本語文で夥しい数の論文・著書を著してきた著者が、自らの経験に基づいて学びとった理系作文の基本技術を、これから研究生活に入り、研究論文等を作る、次代を担う若い人へ伝えるもの。

前大阪教育大 中西一弘編
新版 やさしい文章表現法
51032-4　C3081　　　A5判 232頁 本体2600円

文章をいかに適切に書けるかは日常的な課題である。多くの例を掲げ親しみやすく説いた、文章表現法の解説・実践の手引き。〔内容〕気楽にちょっと／短い文章(二百字作文)を書いてみよう／書く生活を広げて／やや長い文章を書いてみよう／他

名工大 山本いずみ・名工大 白井聡子編著
ビジネスへの日本語
―これから社会へ飛びたつ君たちへ―
51040-9　C3081　　　A5判 160頁 本体2400円

企業や地域社会、そのほかさまざまなビジネスの現場で活躍するために、日本語学や専門分野の学問的知識だけでなく、生活の常識、知識を踏まえた日本語コミュニケーション能力の向上を図る、これから社会に出る学生のためのテキスト。

蒲谷　宏編著　金　東奎・吉川香緒子・
高木美嘉・宇都宮陽子著
日本語ライブラリー
敬語コミュニケーション
51521-3　C3381　　　A5判 180頁 本体2500円

敬語を使って表現し、使われた敬語を理解するための教科書。敬語の仕組みを平易に解説する。敬語の役割や表現者の位置付けなど、コミュニケーションの全体を的確に把握し、様々な状況に対応した実戦的な例題・演習問題を豊富に収録した。

早大 細川英雄・早大 舘岡洋子・早大 小林ミナ編著
日本語ライブラリー
プロセスで学ぶ レポート・ライティング
―アイデアから完成まで―
51525-1　C3381　　　A5判 200頁 本体2800円

学生・社会人がレポートや報告書を作成するための手引きとなるテキスト。ディスカッションによりレポートのブラッシュアップを行っていく過程を示す【体験編】、その実例を具体的にわかりやすく解説し、理解をする【執筆編】の二部構成。

神戸大 定延利之編著　帝塚山大 森　篤嗣・
鳴門教育大 茂木俊伸・関西大 金田純平著
私たちの日本語
51041-6　C3081　　　A5判 160頁 本体2300円

意外なまでに身近に潜む、日本語学の今日的な研究テーマを楽しむ入門テキスト。街中の看板や、量販店のテーマソングなど、どこにでもある事例を引き合いにして、日本語や日本社会の特徴からコーパスなど最新の研究まで解説を試みる。

神戸大 定延利之編
私たちの日本語研究
―問題のありかと研究のあり方―
51046-1　C3081　　　A5判 184頁 本体2200円

「日本語」はこんなに面白い。「私たち」が何気なく話して書いて読んでいる「日本語」は、学問的な目線で見るとツッコミどころ満載である。『私たちの日本語』に続き、「面白がる」ことで、日本語学の今日的なテーマを洗い出す。

京大 青谷正妥著
英語学習論
―スピーキングと総合力―
10260-4　C3040　　　A5判 180頁 本体2300円

応用言語学・脳科学の知見を踏まえ、大人のための英語学習法の理論と実践を解説する。英語学習者・英語教師必読の書。〔内容〕英語運用力の本質と学習戦略／結果を出した学習法／言語の進化と脳科学から見た「話す・聞く」の優位性

上記価格（税別）は 2016 年 2 月現在